U0856306

成都统计年鉴

CHENGDU STATISTICAL YEARBOOK

2019

成 都 市 统 计 局
国家统计局成都调查队
编

STATISTIC BUREAU OF CHENGDU
NBS SURVEY OFFICE IN CHENGDU

中国统计出版社
China Statistics Press

©中国统计出版社有限公司 2019
版权所有。未经许可，本书的任何部分不得以任何方式在世界任何地区以任何文字翻印、拷贝、仿制或转载。

©2019 China Statistics Press Co.,Ltd.
All rights reserved. No part of the publication may be reproduced or transmitted in any form or by any means, electronic or mechanical, including photocopying, recording, or any information storage and retrieval system, without written permission from the publisher.

图书在版编目（CIP）数据

成都统计年鉴. 2019 / 成都市统计局, 国家统计局成都调查队编. -- 北京 : 中国统计出版社, 2019.11
ISBN 978-7-5037-9067-6

I. ①成… II. ①成… ②国… III. ①统计资料 - 成都 - 2019 - 年鉴 IV. ①C832.711-54

中国版本图书馆CIP数据核字(2019)第255090号

成都统计年鉴—2019

作　　者 / 成都市统计局　国家统计局成都调查队
责任编辑 / 钟　钰
执行编辑 / 高　艳
装帧设计 / 高　艳
出版发行 / 中国统计出版社有限公司
地　　址 / 北京市丰台区西三环南路甲6号
邮政编码 / 100073
电　　话 / 邮购（010）63376909　书店（010）68783171
网　　址 / http://www.zgtjcbs.com
印　　刷 / 四川省人民政府机关文印中心
经　　销 / 新华书店
开　　本 / 890mm×1240mm　1/16
字　　数 / 274 千字
印　　张 / 23.25
版　　别 / 2019年11月第1版
版　　次 / 2019年11月第1次印刷
定　　价 / 300元

如有印装差错，由本社发行部调换。

《成都统计年鉴—2019》编辑委员会

主　　任：王永新　成都市统计局局长

副 主 任：王学华　国家统计局成都调查队队长

编辑委员：（按姓氏笔划为序）

王晓初　冉晓晞　向　阳　刘　忠　孙宗进　李　华　陈启全

高　燕　黄　蘋　康银劳　游　静

《成都统计年鉴—2019》编辑部

主　　编：彭　阳

副 主 编：（按姓氏笔划为序）

任世明　刘　毅　许开水　孙宝东　李谷梅　汪海清　张　帆

张　霞　陈玉芳　陈永吉　郑明华　晋　勇　夏　波　彭　骏

责任编辑：钟　钰

执行编辑：高　艳

编辑人员：王　挺　车　霞　叶又齐　史旭东　冯晟臻　刘昕萌　许　梅

孙　焱　阳云广　李光宗　李　丽　李俊霞　李　洁　李　婧

杨雨婷　肖　虹　吴林峰　吴　佳　何双廷　邹　玲　汪　琪

陈恒灿　罗　玉　周柯宇　周晓红　钟　琦　黄　林　黄　滟

魏　无　魏　伟

英文翻译：高　艳　袁菁遥

编 者 说 明

一、《成都统计年鉴—2019》是一部全面反映成都市社会经济发展情况的综合性统计资料年刊，本书收录了成都市及区（市）县2018年社会、经济等方面大量的统计数据，以及建国以来，特别是改革开放以来重要年份全市及各区（市）县的主要统计数据。

二、本年鉴共分十六个部分：1. 综合部分，包括行政区划及社会经济发展的主要指标；2. 国民经济核算;3. 人口及劳动力；4. 固定资产投资、建筑业；5. 能源购进、消费与库存；6. 财政、金融和保险；7. 人民生活、物价；8. 城市公用事业；9. 农业；10.工业；11. 运输、邮电；12. 国内贸易、外经、旅游；13. 科技、教育和文化；14. 体育、卫生、福利及其他；15. 区（市）县；附录：全国重点城市主要指标。

三、根据最新掌握的统计资料以及国家新的统计制度规定，本年鉴对部分历史数据进行了重新核实调整，因此，读者在使用历史资料时，凡与本年鉴数据有出入的，均以本年鉴为准。

四、本年鉴中所使用的度量衡单位均采用国际标准计量单位。

五、本年鉴中统计数据的统计口径及资料来源在各部分都作了较为详细的说明。

六、本年鉴中部分数据合计数或相对数由于单位取舍不同而产生的计算误差均未作机械调整。

七、本年鉴的符号说明：“...”表示数据不足本表最小单位数；“空格”表示该统计数据不详或无该项统计数据；“＃”表示其中项；“①”表示表下方的第一项注解；“—”表示无该项统计指标。

目　录

CONTENTS

一、综　合

Chapter　1　General Survey

二、国民经济核算

Chapter　2　National Accounts

三、人口及劳动力

Chapter 3 Population and Labor Force

四、固定资产投资、建筑业
Chapter 4 Investment in Fixed Assets and Construction

五、能源购进、消费与库存
Chapter 5 Energy Purchasing, Consumption and Inventory

六、财政、金融和保险
Chapter 6 Government Finance, Banking and Insurance

七、人民生活、物价

Chapter 7 People's Livelihood, Price Indices

八、城市公用事业
Chapter 8 Urban Public Utilities

九、农 业
Chapter 9 Agriculture

十、工 业

Chapter 10 Industry

十一、运输、邮电

Chapter 11 Transportation, Postal and Telecommunications Services

十二、国内贸易、外经、旅游

Chapter 12 Domestic Trade, Foreign Trade and Economic Cooperation, Tourism

十三、科技、教育和文化
Chapter 13 Science, Education and Culture

十四、体育、卫生、福利及其他
Chapter 14 Sports, Public Health, Social Welfare and Others

十五、区(市)县
Chapter 15 Districts, Cities at County Level and Counties

一 综 合

简 要 说 明

主要内容

本部分包括成都的行政区划、国民经济和社会发展综合指标，成都与全国、全省对比情况等内容。

资料来源

气象资料来源于成都市气象局。

行政区域、街道、乡(镇)名录来源于成都市民政局。

其他资料主要依据成都市统计局综合统计年报和各专业统计年报及其相关部门的资料整理而得。

其他需要说明的问题

地区生产总值、农业总产值结构指标按当年价格计算，速度指标均按可比价格计算。

1-1 成都市气象情况(2018年)

Meteorological Phenomenon in Chengdu(2018)

	平均气温(摄氏度)	日照时数(小时)	雾　日(天)	降雨日数(天)	降雨量(毫米)	平均风速(米/秒)
全　年	**16.5**	**1185.8**	**43**	**150**	**1241.2**	**1.4**
一　月	4.9	76.2	4	5	2.0	1.5
二　月	7.1	84.5	6	5	11.4	1.2
三　月	14.5	110.3	7	14	33.9	1.4
四　月	18.3	154.8	3	14	48.5	1.5
五　月	22	125.9	0	11	127.5	1.7
六　月	23.8	103.7	2	19	253.3	1.4
七　月	25.6	109.4	1	21	381.6	1.5
八　月	26.6	205.5	0	11	175.9	1.4
九　月	21.8	68.7	3	19	155.5	1.4
十　月	15.9	65.4	4	16	33.7	1.3
十一月	10.6	45.5	8	9	13.9	1.1
十二月	7.2	35.9	5	6	4.0	1.3

1-2 成都市行政区划(2018 年末)

Division of Administrative Areas in Chengdu(End of 2018)

单位:个

	乡政府	镇政府	街道办事处	社区居委会	村民委员会
全市	**52**	**206**	**117**	**1647**	**2678**
锦江区			16	83	
青羊区			14	79	
金牛区			15	110	
武侯区			17	148	
成华区			14	103	2
龙泉驿区	1	7	4	82	76
青白江区	1	8	2	32	92
新都区		10	3	128	127
温江区		6	4	83	35
双流区		18	8	160	116
郫都区		13	3	71	129
简阳市	29	25	4	63	781
都江堰市	1	13	5	69	187
彭州市		19	1	85	270
邛崃市	4	18	2	71	200
崇州市	6	18	1	65	188
金堂县	2	18	1	68	164
新津县	1	10	1	42	64
大邑县	3	16	1	76	142
蒲江县	4	7	1	29	105

注:本表中武侯区包含成都高新南区资料,双流区包含成都天府新区直管区资料,郫都区包含成都高新西区资料,简阳市包含成都高新东区 12 乡镇资料。

1-3 成都市街道、乡(镇)名录

Name List of Street, Township and Villages in Chengdu

区(市)县	政府驻地	街道、乡(镇)
锦江区	书院街街办	**街道**:莲新 沙河 东光 柳江 三圣 督院街 盐市口 春熙路 书院街 合江亭 水井坊 牛市口 龙舟路 双桂路 狮子山 成龙路
青羊区	新华西路街办	**街道**:少城 府南 草堂 光华 金沙 东坡 苏坡 文家 太升路 草市街 西御河 汪家拐 黄田坝 新华西路
金牛区	抚琴街办	**街道**:黄忠 抚琴 西华 金泉 茶店子 营门口 九里堤 五块石 荷花池 驷马桥 西安路 天回镇 沙河源 凤凰山 人民北路
武侯区	浆洗街街办	**街道**:双楠 玉林 晋阳 簇桥 簇锦 华兴 望江路 跳伞塔 浆洗街 红牌楼 机投桥 金花桥 火车南站 芳草 石羊 桂溪 肖家河
成华区	猛追湾街办	**街道**:保和 圣灯 青龙 龙潭 猛追湾 双桥子 白莲池 建设路 府青路 桃蹊路 跳蹬河 万年场 二仙桥 双水碾
龙泉驿区	龙泉街办	**街道**:龙泉 大面 十陵 同安 **镇**:柏合 洛带 西河 洪安 黄土 茶店 山泉 **乡**:万兴
青白江区	红阳街办	**街道**:红阳 大弯 **镇**:弥牟 城厢 清泉 大同 祥福 姚渡 龙王 福洪 **乡**:人和
新都区	新都街办	**街道**:大丰 三河 新都 **镇**:新繁 清流 龙桥 新民 木兰 泰兴 马家 军屯 斑竹园 石板滩
温江区	柳城街办	**街道**:柳城 天府 涌泉 公平 **镇**:万春 金马 永宁 寿安 和盛 永盛
双流区	东升街办	**街道**:东升 华阳 西航港 九江 黄甲 公兴 协和 中和 **镇**:彭镇 煎茶 金桥 黄水 正兴 万安 新兴 永安 胜利 太平 合江 永兴 白沙 三星 兴隆 大林 籍田 黄龙溪
郫都区	郫筒街办	**街道**:郫筒 合作 西园 **镇**:犀浦 红光 团结 唐昌 古城 友爱 安德 唐元 德源 安靖 花园 三道堰 新民场
简阳市	射洪坝街办	**街道**:简城 射洪坝 十里坝 杨柳 **镇**:石桥 新市 石盘 东溪 石钟 平泉 施家 禾丰 三合 平武 云龙 涌泉 金马 三星 踏水 青龙 养马 贾家 芦葭 三岔 草池 镇金 江源 石板凳 太平桥 **乡**:平窝 壮溪 五星 飞龙 安乐 普安 平息 五合 新星 同合 宏缘 灵仙 周家 永宁 五指 武庙 高明 坛罐 海螺 玉成 丹景 新民 望水 福田 清风 老龙 雷家 老君井 董家埂
都江堰市	灌口街办	**街道**:灌口 幸福 银杏 永丰 奎光 **镇**:蒲阳 崇义 胥家 柳街 石羊 安龙 大观 龙池 聚源 中兴 天马 玉堂 青城山 **乡**:向峨
彭州市	天彭街办	**街道**:天彭 **镇**:致和 濛阳 丽春 通济 新兴 白鹿 九尺 桂花 敖平 军乐 红岩 隆丰 升平 三界 磁峰 丹景山 龙门山 葛仙山 小鱼洞
邛崃市	临邛街办	**街道**:临邛 文君 **镇**:羊安 平乐 冉义 牟礼 回龙 固驿 高埂 前进 桑园 宝林 高何 水口 火井 夹关 临济 卧龙 天台山 南宝山 **乡**:茶园 大同 道佐 孔明
崇州市	崇阳街办	**街道**:崇阳 **镇**:怀远 羊马 街子 三江 王场 道明 三郎 元通 隆兴 江源 白头 廖家 文井江 观胜 大划 梓潼 桤泉 崇平 **乡**:燎原 锦江 公议 济协 集贤 鸡冠山
金堂县	赵镇街办	**街道**:赵镇 **镇**:淮口 五凤 竹篙 高板 三星 隆盛 清江 官仓 白果 福兴 赵家 金龙 又新 云合 广兴 土桥 转龙 三溪 **乡**:栖贤 平桥
新津县	五津街办	**街道**:五津 **镇**:花桥 花源 普兴 金华 安西 新平 兴义 方兴 永商 邓双 **乡**:文井
大邑县	晋原街办	**街道**:晋原 **镇**:安仁 王泗 苏家 上安 董场 韩场 新场 三岔 悦来 斜源 出江 西岭 沙渠 蔡场 青霞 花水湾 **乡**:金星 鹤鸣 雾山
蒲江县	鹤山街办	**街道**:鹤山 **镇**:寿安 西来 成佳 大兴 大塘 甘溪 朝阳湖 **乡**:复兴 长秋 光明 白云

注:本表中武侯区包含成都高新南区资料,双流区包含成都天府新区直管区资料,郫都区包含成都高新西区资料,简阳市包含成都高新东区12乡镇资料。

1-4 国民经济和社会发

Principal Aggregate Indicators on National Economic

	单 位	1978 年	1980 年	1990 年	2000 年
一、人口与就业					
人　口					
年末户籍总人口	万人	806.06	822.54	919.50	1013.35
#市区人口	万人	228.80	238.31	280.81	335.86
#城镇人口	万人	179.46	192.04	250.99	345.90
就　业					
从业人员数	万人	372.30	393.12	562.67	574.13
#在岗职工人数	万人	109.99	115.90	152.71	124.53
#乡村劳动力	万人	262.11	276.57	382.33	387.92
二、宏观经济					
国民核算					
地区生产总值	亿元	35.94	46.30	194.09	1156.79
第一产业	亿元	11.44	12.60	40.57	116.37
第二产业	亿元	16.97	22.98	77.07	422.13
工　业	亿元	16.35	21.60	67.92	328.72
建筑业	亿元	0.62	1.38	9.15	93.41
第三产业	亿元	7.53	10.72	76.45	618.29
#交通运输、仓储和邮政业	亿元	1.53	2.00	12.21	71.22
批发和零售业	亿元	1.96	2.83	16.59	121.01
住宿和餐饮业	亿元	0.55	0.82	5.76	52.72
金 融 业	亿元	0.56	0.81	7.15	65.71
房地产业	亿元	0.18	0.30	3.57	51.54

注:2003 年以后市区人口含新都区、温江区,2015 年市区人口含双流区,2016 年市区人口含郫都区,下同。

展总量与速度指标

and Social Development and Their Related Indices Growth Rates

2017 年	2018 年	2018 年为下列年度(%)				
		1978 年	1980 年	1990 年	2000 年	2017 年
1435.33	1476.05	183.1	179.5	160.5	145.7	102.8
811.56	851.16	372.0	357.2	303.1	253.4	104.9
623.77	899.50	501.2	468.4	358.4	260.0	144.2
912.92	929.05	249.5	236.3	165.1	161.8	101.8
229.43	220.38	200.4	190.1	144.3	177.0	96.1
319.37	320.31	122.2	115.8	83.8	82.6	100.3
13889.39	15342.77	77.9 倍	61.7 倍	25.6 倍	7.8 倍	108.0
500.87	522.59	5.5 倍	5.1 倍	3.1 倍	2.3 倍	103.6
5998.19	6516.19	135.9 倍	101.1 倍	38.5 倍	10.7 倍	107.0
5217.18	5663.75	142.8 倍	108.9 倍	42.8 倍	12.4 倍	107.6
849.51	926.82	210.6 倍	96.1 倍	26.4 倍	5.5 倍	103.7
7390.34	8303.99	109.4 倍	78.9 倍	27.3 倍	6.9 倍	109.0
587.47	664.72	46.5 倍	36.3 倍	14.8 倍	5.4 倍	112.3
901.86	960.71	63.9 倍	45.6 倍	19.2 倍	5.3 倍	105.1
438.02	476.87	102.3 倍	70.9 倍	25.0 倍	5.5 倍	107.6
1604.33	1750.15	232.1 倍	165.6 倍	46.3 倍	9.8 倍	105.4
740.92	780.34	329.7 倍	208.6 倍	42.9 倍	6.0 倍	100.6

1-4 续表 1

	单　位	1978 年	1980 年	1990 年	2000 年
农　业					
农林牧渔业从业人员	万人	241.36	258.45	305.13	244.09
农林牧渔业总产值	亿元	15.71	17.15	60.19	197.74
主要农产品、畜产品产量					
粮　食	万吨	294.85	305.14	381.70	363.71
油菜籽	万吨	10.82	13.70	19.85	18.59
蔬　菜	万吨	87.61	75.09	222.80	409.82
水　果	万吨	2.66	4.21	11.17	52.40
肉　类	万吨	14.16	18.60	38.53	68.62
#猪　肉	万吨	12.95	17.14	33.79	46.52
牛　奶	万吨	1.17	1.30	3.17	4.98
禽　蛋	万吨	1.77	1.87	5.97	14.64
水产品	万吨	0.23	0.27	2.39	4.96
工　业					
主要工业产品产量					
钢　材	万吨	35.55	40.86	86.32	126.21
发电量	亿千瓦小时	10.36	7.06	23.60	53.13
水　泥	万吨	25.37	37.46	112.87	324.00
化学药品原药	吨	544	447	1344	3109
合成氨	万吨	61.44	61.99	55.58	74.40
汽　车	辆	641	966	5230	20124
卷　烟	亿支	11.19	12.60	22.01	51.10

注：2003 年以前（含 2003 年）卷烟单位为万箱。

2017 年	2018 年	2018 年为下列年度(%)				
		1978 年	1980 年	1990 年	2000 年	2017 年
150. 21	148. 58	61. 6	57. 5	48. 7	60. 9	98. 9
878. 88	909. 34	57. 9 倍	53. 0 倍	15. 1 倍	4. 6 倍	103. 5
231. 85	230. 28	78. 1	75. 5	60. 3	63. 3	99. 3
32. 52	32. 95	3. 0 倍	2. 4 倍	166. 0	177. 2	101. 3
543. 58	575. 85	6. 6 倍	7. 7 倍	2. 6 倍	140. 5	105. 9
167. 58	167. 27	62. 9 倍	39. 7 倍	15. 0 倍	3. 2 倍	99. 8
62. 03	59. 36	4. 2 倍	3. 2 倍	154. 1	86. 5	95. 7
44. 10	42. 73	3. 3 倍	2. 5 倍	126. 5	91. 9	96. 9
8. 64	8. 56	7. 3 倍	6. 6 倍	2. 7 倍	171. 9	99. 1
18. 16	17. 64	10. 0 倍	9. 4 倍	3. 0 倍	120. 5	97. 1
14. 86	14. 25	62. 0 倍	52. 8 倍	6. 0 倍	2. 9 倍	95. 9
337. 80	444. 56	12. 5 倍	10. 9 倍	5. 2 倍	3. 5 倍	131. 6
117. 67	107. 75	10. 4 倍	15. 3 倍	4. 6 倍	2. 0 倍	91. 6
1658. 35	1651. 64	65. 1 倍	44. 1 倍	14. 6 倍	5. 1 倍	99. 6
150818	97378	179. 0 倍	217. 8 倍	72. 5 倍	31. 3 倍	64. 6
18. 43	18. 53	30. 2	29. 9	33. 3	24. 9	100. 5
1329927	1287923	2009. 2 倍	1333. 3 倍	246. 3 倍	64. 0 倍	96. 8
734. 10	755. 19	67. 5 倍	59. 9 倍	34. 3 倍	14. 8 倍	102. 9

1-4 续表 2

	单 位	1978 年	1980 年	1990 年	2000 年
运输业					
货物运输量	万吨	2874	4295	10139	21489
货物周转量	亿吨公里	81. 29	86. 68	147. 83	362. 65
旅客运输量	万人	2635	4586	12894	46459
客运周转量	亿人公里	27. 16	38. 43	98. 42	288. 95
邮电通信业					
邮电业务总量	亿元	0. 28	0. 31	1. 55	71. 64
移动电话用户	万户				99. 10
国内贸易与旅游					
社会消费品零售总额	亿元	13. 81	20. 51	85. 69	554. 21
旅游总收入	亿元				131. 10
#创汇收入	万美元				8108
物价指数(上年=100)					
居民消费价格指数		101. 1	106. 6	103. 5	100. 2
#食 品 类		101. 1	110. 6	102. 5	96. 3
服务项目类		100. 9	100. 7	108. 5	115. 1
商品零售价格指数		101. 1	107. 1	102. 9	98. 2

注:①从 2003 年起运输量只包括营运性运输,且从 2004 年后成都铁路局数据为西南三省合并后数据,2011 年为成都铁路加成都地铁数

2017 年	2018 年	2018 年为下列年度(%)				
		1978 年	1980 年	1990 年	2000 年	2017 年
27121	28954	10.1 倍	6.7 倍	2.9 倍	134.7	106.8
355.83	381.77	4.7 倍	4.4 倍	2.6 倍	105.3	107.3
99360	138357	52.5 倍	30.2 倍	10.7 倍	3.0 倍	139.2
1056.83	1205.41	44.4 倍	31.4 倍	12.2 倍	4.2 倍	114.1
606.46	1310.29	4679.6 倍	4226.7 倍	845.3 倍	18.3 倍	2.2 倍
2672.83	2867.02					107.3
6403.53	6801.81	492.5 倍	331.6 倍	79.4 倍	12.3 倍	106.2
3033	3713				28.3 倍	122.4
130656	144662				17.8 倍	110.7
102	101.4					
99.4	101.9					
105.4	101.4					
99.4	100.7					

据;②从 2011 年起,电信数据按国家新政策进行调整,故与往年不可比。

1-4 续表 3

	单 位	1978 年	1980 年	1990 年	2000 年
对外贸易					
进出口总额(海关口径)	亿美元				14.81
#出 口	亿美元				8.18
财政与金融					
财政收入	亿元	7.39	7.57	20.40	118.61
#一般公共预算收入	亿元				54.73
财政支出	亿元	2.96	3.34	11.92	82.94
国家银行存款余额	亿元	23.80	24.88	129.65	1298.25
国家银行贷款余额	亿元	22.53	26.96	137.66	1074.78
住户存款	亿元	2.40	4.28	79.15	831.00
三、教育文化					
教 育					
专任教师数					
普通高等学校	万人	0.69	0.74	1.07	1.12
中等职业技术学校	万人	0.22	0.26	0.33	0.32
普通中学	万人	2.74	2.56	2.49	3.07
小 学	万人	4.10	4.26	4.05	3.76
在校学生数					
普通高等学校	万人	1.96	2.88	5.69	14.07
中等职业技术学校	万人	1.50	1.73	2.80	6.50
普通中学	万人	57.40	43.82	34.70	48.25
小 学	万人	120.25	123.44	67.07	77.16

注:①从 1999 年起金融数据含省级在蓉机构数据;②2004 年起中等专业学校数据含职业高中数,下同。

2017 年	2018 年	2018 年为下列年度(%)				
		1978 年	1980 年	1990 年	2000 年	2017 年
583. 0	753. 6				50. 9 倍	129. 3
305. 6	415. 1				50. 7 倍	135. 8
4222. 23	4526. 82	612. 6 倍	598. 0 倍	221. 9 倍	38. 2 倍	107. 2
1275. 53	1424. 16				26. 0 倍	111. 7
2995. 40	3391. 84	1145. 9 倍	1015. 5 倍	284. 6 倍	40. 9 倍	113. 2
15222. 0	16752. 6	703. 9 倍	673. 3 倍	129. 2 倍	12. 9 倍	110. 1
10802. 9	11912. 1	528. 7 倍	441. 8 倍	86. 5 倍	11. 1 倍	110. 3
11970. 8	13141. 5	5475. 6 倍	3070. 4 倍	166. 0 倍	15. 8 倍	109. 8
4. 84	4. 94	7. 2 倍	6. 7 倍	4. 6 倍	4. 4 倍	102. 1
0. 96	0. 95	4. 3 倍	3. 7 倍	2. 9 倍	3. 0 倍	99. 0
5. 11	5. 18	189. 1	2. 0 倍	2. 1 倍	168. 7	101. 4
5. 11	5. 37	131. 0	126. 1	132. 6	142. 8	105. 1
81. 74	84. 03	42. 9 倍	29. 2 倍	14. 8 倍	6. 0 倍	102. 8
21. 90	19. 95	13. 3 倍	11. 5 倍	7. 1 倍	3. 1 倍	91. 1
58. 43	60. 02	104. 6	137. 0	173. 0	124. 4	102. 7
94. 18	99. 18	82. 5	80. 3	147. 9	128. 5	105. 3

1-4 续表 4

	单 位	1978 年	1980 年	1990 年	2000 年
文 化					
公共图书馆					
图 书 馆	个			16	17
阅览室席数	个			2375	2200
总 藏 量	万册(件)			643	746
广播节目制作时间	小时			6200	42280
电视节目制作时间	小时			1183	12826
四、人民生活及其他					
家 庭					
年末户籍总户数	万户	185. 56	192. 24	262. 61	317. 2
城镇居民平均每户家庭人口	人	4. 19	3. 84	3. 15	2. 88
农村居民平均每户家庭人口	人	5. 55	5. 17	4. 20	3. 60
城乡居民最低生活保障人数	人				47962
#城 镇	人				27487
交通事故伤亡人数	人				5582
婚 姻					
结 婚 数	万对			9. 64	7. 23
离 婚 数	万对			1. 55	2. 01

注:广播、电视节目制作时间 1990 年及以前年份未含区(市)县级广播、电视节目制作时间。

2017 年	2018 年	2018 年为下列年度(%)				
		1978 年	1980 年	1990 年	2000 年	2017 年
22	22			137.5	129.4	100.0
10611	11076			4.7 倍	5.0 倍	104.4
1998	2293			3.6 倍	3.1 倍	114.8
117510	117810			19.0 倍	2.8 倍	100.3
65610	64923			54.9 倍	5.1 倍	99.0
550.65	563.23	3.0 倍	2.9 倍	2.1 倍	177.6	102.3
2.97	2.93	69.9	76.3	93.0	101.7	98.7
3.32	3.27	58.9	63.2	77.9	90.8	98.5
134246	113950				2.4 倍	84.9
28474	24723				89.9	86.8
2037	2001				35.8	98.2
13.11	13.29			137.9	183.8	101.4
8.22	7.99			5.2 倍	4.0 倍	97.2

1-4 续表5

	单 位	1978年	1980年	1990年	2000年
居 住					
人均住宅建筑面积	平方米				
农村居民人均住房面积	平方米	9.6	10.0	20.6	34.9
居民收支					
城镇居民人均可支配收入	元	340	395	1755	7649
城镇居民人均消费性支出	元	328	391	1681	6423
农村居民人均可支配收入	元	140	223	773	2926
农村居民人均生活消费支出	元	117	186	693	2201
卫 生					
医院、卫生院数	个	556	556	516	568
执业(助理)医师数	万人		1.43	2.32	2.62
医院、卫生院床位数	万张		2.17	3.04	3.41
市政建设					
全市用电量	亿千瓦小时	19.70	23.68	35.61	82.10
自来水供应量	亿吨	0.82	0.97	4.10	4.68
天然气供气量	亿立方米	4.42	4.56	10.40	15.18
年末公共营运汽车	辆				
年末出租汽车	辆				
铺装道路长度	公里	319	324	423	1058
绿地面积	公顷	160	277	1896	4013

注:①城镇居民人均可支配收入1990年前为生活费收入;②人均住宅建筑面积按全市年末城镇常住人口计算;③执业(助理)医师数

2017 年	2018 年	2018 年为下列年度(%)				
		1978 年	1980 年	1990 年	2000 年	2017 年
43.45	44.05					101.4
52.26	53.3	5.6 倍	5.3 倍	2.6 倍	152.7	102.0
38918	42128	123.9 倍	106.7 倍	24.0 倍	5.5 倍	108.2
25314	27312	83.3 倍	69.9 倍	16.2 倍	4.3 倍	107.9
20298	22135	158.1 倍	99.3 倍	28.6 倍	7.6 倍	109.1
14616	15977	136.6 倍	85.9 倍	23.1 倍	7.3 倍	109.3
888	892	160.4	160.4	172.9	157.0	100.5
5.82	6.15		4.3 倍	2.7 倍	2.3 倍	105.7
12.75	13.59		6.3 倍	4.5 倍	4.0 倍	106.6
569.92	637.41	32.4 倍	26.9 倍	17.9 倍	7.8 倍	111.8
11.1	10.9	13.3 倍	11.2 倍	2.7 倍	2.3 倍	98.2
31.25	35.8	8.1 倍	7.9 倍	3.4 倍	2.4 倍	114.6
14402	15903					110.4
11968	12650					105.7
4125	4611	14.5 倍	14.2 倍	10.9 倍	4.4 倍	111.8
32617	34094	213.1 倍	123.1 倍	18.0 倍	8.5 倍	104.5

2009 年以前为医生数;④“年末公共营运汽车”和“年末出租汽车”数据为市区“11+2”口径数据。

1-5 国民经济和社会发展结构指标

Structural Indicators on National Economic and Social Development

单位:%

	1978 年	1980 年	1990 年	2000 年	2017 年	2018 年
一、人口与就业						
人　口						
城镇与乡村结构						
城　镇	22.3	23.3	27.3	34.1	59.30	60.94
乡　村	77.7	76.7	72.7	65.9	40.70	39.06
性别结构						
男　性	50.9	50.9	51.2	50.9	49.66	49.61
女　性	49.1	49.1	48.8	49.1	50.34	50.39
地域结构						
市　区	28.4	29	30.5	33.1	56.54	57.66
县（市）	71.6	71	69.5	66.9	43.46	42.34
就　业						
从业人员产业结构						
第一产业	63.4	63.3	53.5	44.9	15.6	15.3
第二产业	16.2	16.1	25.9	26.5	33.0	31.8
第三产业	20.4	20.6	20.6	28.6	51.4	52.9
从业人员经济类型结构						
#国有经济	22.3	22.8	21.8	16.9	11.1	85.8
城镇私营及个体			1.7	6.5	30.1	305.5

注:2015 年起公安户籍上的农业人口和非农业人口不再统计,变更为乡村人口和城镇人口;2014 年及以前仍为农业人口和非农业人口。

1-5　续表1

单位：%

	1978年	1980年	1990年	2000年	2017年	2018年
二、宏观经济						
国民经济核算						
地区生产总值结构						
第一产业	31.8	27.2	20.9	10.1	3.6	3.4
第二产业	47.2	49.6	39.7	36.5	43.2	42.5
第三产业	21.0	23.2	39.4	53.4	53.2	54.1
固定资产投资						
投资经济类型结构						
#国有单位	96.4	93.3	70.3	47.9	27.4	30.9
集体单位	3.6	6.7	11.4	7.8	0.2	0.5
私营及个体经济			18.3	8.9	21.3	17.9
投资种类结构						
#更新改造		9.6	29.3	10.3	29.6	24.1
房地产			7.4	27.1	26.5	27.2
国内贸易						
社会消费品零售总额						
行业结构						
批发零售贸易业	90.0	85.2	75.4	58.9	87.6	86.8
餐饮业	5.9	5.8	8.2	18.5	12.4	13.2
其他	0.8	2.0	5.8	17.6	-	-

1-5 续表2

单位:%

	1978年	1980年	1990年	2000年	2017年	2018年
隶属关系结构						
市的零售额	47.4	48.0	65.9	64.1	96.0	95.8
县及县以下零售额	52.6	52.0	34.1	35.9	4.0	4.2
财　　政						
一般公共预算收入结构						
#增 值 税					25.5	29.7
营 业 税					0.3	0.1
企业所得税					11.4	12.9
个人所得税					5.5	6.4
一般公共预算支出结构						
#一般公共服务					11.3	12.7
公共安全					7.5	8.4
教　　育					15.7	16.7
社会保障和就业					10.0	11.1
医疗卫生					8.3	8.8
城乡社区事务					20.8	18.0
三、人民生活及其他						
居民生活消费						
城镇居民人均生活消费结构						

1-5 续表3

单位:%

	1978 年	1980 年	1990 年	2000 年	2017 年	2018 年
#食 品 类	57.6	57.8	51.4	38.8	33.7	33.0
衣 着 类	17.1	15.4	14.6	9	8.3	8.5
居　　住	5	4.6	4.9	11.9	20.1	20.8
交通通讯	1.2	1.1	1.3	5.9	12.1	12.0
医疗保健费	1.3	1.3	1.5	6.5	5.6	5.6
农村居民人均生活消费结构						
#食 品 类		71.1	63.6	51.2	37.3	36.6
衣 着 类		10.1	6.7	6.7	8.6	8.5
居　　住		8.9	16.6	14.6	16.4	16.9
交通及通讯		0.7	1.6	5.5	13.2	13.2
医疗保健费		0.5	2.4	4.5	7.3	7.1
卫　　生						
卫生技术人员结构						
#执业(助理)医师					36.8	36.5
注册护士					45.8	46.5
药剂人员					5.1	5.0

1-6 国民经济和社会发展比例和效益指标

IIndicators on Proportions and Efficiency in National Economic and Social Development

	单 位	1978 年	1980 年	1990 年	2000 年	2017 年	2018 年
一、人　　口							
出 生 率	‰	10.3	11.2	13.1	9.6	13.9	12.6
死 亡 率	‰	6	6.1	6.4	6.6	13.2	9.4
自然增长率	‰	4.3	5.1	6.7	3.1	0.7	3.2
二、宏观经济							
全社会劳动生产率	**元/人**	**965**	**1203**	**3485**	**19994**	**153703**	**166158**
第一产业	元/人	485	517	1357	4550	35032	37049
第二产业	元/人	2817	3692	5326	27688	201844	215993
第三产业	元/人	986	1356	6746	36296	159444	172768
农　　业							
农业从业者人均提供农产品产量							
粮　　食	千克	1222	1181	1251	1463	1544	1550
油 菜 籽	千克	45	53	65	75	216	222
肉　　类	千克	59	72	126	276	413	400
水 产 品	千克	1	1	8	20	98.9	95.9
每公顷播种面积农产品产量							
粮　　食	千克	4010	4245	5433	5902	6010	6012
油 菜 籽	千克	1680	1807	1924	1948	2461	2456
蔬　　菜	吨	26	26	28	26	34.0	34.2

注:本表中“死亡率”因2017年公安部门对死亡未销户人口进行了清理,故该指标与往年不可比。

1-6　续表 1

	单　位	1978 年	1980 年	1990 年	2000 年	2017 年	2018 年
工　　业							
独立核算工业企业效益							
总资产贡献率	%				7. 8	14. 3	9. 9
资本保值率	%				108. 5	104. 4	110. 1
资产负债率	%				62. 0	54. 8	55. 9
流动资产周转次数	次				1. 2	1. 77	1. 5
成本费用利润率	%				4. 0	8. 72	6. 4
建筑业							
产值利税率	%				4. 69	5. 32	5. 71
固定资产投资							
固定资产投资率	%	8. 2	12	20. 7	41. 1	49. 2	41. 0
房屋建设竣工率	%	52. 6	53. 9	73. 8	56. 8	13. 9	11. 9
财　　政							
财政收入占地区生产总值比重	%	20. 6	16. 4	10. 5	10. 3	30. 4	29. 5
财政支出占地区生产总值比重	%	8. 3	7. 2	6. 1	7. 2	21. 6	22. 1

1-6 续表 2

	单 位	1978 年	1980 年	1990 年	2000 年	2017 年	2018 年
三、教 育							
义教段学龄儿童入学率	%			99.5	99.95	100.00	100.00
小学升学率	%			68.3	98.3	100.00	100.00
初中升学率	%			51.2	80.8	95.60	97.70
每一教师负担学生数							
普通高等学校	人	2.8	3.9	5.3	12.5	16.9	17.0
中等职业技术学校	人	6.8	6.6	8.6	20.5	22.9	21.1
普通中学	人	20.9	17.1	13.9	15.7	11.4	11.6
小 学	人	29.3	29	16.6	20.5	18.4	18.5
四、人民生活及其他							
家 庭							
城镇居民家庭							
平均每户就业面	%	41.53	51.3	56.83	50.15	50.53	54.35
每一就业者负担人数	人	2.41	1.95	1.76	1.99	1.98	1.84
农村居民家庭							
平均每一劳动力赡养人口	人	2.2	2.0	1.4	1.4	1.3	1.3
卫 生							
每万人卫生技术人员	人			53.6	54.7	98.5	103.3
每万人执业(助理)医师数	人					36.3	37.7
每万人医院、卫生院床位数	张			33.3	33.8	79.4	83.2

1-7 社会经济主要指标人均水平

Per Capita Level of Main Indicators in Social and Economic Activities

	单 位	1978 年	1980 年	1990 年	2000 年	2017 年	2018 年
地区生产总值	元	**449**	**565**	**2123**	**11471**	**98011**	**105399**
农林牧渔业总产值	元	**196**	**209**	**659**	**1961**	**6202**	**6247**
社会消费品零售总额	元	**172**	**250**	**937**	**5496**	**45186**	**46726**
城乡居民储蓄存款余额	元	**30**	**52**	**866**	**8240**	**84474**	**90273**
财政收入	元	**92**	**92**	**223**	**1198**	**29794**	**31097**
主要农产品产量							
粮　　食	千克	367. 0	372. 0	418. 0	361. 0	163. 6	158. 2
油 菜 籽	千克	13. 4	16. 7	21. 7	18. 4	22. 9	22. 6
蔬　　菜	千克	109. 0	92. 0	244. 0	406. 0	383. 6	395. 6
水　　果	千克	3. 3	5. 1	12. 2	52. 0	118. 3	114. 9
肉　　类	千克	17. 6	22. 7	42. 2	68. 0	43. 8	40. 8
#猪　　肉	千克	16. 1	20. 9	37	46. 1	31. 1	29. 4
牛　　奶	千克	1. 5	1. 6	3. 5	4. 9	6. 1	5. 9
禽　　蛋	千克	2. 2	2. 3	6. 5	14. 5	12. 8	12. 1
水 产 品	千克	0. 3	0. 3	2. 6	4. 9	11. 4	9. 8

注：本表数据均按户籍平均人口数计算。

1-7 续表

	单 位	1978 年	1980 年	1990 年	2000 年	2017 年	2018 年
主要工业品产量							
钢　　材	千克	44	50	94	125	235	305
发 电 量	千瓦小时	129	86	258	437	820	740
原　　煤	千克	218	224	340	248	-	-
水　　泥	千克	32	46	123	321	1155	1135
卷　　烟	千支					5. 1	5. 2
人民生活							
城镇全部单位就业人员平均工资	元	584	771	2189	10370	65098	71300
城镇居民人均可支配收入	元	340	395	1755	7649	38918	42128
城镇居民人均消费性支出	元	328	391	1681	6423	25314	27312
农村居民人均可支配收入	元	140	223	773	2926	20298	22135
农村居民人均生活消费支出	元	117	186	693	2201	14646	15977

注:①城镇全部单位就业人员平均工资 2000 年及以前为在岗职工平均工资;②城镇居民人均可支配收入 1978 年、1980 年为生活费收入,农村居民人均可支配收入 2015 年以前为人均纯收入。

1-8　成都高新技术产业开发区主要指标

Main Indicators of Chengdu High-Tech Developing Zone

	单　位	2014 年	2015 年	2016 年	2017 年	2018 年
地区生产总值	亿元	1178.2	1277.6	1436.5	1665.8	1877.8
#第二产业	亿元	894.7	962.1	1051.2	1238.8	1390.6
#工　业	亿元	837.0	905.5	985.1	1151.8	1290.9
第三产业	亿元	283.4	315.4	368.3	409.5	469.5
全部工业总产值	亿元	3386	3641	5152	3940	4145
#支柱产业产值	亿元	2650	2870	2942	3152	3772
#电　子	亿元	2430	2383	2165	2516	3000
医　药	亿元	100	124	139	174	212
工业利税	亿元	258.7	174.0	238.4	222.1	203
社会消费品零售总额	亿元	263.1	516.0	571.8	644.7	592.1
一般公共预算收入	亿元	115.1	140.9	134.6	156.8	187.3
实际到位外资金额	亿美元	21.4	15.0	18.3	21.3	28.1
年末总人口	万人	59.6	64.0	68.2	95.2	102.5
从业人员	万人	51.2	52.0	55.3	91.2	95.0

注:①本表数据含中和街道数据;②从 2017 年起,本表数据含简阳 12 个乡镇数据。

1-9 成都主要经济指标与全国、全省对比(2018年)

Positions of Chengdu in China and Sichuan Province(2018)

	单位	全国	全省	成都		
				绝对数	占全国比重(%)	占全省比重(%)
土地面积	万平方公里	960	48.5	1.43	0.1	2.9
年末常住人口	万人	139538	8341	1633	1.2	19.6
城镇化率	%	59.58	52.29	73.12		
地区生产总值	亿元	900309	40678	15343	1.7	37.7
第一产业	亿元	64734	4427	523	0.8	11.8
第二产业	亿元	366001	15323	6516	1.8	42.5
#工业	亿元	305160	12191	5664	1.9	46.5
第三产业	亿元	469575	20929	8304	1.8	39.7
房地产开发投资	亿元	120264	5698	2268	1.9	39.8
社会消费品零售总额	亿元	380987	18255	6802	1.8	37.3
进出口总额(海关数)	亿美元	305050	5948	4983	1.6	83.8
#出口总额	亿美元	164177	3335	2236	1.4	67.1
居民消费品价格指数	%	102.1	101.7	101.4		
旅游创汇收入	亿美元	1271	15.1	14.5	1.1	95.8
年末金融机构人民币存款余额	亿元	1775000	76089	36656	2.1	48.2
#住户存款	亿元		38403	13141		34.2
年末金融机构人民币贷款余额	亿元	1363000	54098	31423	2.3	58.1
原保险保费收入	亿元	38017	1958	927	2.4	47.3
城镇居民人均可支配收入	元	39251	33216	42128		
农村居民人均可支配收入	元	14617	23484	22135		

1-10 联网直报调查单位数

Number of Legal Entities Reporting Directly Through Network

单位：个

年 份	合 计	规模以上工 业	资 质 内建 筑 业	限额以上批发零售业	限额以上住宿餐饮业	房地产开发经 营 业	规模以上服 务 业
2011	9296	3187	1582	1650	1120	1757	
2012	10987	3188	1551	1668	1126	1771	1683
2013	10643	3208	1478	1734	1065	1567	1591
2014	11347	3248	1200	1864	967	1598	2470
2015	11189	3328	1206	1702	880	1558	2515
2016	11807	3577	1408	1665	885	1586	2686
2017	13620	3608	1733	1580	804	1519	2981
2018	11664	3413	1801	1621	785	1453	2591

注：1. 本表只含联网直报法人库单位，不含联网直报产业库单位。2. 本表2017年合计含其他有5000万元以上在建项目的法人单位。

1-11 联网直报调查单位增减变动情况(2018年)

Increase and Decrease of Number of Legal Entities Reporting Directly Through Network(2018)

单位：个

	合 计	规模以上工 业	资质内建筑业	限额以上批零住餐业	房地产开发经营业	规模以上服务业
合 计	**3847**	**702**	**342**	**450**	**451**	**1036**
新 增	**1407**	**185**	**170**	**217**	**184**	**248**
新开业(投产)	814	31	163	21	184	12
"四下"转"四上"	566	147	—	188	—	231
专业变更纳入	27	7	7	8	0	5
变 更	**380**	**112**	**70**	**26**	**21**	**139**
退 出	**2060**	**405**	**102**	**207**	**246**	**649**
"四上"转"四下"	975	279	—	107	—	589
当年没有经营活动的建筑业(房地产)企业	304	—	80	—	224	—
破产、注(吊)销	114	17	14	41	18	15
专业变更退出	27	6	0	4	3	14
工业、批零、住餐停业(歇业)退出	93	70	—	23	—	—
其他原因退出	547	33	8	32	1	31

注：1. 建筑业、房地产单位新增，不论开业(投产)时间，均按新开业(投产)审核；2. 本表中限额以上批零住餐业含非同产业活动单位，其他专业均为法人单位；3. 变更包括单位名称变更、组织机构代码变更和建筑业企业资质等级变更；4. 本表只含通过申报流程经国家确认的新增、变更和退出，不含其它途径的新增、变更和退出；5. 本表合计含其他有5000万元以上在建项目的法人单位；6. 本表退出含保留一年同期数的退出单位。

主要统计指标解释

市　是指经国家批准成立“市”建制的城市。

按城市常住人口规模分:

①超大城市:1000 万人以上;

②特大城市:500 至 1000 万人口;

③大城市:100 至 500 万人口;

其中:Ⅰ型大城市:300 至 500 万人口;

Ⅱ型大城市:100 至 300 万人口;

④中等城市:50 至 100 万人口;

⑤小城市:50 万以下人口;

其中:Ⅰ型小城市:20 至 50 万人口;

Ⅱ型小城市:20 万以下人口。

全市　指 11 区 5 市 4 县、成都天府新区和成都高新技术产业开发区。即锦江区、青羊区、金牛区、武侯区、成华区、龙泉驿区、青白江区、新都区、温江区、双流区、郫都区、金堂县、大邑县、蒲江县、新津县、简阳市、都江堰市、彭州市、邛崃市、崇州市、成都天府新区和成都高新技术产业开发区。

市区　包括城区和郊区,不包括市辖县(含县级市)。即锦江区、青羊区、金牛区、武侯区、成华区、龙泉驿区、青白江区、新都区、温江区、双流区、郫都区、成都天府新区和成都高新技术产业开发区。

镇　是指经省、自治区、直辖市批准的镇。

二 国民经济核算

简 要 说 明

主要内容

本部分包括全市生产总值及其构成。

资料来源

地区生产总值资料来源于成都市统计局。

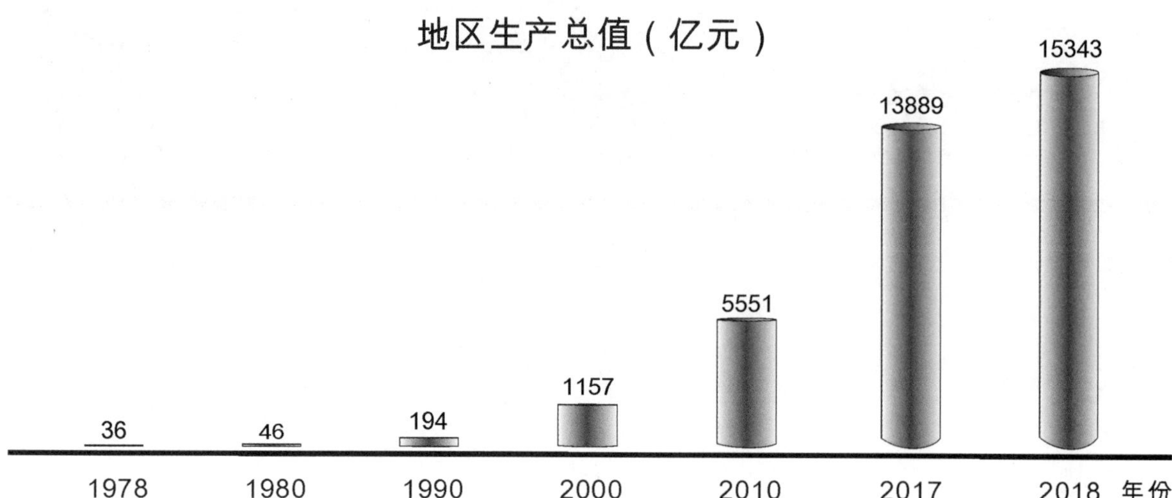
地区生产总值（亿元）
36
46
194
1157
5551
13889
15343
1978
1980
1990
2000
2010
2017
2018
年份

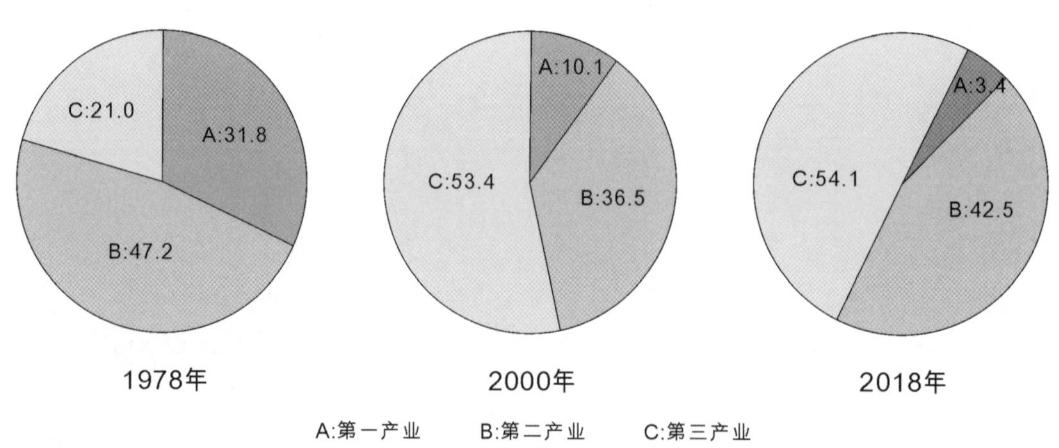
地区生产总值构成（%）
C:21.0
A:31.8
B:47.2
A:10.1
C:53.4
B:36.5
A:3.4
C:54.1
B:42.5
1978年
2000年
2018年
A:第一产业
B:第二产业
C:第三产业

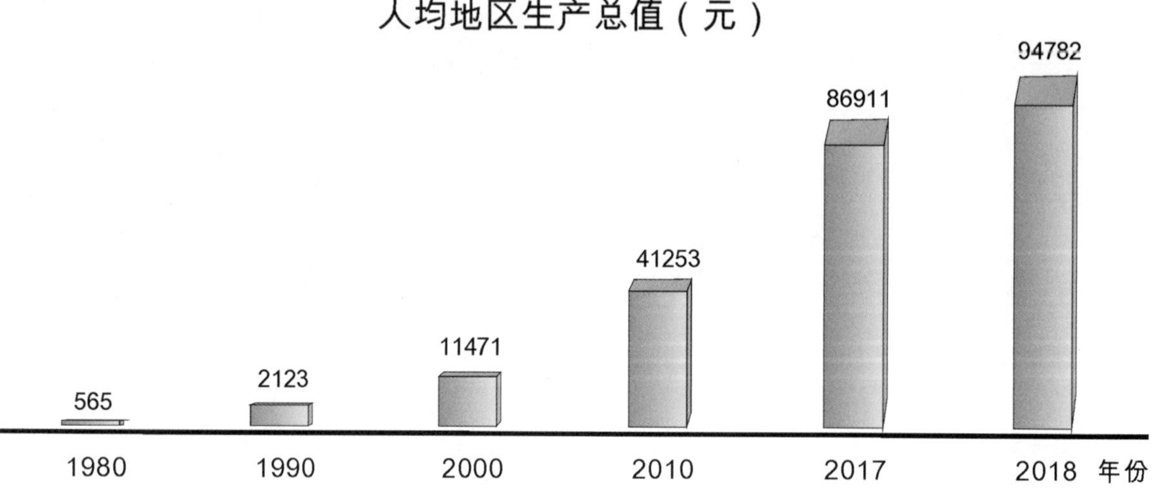
人均地区生产总值（元）
565
2123
11471
41253
86911
94782
1980
1990
2000
2010
2017
2018
年份

2-1 历年地区生产总值

Gross Domestic Product over the Years

年份	地区生产总值（万元）	第一产业	第二产业	第三产业	人均地区生产总值（元）
1949	39953	29315	3867	6771	80
1950	42058	30634	4041	7383	84
1951	45902	32471	5371	8060	91
1952	51090	35388	6510	9192	100
1953	62510	39415	9241	13854	121
1954	66230	41708	9384	15138	125
1955	69748	42413	10646	16689	128
1956	79610	44961	14538	20111	141
1957	90359	48206	19471	22682	154
1958	103925	49357	29659	24909	174
1959	125501	40997	53922	30582	210
1960	128171	30519	67266	30386	220
1961	79866	28874	26435	24557	142
1962	77482	35064	21974	20444	140
1963	84932	42271	23191	19470	151
1964	104283	50382	31250	22651	180
1965	136371	59250	45569	31552	228
1966	167303	63481	65756	38066	271
1967	146728	64966	44858	36904	231
1968	119505	60438	26949	32118	183
1969	151898	62810	53191	35897	227
1970	205059	68416	91279	45364	299
1971	232066	72740	105637	53689	328
1972	223627	72340	95511	55776	307
1973	231546	78786	95797	56963	311
1974	222283	83198	82927	56158	293
1975	248198	83355	110844	53999	321
1976	221926	81344	87763	52819	282
1977	287141	90442	131807	64892	362
1978	359356	114449	169748	75159	448
1979	413577	126351	196055	91171	510
1980	462957	126040	229767	107150	565
1981	490129	130146	239291	120692	592
1982	554095	163066	267797	123232	661
1983	627673	173242	315517	138914	742
1984	712035	189588	343487	178960	836
1985	864945	209288	420508	235149	1008

注：人均地区生产总值2001年前按户籍人口计算，2001年及以后按常住人口计算。

2-1 续表

年 份	地 区 生产总值 (万元)	第一产业	第二产业	第三产业	人均地区生产总值 (元)
1986	948905	224929	437115	286861	1092
1987	1158644	273588	516883	368173	1315
1988	1464911	322463	687197	455251	1641
1989	1639063	344174	741164	553725	1814
1990	1940857	405650	770657	764550	2123
1991	2327841	413213	880691	1033937	2520
1992	2925556	454357	1089187	1382012	3138
1993	3885838	539474	1500798	1845566	4125
1994	5073962	745596	1987076	2341290	5319
1995	6472632	941089	2462805	3068738	6700
1996	7722699	1051228	2913114	3758357	7911
1997	8754888	1089434	3248582	4416872	8888
1998	9618871	1118116	3549095	4951660	9686
1999	10449059	1121532	3837886	5489641	10446
2000	11567929	1163651	4221275	6183003	11471
2001	13220544	1184869	4902971	7132704	11779
2002	14887638	1254993	5585906	8046739	12993
2003	17052732	1370525	6524538	9157669	14632
2004	20310663	1682481	8055886	10572296	17158
2005	23759858	1771481	9841863	12146514	19670
2006	27721734	1951271	11709654	14060809	22445
2007	33647844	2350971	14440778	16856095	26849
2008	39449148	2628824	17349512	19470812	31203
2009	45026032	2677725	20017952	22330355	35215
2010	55513336	2850910	24809035	27853391	41253
2011	69505786	3273391	31438233	34794162	49438
2012	81389438	3481001	37656163	40252274	57624
2013	91088904	3531673	41814908	45742323	63977
2014	100565926	3570705	45085303	51909918	70019
2015	108011633	3731535	47234926	57045172	74273
2016	121702335	4749396	52019898	64933041	76960
2017	138893940	5008695	59981888	73903357	86911
2018	153427716	5225933	65161908	83039875	94782

2-2 历年地区生产总值构成及增长速度

Composition and Growth Rate of Gross Domestic Product over the Years

年份	三次产业构成(%)			增长速度(%)				地区生产总值发展指数(1949=100)
	第一产业	第二产业	第三产业	地区生产总值	第一产业	第二产业	第三产业	
1949	73.4	9.7	16.9					
1950	72.8	9.6	17.6	5.0	4.5	4.5	8.9	105.0
1951	70.7	11.7	17.6	8.0	6.0	32.8	8.9	113.4
1952	69.3	12.7	18.0	10.5	9.0	21.1	13.7	125.4
1953	63.0	14.8	22.2	14.0	4.9	41.9	49.9	142.9
1954	62.9	14.2	22.9	5.5	5.3	1.5	8.7	150.8
1955	60.8	15.3	23.9	4.1	1.7	13.4	8.5	157.0
1956	56.4	18.3	25.3	11.7	5.6	36.6	20.2	175.3
1957	53.4	21.5	25.1	8.5	2.3	33.9	12.6	190.3
1958	47.5	28.5	24.0	12.0	2.4	52.3	9.8	213.2
1959	32.7	42.9	24.4	11.0	-20.5	81.8	22.5	236.6
1960	23.8	52.5	23.7	-2.6	-26.8	23.8	-0.9	230.4
1961	36.2	33.1	30.7	-38.1	-14.8	-61.0	-23.9	142.6
1962	45.2	28.4	26.4	-2.4	17.2	-16.9	-16.8	139.2
1963	49.8	27.3	22.9	10.4	20.0	5.5	-4.8	153.6
1964	48.3	30.0	21.7	21.6	19.2	34.7	13.5	186.7
1965	43.5	33.4	23.1	29.1	17.6	45.6	38.8	241.1
1966	37.9	39.3	22.8	20.6	7.1	43.3	20.6	290.7
1967	44.2	30.6	25.2	-10.8	2.3	-32.0	-3.1	259.3
1968	50.5	22.6	26.9	-17.5	-7.0	-40.4	-14.0	213.9
1969	41.4	35.0	23.6	23.6	3.9	96.5	11.8	264.4
1970	33.4	44.5	22.1	31.8	8.9	71.4	26.3	348.5
1971	31.3	45.6	23.1	11.6	4.0	15.7	18.3	389.0
1972	32.3	42.8	24.9	-4.1	-2.6	-9.6	3.9	373.0
1973	34.0	41.4	24.6	3.5	8.9	-0.1	1.0	386.1
1974	37.4	37.3	25.3	-4.6	2.1	-13.6	-1.4	368.3
1975	33.6	44.6	21.8	9.7	-1.8	33.5	-3.8	404.0
1976	36.7	39.5	23.8	-10.6	-4.1	-20.8	-2.2	361.2
1977	31.5	45.9	22.6	26.0	8.8	48.8	19.9	455.1
1978	31.8	47.2	21.0	19.2	10.2	28.7	14.6	542.5
1979	30.6	47.4	22.0	13.8	8.3	14.6	20.2	617.4
1980	27.2	49.7	23.1	10.9	-1.7	17.1	15.1	684.7
1981	26.6	48.8	24.6	4.1	2.9	3.1	7.7	712.7
1982	29.4	48.4	22.2	10.3	15.4	11.7	2.0	786.1
1983	27.6	50.3	22.1	11.2	6.0	14.5	10.4	874.2
1984	26.6	48.3	25.1	11.4	6.2	8.6	24.3	973.8
1985	24.2	48.6	27.2	18.4	3.0	24.3	22.6	1153.0

注:增长速度以上年为基期,按可比价格计算。

2-2 续表

年 份	三次产业构成(%)			增长速度(%)				地区生产总值发展指数(1949=100)
	第一产业	第二产业	第三产业	地区生产总值	第一产业	第二产业	第三产业	
1986	23.7	46.1	30.2	5.2	3.7	3.6	9.8	1213.0
1987	23.6	44.6	31.8	12.0	6.2	16.3	8.5	1358.5
1988	22.0	46.9	31.1	12.7	-0.9	20.2	8.2	1531.1
1989	21.0	45.2	33.8	2.7	3.1	0.9	6.5	1572.4
1990	20.9	39.7	39.4	4.8	4.6	0.8	13.9	1647.9
1991	17.8	37.8	44.4	14.1	2.6	10.8	23.4	1880.2
1992	15.5	37.2	47.3	16.2	5.8	15.9	21.1	2184.8
1993	13.9	38.6	47.5	18.4	4.4	25.9	17.2	2586.9
1994	14.7	39.2	46.1	13.5	3.1	14.8	15.8	2936.1
1995	14.5	38.0	47.5	11.8	3.9	13.6	12.5	3282.5
1996	13.6	37.7	48.7	11.3	4.4	12.2	12.3	3653.5
1997	12.4	37.1	50.5	11.2	3.2	12.8	11.9	4062.7
1998	11.6	36.9	51.5	10.0	3.1	10.3	11.4	4468.9
1999	10.7	36.8	52.5	10.1	3.4	10.0	11.7	4920.3
2000	10.1	36.5	53.4	10.7	4.3	11.3	11.5	5446.8
2001	9.0	37.1	53.9	12.8	4.3	14.9	12.9	6143.9
2002	8.4	37.5	54.0	13.1	5.3	15.7	12.6	6948.8
2003	8.0	38.3	53.7	13.0	5.6	15.8	12.3	7852.1
2004	8.3	39.7	52.0	13.6	5.7	17.9	11.6	8920.0
2005	7.5	41.4	51.1	14.0	5.7	17.4	12.6	10168.8
2006	7.0	42.3	50.7	14.2	4.8	17.1	13.2	11612.8
2007	7.0	42.9	50.1	15.7	5.5	18.1	15.0	13436.0
2008	6.6	44.0	49.4	12.4	4.4	14.9	11.2	15102.1
2009	5.9	44.5	49.6	14.7	3.7	17.7	13.4	17322.1
2010	5.1	44.7	50.2	15.0	4.1	19.8	11.8	19920.4
2011	4.7	45.2	50.1	15.2	3.7	19.8	12.4	22948.3
2012	4.3	46.2	49.5	13.0	3.8	15.6	11.5	25931.6
2013	3.9	45.9	50.2	10.2	3.6	12.2	8.8	28576.6
2014	3.6	44.8	51.6	8.9	3.4	9.8	8.6	31119.9
2015	3.5	43.7	52.8	7.9	3.9	7.2	9.0	33578.4
2016	3.9	42.7	53.4	7.7	4.0	6.7	9.0	36163.9
2017	3.6	43.2	53.2	8.1	3.9	7.5	8.9	39093.2
2018	3.4	42.5	54.1	8.0	3.6	7.0	9.0	42220.7

2-3 各时期地区生产总值

Gross Domestic Product by Period

单位：万元

时　期	地区生产总值	第一产业	第二产业	第三产业
"一五"时期	368457	216703	63280	88474
"二五"时期	514945	184811	199256	130878
1963 - 1965 年	325586	151903	100010	73673
"三五"时期	790493	320111	282033	188349
"四五"时期	1157720	390419	490716	276585
"五五"时期	1744957	538626	815140	391191
"六五"时期	3248877	865330	1586600	796947
"七五"时期	7152380	1570804	3153016	2428560
"八五"时期	20685829	3093729	7920557	9671543
"九五"时期	48113446	5543961	17769952	24799533
"十五"时期	89231435	7264349	34911164	47055922
"十一五"时期	201358094	12459701	88326931	100571462
"十二五"时期	450561687	17588305	203229533	229743849

注：各计划时期对应年份为："一五"1953 - 1957 年；"二五"1958 - 1962 年；"三五"1966 - 1970 年；"四五"1971 - 1975 年；"五五"1976 - 1980 年；"六五"1981 - 1985 年；"七五"1986 - 1990 年；"八五"1991 - 1995 年；"九五"1996 - 2000 年；"十五"2001 - 2005 年；"十一五"2006-2010 年；"十二五"2011-2015 年。

2-4 各时期地区生产总值结构

Structure of Gross Domestic Product by Period

单位：%

时　期	地区生产总值	第一产业	第二产业	第三产业
"一五"时期	100.0	58.8	17.2	24.0
"二五"时期	100.0	35.9	38.7	25.4
1963 - 1965 年	100.0	46.7	30.7	22.6
"三五"时期	100.0	40.5	35.7	23.8
"四五"时期	100.0	33.7	42.4	23.9
"五五"时期	100.0	30.9	46.7	22.4
"六五"时期	100.0	26.6	48.9	24.5
"七五"时期	100.0	22.0	44.1	33.9
"八五"时期	100.0	15.0	38.3	46.7
"九五"时期	100.0	11.5	36.9	51.6
"十五"时期	100.0	8.2	39.1	52.7
"十一五"时期	100.0	6.2	43.9	49.9
"十二五"时期	100.0	3.9	45.1	51.0

2-5 历年分产业地区
Gross Domestic Product and Its composition

	1978 年	1980 年	1985 年	1990 年	1995 年
绝 对 额 (万元)					
地区生产总值	**359356**	**462957**	**864945**	**1940857**	**6472632**
第一产业	114449	126040	209288	405650	941089
第二产业	169748	229767	420508	770657	2462805
工　业	163508	215974	370931	679216	2063821
建 筑 业	6240	13793	49577	91441	398984
第三产业	75159	107150	235149	764550	3068738
#交通运输、仓储和邮政业	15280	20028	38538	122114	390036
批发和零售业	19648	28314	57145	165873	672624
住宿和餐饮业	5548	8230	17042	57601	221758
金 融 业	5602	8072	16853	71529	345705
房地产业	1822	2969	10272	35660	203601
构　成 (%)					
地区生产总值	**100.0**	**100.0**	**100.0**	**100.0**	**100.0**
第一产业	31.8	27.2	24.2	20.9	14.5
第二产业	47.2	49.7	48.6	39.7	38.0
工　业	45.5	46.7	42.9	35.0	31.9
建 筑 业	1.7	3.0	5.7	4.7	6.1
第三产业	21.0	23.1	27.2	39.4	47.5
#交通运输、仓储和邮政业	4.2	4.3	4.5	6.3	6.0
批发和零售业	5.5	6.1	6.6	8.5	10.4
住宿和餐饮业	1.5	1.8	2.0	3.0	3.4
金 融 业	1.6	1.7	2.0	3.7	5.3
房地产业	0.5	0.6	1.2	1.8	3.2

注:从2014年起,行业分类执行《国民经济行业分类》(GB/T 4754-2011),产业分类执行《三次产业划分规定》(国统字〔2012〕108号)。

生产总值及构成

by Industry over the Years

2000 年	2005 年	2010 年	2015 年	2017 年	2018 年
11567929	**23759858**	**55513336**	**108011633**	**138893940**	**153427716**
1163651	1771481	2850910	3731535	5008695	5225933
4221275	9841863	24809035	47234926	59981888	65161908
3287170	7509476	20628175	40561918	52171849	56637452
934105	2332387	4180860	7225572	8495108	9268163
6183003	12146514	27853391	57045172	73903357	83039875
712203	1234810	2603524	4701372	5874729	6647176
1210087	2219522	4939955	7783427	9018595	9607064
527235	1047486	2075352	3596749	4380167	4768671
657144	1210959	4372812	12542262	16043336	17501515
515438	1409487	3316866	5977068	7409206	7803402
100	**100**	**100**	**100**	**100**	**100**
10. 1	7. 5	5. 1	3. 5	3. 6	3. 4
36. 5	41. 4	44. 7	43. 7	43. 2	42. 5
28. 4	31. 6	37. 2	37. 6	37. 6	36. 9
8. 1	9. 8	7. 5	6. 7	6. 1	6. 0
53. 4	51. 1	50. 2	52. 8	53. 2	54. 1
6. 1	5. 2	4. 7	4. 4	4. 2	4. 3
10. 5	9. 3	8. 9	7. 2	6. 5	6. 3
4. 6	4. 4	3. 8	3. 3	3. 2	3. 1
5. 7	5. 1	7. 9	11. 6	11. 6	11. 4
4. 5	5. 9	6. 0	5. 5	5. 3	5. 1

主要统计指标解释

国内生产总值 是按市场价格计算的国内生产总值的简称。它是一个国家(地区)所有常住单位在一定时期内生产活动的最终成果。国内生产总值有三种表现形态,即价值形态、收入形态和产品形态。从价值形态看,它是所有常住单位在一定时期内所生产的全部货物和服务价值超过同期投入的全部非固定资产货物和服务价值的差额,即所有常住单位的增加值之和;从收入形态看,它是所有常住单位在一定时期内所创造并分配给常住单位和非常住单位的初次分配收入之和;从产品形态看,它是最终使用的货物和服务减去进口货物和服务。在实际核算中,国内生产总值的三种表现形态表现为三种计算方法,即生产法、收入法和支出法。三种方法分别从不同的方面反映国内生产总值及其构成。

行业分类执行《国民经济行业分类》(GB/T 4754-2011),产业分类执行《三次产业划分规定》(国统字〔2012〕108号)。第一产业指农、林、牧、渔业(不含农、林、牧、渔服务业);第二产业指采矿业(不含开采辅助活动),制造业(不含金属制品、机械和设备修理业),电力、热力、燃气及水生产和供应业,建筑业;第三产业指除第一产业、第二产业以外的其他行业。

按照国家统计局的统一规定,从2004年起省及以下GDP的中文称谓改为“地区生产总值”。

三　人口及劳动力

简 要 说 明

主要内容

本部分反映了全市人口总量，构成及变动情况、婚姻状况、计划生育情况、劳动力资源配置、从业人员构成、工资总额等基本情况。

资料来源

人口资料来源于成都市公安局户籍统计年报资料。

婚姻状况资料来源于成都市民政局、成都市中级人民法院。

计划生育资料来源于成都市卫生健康委员会。

城镇登记失业资料来源于成都市人力资源和社会保障局。

劳动力资源配置、从业人员、工资等资料来源于成都市统计局。

年末户籍总人口（万人）

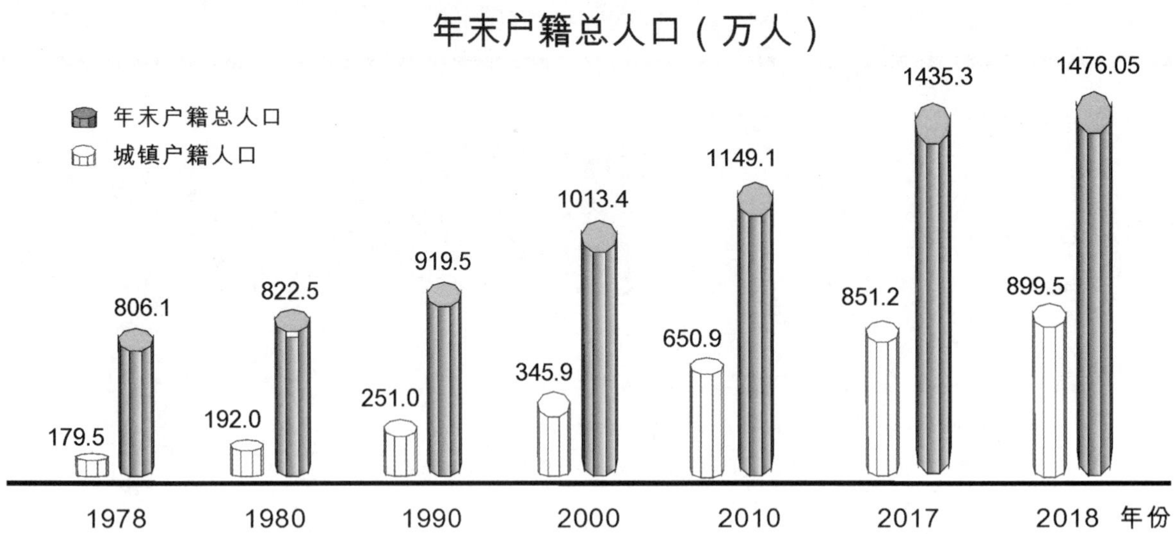

年末从业人员构成（%）

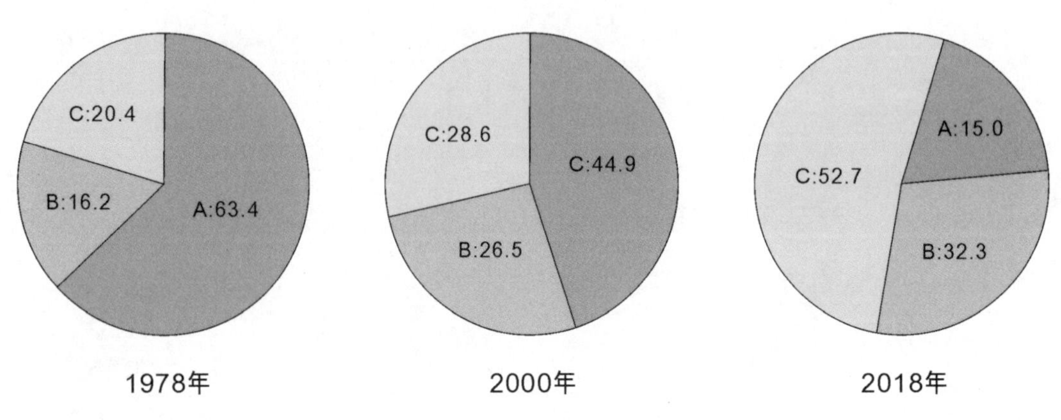

A:第一产业　B:第二产业　C:第三产业

3-1 历年全市年末户籍总户数、总人口数

Total Registered Households and Population over the Years(Year-end)

年 份	总户数(万户)	市区	县(市)	总人口(万人)	市区	县(市)
1949	105.83	24.35	81.48	501.32	112.50	388.82
1950	109.24	24.51	84.73	504.80	112.43	392.37
1951	111.39	26.10	85.29	507.07	109.67	397.40
1952	115.56	27.25	88.31	511.96	113.18	398.78
1953	118.02	27.84	90.18	523.51	117.68	405.83
1954	124.56	31.11	93.45	535.98	130.23	405.75
1955	126.30	32.14	94.16	549.77	136.22	413.55
1956	129.59	34.66	94.93	577.00	155.11	421.89
1957	132.10	36.41	95.69	594.19	162.69	431.50
1958	131.47	35.91	95.56	597.06	167.22	429.84
1959	131.51	38.11	93.40	595.79	180.41	415.38
1960	127.34	35.30	92.04	570.11	179.94	390.17
1961	129.27	36.56	92.71	552.59	174.85	377.74
1962	132.84	37.13	95.71	551.34	171.65	379.69
1963	134.17	38.07	96.10	572.14	178.56	393.58
1964	137.65	39.85	97.80	588.15	181.51	406.64
1965	138.74	40.38	98.36	609.38	188.83	420.55
1966	140.88	41.50	99.38	626.22	191.54	434.68
1967	142.91	42.29	100.62	641.81	195.60	446.21
1968	146.05	43.56	102.49	663.32	200.42	462.90
1969	151.85	45.10	106.75	676.44	199.14	477.30
1970	155.95	46.95	109.00	695.21	202.84	492.37
1971	159.29	47.47	111.82	719.81	207.57	512.24
1972	161.92	48.37	113.55	735.78	210.69	525.09
1973	165.76	49.40	116.36	752.25	214.24	538.01
1974	170.24	50.85	119.39	766.04	216.94	549.10
1975	175.16	52.03	123.13	781.97	218.71	563.26
1976	180.27	53.25	127.02	789.92	220.44	569.48
1977	184.15	54.38	129.77	798.60	223.06	575.54
1978	185.56	55.46	130.10	806.06	228.80	577.26
1979	188.15	56.70	131.45	815.81	234.90	580.91
1980	192.24	58.01	134.23	822.54	238.31	584.23
1981	200.00	61.39	138.61	833.41	242.77	590.64
1982	203.94	63.44	140.50	843.25	247.25	596.00
1983	208.06	65.02	143.04	848.85	250.54	598.31
1984	212.47	67.23	145.24	854.00	253.96	600.04
1985	218.24	69.08	149.16	862.68	258.31	604.37

3-1 续表 1

年 份	总户数(万户)	市区	县(市)	总人口(万人)	市区	县(市)
1986	224.18	71.15	153.03	874.73	264.24	610.49
1987	233.36	73.76	159.60	887.30	269.43	617.87
1988	244.41	76.25	168.16	898.57	273.65	624.92
1989	254.37	79.20	175.17	908.59	277.62	630.97
1990	262.61	81.12	181.49	919.50	280.81	638.69
1991	268.15	82.69	185.46	927.73	284.18	643.55
1992	274.56	84.93	189.63	936.86	288.28	648.58
1993	278.42	86.55	191.87	947.30	293.35	653.95
1994	285.05	89.83	195.22	960.39	301.47	658.92
1995	289.51	92.62	196.89	971.60	307.86	663.74
1996	295.50	96.95	198.55	980.74	317.12	663.62
1997	300.08	99.93	200.15	989.19	321.92	667.27
1998	304.29	102.16	202.13	997.00	325.98	671.02
1999	309.93	106.95	202.98	1003.56	330.29	673.27
2000	317.20	110.84	206.36	1013.35	335.86	677.49
2001	320.63	112.08	208.55	1019.90	341.52	678.38
2002	325.35	145.33	180.02	1028.48	439.79	588.69
2003	336.12	152.60	183.52	1044.31	452.57	591.74
2004	350.53	159.69	190.84	1059.69	464.54	595.15
2005	366.72	168.31	198.41	1082.03	482.07	599.96
2006	382.22	174.54	207.68	1103.40	497.15	606.25
2007	391.58	178.26	213.32	1112.28	502.70	609.58
2008	405.20	183.30	221.90	1124.96	510.16	614.80
2009	417.87	190.14	227.73	1139.63	520.86	618.77
2010	430.68	199.88	230.80	1149.07	535.15	613.92
2011	439.69	205.37	234.32	1163.28	544.78	618.50
2012	446.85	210.62	236.23	1173.35	554.18	619.17
2013	455.05	216.55	238.50	1187.99	564.94	623.05
2014	467.16	226.01	241.15	1210.74	581.63	629.11
2015	475.99	271.28	204.71	1228.05	698.14	529.91
2016	536.86	301.59	235.27	1398.93	773.85	625.08
2017	550.65	317.24	233.41	1435.33	811.56	623.77
2018	563.23	332.06	231.17	1476.05	851.16	624.89

注:2016 年郫县改为郫都区,市区人口统计中包含郫都区数据。

3-1 续表 2

年 份	在总人口中：乡村人口（万人）	在总人口中：城镇人口（万人）	在总人口中：男（万人）	在总人口中：女（万人）	性别比（女=100）
1949	399.63	101.69	259.23	242.09	107.08
1950	404.11	100.69	258.71	246.09	105.13
1951	410.71	96.36	258.90	248.17	104.32
1952	417.73	94.23	260.03	251.93	103.22
1953	427.82	95.69	265.89	257.62	103.21
1954	428.52	107.46	274.83	261.15	105.24
1955	436.71	113.06	281.21	268.56	104.71
1956	447.93	129.07	299.38	277.62	107.84
1957	455.80	138.39	305.46	288.73	105.79
1958	445.35	151.71	308.46	288.60	106.88
1959	424.82	170.97	311.51	284.28	109.58
1960	398.62	171.49	297.64	272.47	109.24
1961	391.59	161.00	284.32	268.27	105.98
1962	402.63	148.71	282.06	269.28	104.75
1963	418.06	154.08	292.06	280.08	104.28
1964	433.65	154.50	302.29	285.86	105.75
1965	446.20	163.18	311.45	297.93	104.54
1966	462.83	163.39	320.60	305.62	104.90
1967	476.23	165.58	329.52	312.29	105.52
1968	492.82	170.50	340.07	323.25	105.20
1969	512.04	164.40	344.94	331.50	104.05
1970	530.09	165.12	355.77	339.44	104.81
1971	553.70	166.11	368.47	351.34	104.88
1972	567.16	168.62	375.90	359.88	104.45
1973	581.71	170.54	384.26	367.99	104.42
1974	594.98	171.06	391.14	374.90	104.33
1975	611.03	170.94	398.20	383.77	103.76
1976	619.28	170.64	402.39	387.53	103.83
1977	625.44	173.16	406.66	391.94	103.76
1978	626.60	179.46	410.51	395.55	103.78
1979	627.99	187.82	415.43	400.38	103.76
1980	630.50	192.04	418.95	403.59	103.81
1981	635.67	197.74	424.56	408.85	103.84
1982	639.51	203.74	429.91	413.34	104.01
1983	639.99	208.86	432.94	415.91	104.09
1984	628.50	225.50	435.70	418.30	104.16
1985	627.75	234.93	440.43	422.25	104.31

3-1 续表3

年 份	在总人口中：乡村人口(万人)	城镇人口(万人)	在总人口中：男(万人)	女(万人)	性别比(女=100)
1986	647.48	227.25	447.02	427.71	104.51
1987	654.09	233.21	453.80	433.50	104.68
1988	658.41	240.16	459.70	438.87	104.75
1989	663.25	245.34	465.21	443.38	104.92
1990	668.51	250.99	471.00	448.50	105.02
1991	671.69	256.04	475.11	452.62	104.97
1992	670.12	266.74	479.67	457.19	104.92
1993	671.16	276.14	485.09	462.21	104.95
1994	669.41	290.98	491.01	469.38	104.61
1995	670.74	300.86	496.78	474.82	104.62
1996	670.59	310.15	501.16	479.58	104.50
1997	670.69	318.50	505.50	483.69	104.51
1998	669.71	327.29	508.64	488.36	104.15
1999	667.41	336.15	511.54	492.02	103.97
2000	667.45	345.90	515.80	497.55	103.67
2001	665.12	354.78	518.89	501.01	103.57
2002	662.76	365.72	523.61	504.87	103.71
2003	658.08	386.23	531.77	512.54	103.75
2004	605.96	453.73	538.17	521.52	103.19
2005	538.10	543.93	548.40	533.63	102.77
2006	531.90	571.50	558.28	545.12	102.41
2007	516.72	595.56	561.37	550.91	101.90
2008	512.88	612.08	566.68	558.28	101.50
2009	510.25	629.38	572.74	566.89	101.03
2010	498.16	650.91	575.75	573.32	100.42
2011	457.62	705.66	582.05	581.23	100.14
2012	456.63	716.72	585.97	587.38	99.76
2013	459.28	728.71	592.16	595.83	99.38
2014	454.97	755.77	602.47	608.27	99.05
2015	507.43	720.62	610.17	617.88	98.75
2016	614.33	784.60	696.36	702.57	99.12
2017	584.16	851.17	712.78	722.55	98.65
2018	576.55	899.50	732.25	743.80	98.45

注:2015年起公安户籍上的农业人口和非农业人口不再统计,变更为乡村人口和城镇人口;2014年及以前仍为农业人口和非农业人口;市公安局按上级主管部门要求,对2015年户籍人口中城镇人口的统计口径进行调整。

3-2 历年户籍总人口自然变动情况

Statistics on Natural Changes of Total Registered Population over the Years

年 份	出 生		死 亡		自然增长	
	人 数 (人)	出生率 (‰)	人 数 (人)	死亡率 (‰)	人 数 (人)	增长率 (‰)
1949	133811		64491		69320	
1950	136426	27.1	65826	13.1	70600	14.0
1951	149622	29.6	77248	15.3	72374	14.3
1952	153469	30.1	73919	14.5	79550	15.6
1953	164276	31.7	67181	13.0	97095	18.7
1954	169748	32.1	58411	11.1	111337	21.0
1955	164417	30.3	62931	11.6	101486	18.7
1956	167416	29.7	58275	10.3	109141	19.4
1957	184963	31.6	74356	12.8	110607	18.8
1958	168719	28.3	115344	19.5	53375	8.8
1959	104306	17.5	230527	38.7	-126221	-21.2
1960	73974	12.7	307248	52.7	-233274	-40.0
1961	71568	12.8	151448	27.0	-79880	-14.2
1962	155735	28.2	76576	13.9	79159	14.3
1963	285634	50.9	57550	10.3	228084	40.6
1964	225550	38.9	52393	9.0	173157	29.9
1965	220307	36.8	52840	8.8	167467	28.0
1966	217252	35.3	45189	7.3	172063	27.9
1967	201477	31.8	42980	6.8	158497	25.0
1968	236703	36.3	46239	7.1	190464	29.2
1969	239366	35.8	46560	7.0	192806	28.8
1970	245224	35.9	45844	6.7	199380	29.2
1971	251582	35.7	57740	8.2	193842	27.5
1972	214835	29.5	58511	8.0	156324	21.5
1973	190465	25.6	51523	6.9	138942	18.7
1974	183811	24.2	55571	7.3	128240	16.9
1975	175745	22.7	54341	7.0	121404	15.7
1976	143973	18.3	53190	6.8	90783	11.5
1977	114031	14.4	54087	6.8	59944	7.6
1978	82372	10.3	48141	6.0	34231	4.3
1979	94811	11.7	49048	6.1	45763	5.6
1980	91450	11.2	49604	6.1	41846	5.1
1981	99299	12.0	40714	4.9	58585	7.1
1982	102489	12.2	41856	5.0	60633	7.2
1983	88709	10.5	51015	6.0	37694	4.5
1984	81265	9.5	51675	6.1	29590	3.4
1985	102427	11.9	51485	6.0	50942	5.9

3-2 续表

年 份	出 生		死 亡		自然增长	
	人 数（人）	出生率（‰）	人 数（人）	死亡率（‰）	人 数（人）	增长率（‰）
1986	138763	15.9	51408	5.9	87355	10.0
1987	139874	15.9	52454	6.0	87420	9.9
1988	120285	13.5	57256	6.4	63029	7.1
1989	119200	13.2	56848	6.3	62352	6.9
1990	119446	13.1	58223	6.4	61223	6.7
1991	110067	11.9	58447	6.3	51620	5.6
1992	107086	11.5	61394	6.6	45692	4.9
1993	109881	11.7	58918	6.3	50963	5.4
1994	106333	11.2	58300	6.1	48033	5.1
1995	104362	10.8	61084	6.3	43278	4.5
1996	99279	10.2	60043	6.2	39236	4.0
1997	88460	9.0	57551	5.8	30909	3.1
1998	91112	9.2	61019	6.1	30093	3.0
1999	81729	8.2	59435	5.9	22294	2.2
2000	97092	9.6	66354	6.6	30738	3.1
2001	72504	7.1	56381	5.6	16123	1.6
2002	68338	6.6	65941	6.4	2397	0.2
2003	67966	6.6	62638	6.0	5328	0.5
2004	71601	6.8	62426	5.9	9175	0.9
2005	74638	7.0	56843	5.3	17795	1.7
2006	74226	6.8	50839	4.7	23387	2.1
2007	92522	8.4	96046	8.7	-3524	-0.3
2008	100976	9.0	52889	4.7	48087	4.3
2009	91520	8.1	62950	5.6	28570	2.5
2010	97877	8.6	99671	8.7	-1794	-0.1
2011	105248	9.1	53227	4.6	52021	4.5
2012	116941	10.0	115510	9.9	1431	0.1
2013	106725	9.0	74779	6.3	31946	2.7
2014	121212	10.1	65290	5.4	55922	4.7
2015	141056	11.6	74899	6.1	66157	5.4
2016	173577	12.5	104245	7.5	69332	5.0
2017	196772	13.9	187430	13.2	9342	0.7
2018	182757	12.6	136559	9.4	46198	3.2

注:2007 年、2010 年和 2017 年全市集中开展户口应注销未注销人员清理与注销专项工作,全年死亡注销户口人数较往年大幅增加。

3-3 户籍人口构成及变动(2018年)

Composition of Registered Population and Its Variations(2018)

	单 位	全 市	市 区	县 (市)
总人口	人	**14760480**	**8511592**	**6248888**
人口构成				
按性别分				
男 性	人	7322452	4180796	3141656
女 性	人	7438028	4330796	3107232
性别比例(以女性为100)		98.45	96.54	101.11
按农业、非农业人口分				
城镇人口	人	8995013	6811502	2183511
乡村人口	人	5765467	1700090	4065377
人口自然变动				
出生人口	人	182757	116473	66284
死亡人口	人	136559	85474	51085
出生率	‰	12.55	14.01	10.62
死亡率	‰	9.38	10.28	8.18
自然增长率	‰	3.17	3.73	2.43
人口机械变动				
迁入人口	人	485044	457584	27460
迁出人口	人	124027	92582	31445
迁入率	‰	33.32	55.04	4.40
迁出率	‰	8.52	11.14	5.04
机械变动增长率	‰	24.80	43.90	-0.64
附:总户数	户	**5632300**	**3320583**	**2311717**

3-4 常住人口及城镇化率(2000—2018年)

Resident Population and Rate of Urban Population(2000—2018)

年 份	常住人口(万人)	城 镇	乡 村	城镇化率(%)
2000	1110.85	596.75	514.10	53.72
2001	1134.22	619.96	514.26	54.66
2002	1157.41	640.63	516.78	55.35
2003	1173.40	674.94	498.46	57.52
2004	1194.13	693.91	500.22	58.11
2005	1221.72	731.20	490.52	59.85
2006	1248.50	768.20	480.30	61.53
2007	1257.94	787.22	470.72	62.58
2008	1270.62	807.86	462.76	63.58
2009	1286.60	834.36	452.24	64.85
2010	1404.76	923.70	481.06	65.75
2011	1407.08	942.74	464.34	67.00
2012	1417.78	970.26	447.52	68.44
2013	1429.76	992.25	437.51	69.40
2014	1442.75	1015.26	427.49	70.37
2015	1465.75	1047.57	418.18	71.47
2016	1591.76	1124.1	467.66	70.62
2017	1604.47	1152.81	451.66	71.85
2018	1633.00	1194.05	438.95	73.12

注:根据第六次人口普查结果,2010年城镇化率有修正。

3-5 婚姻登记和离婚情况

Number of Marriages and Divorces

	单 位	2014 年	2015 年	2016 年	2017 年	2018 年
准予登记结婚	对	128441	125085	131802	131111	132891
#初 婚	人	181612	174258	176579	171958	177096
再 婚	人	75270	75912	87025	90264	88686
结 婚 率	%	2. 12	2. 04	1. 88	1. 83	1. 80
离婚登记	对	62205	65068	73401	82171	79947
离 婚 率	%	1. 03	0. 93	1. 04	1. 14	1. 08

3-6 计划生育情况(2018 年)

Conditions of Family Planning(2018)

	单 位	全 市	市 区	县 (市)
符合政策生育率	%	99. 61	99. 71	99. 34
一 孩 率	%	58. 17	59. 04	56. 70
已婚育龄妇女人数	人	2695973	1529155	1166818
综合避孕率	%	77. 42	77. 23	77. 66

3-7 历年全市年末从业人员情况(按产业分)

Number of Employed Persons by Industry(Year-end)

年份	从业人员(人)				从业人员构成(%)		
		第一产业	第二产业	第三产业	第一产业	第二产业	第三产业
1978	3722994	2358518	602615	761861	63. 4	16. 2	20. 4
1979	3764661	2383030	609875	771756	63. 3	16. 2	20. 5
1980	3931217	2488349	634664	808204	63. 3	16. 1	20. 6
1981	4118652	2607106	679578	831968	63. 3	16. 5	20. 2
1982	4276459	2732657	731275	812527	63. 9	17. 1	19. 0
1983	4465414	2866943	785303	813168	64. 2	17. 6	18. 2
1984	4728724	2796695	1061878	870151	59. 1	22. 5	18. 4
1985	4933036	2736616	1315398	881022	55. 5	26. 7	17. 8
1986	5085687	2780993	1348568	956126	54. 7	26. 5	18. 8
1987	5268072	2884365	1353518	1030189	54. 8	25. 7	19. 5
1988	5389769	2877430	1409976	1102363	53. 4	26. 2	20. 4
1989	5511830	2966603	1436504	1108723	53. 8	26. 1	20. 1
1990	5626680	3010955	1457603	1158122	53. 5	25. 9	20. 6
1991	5809154	3046286	1531561	1231307	52. 4	26. 4	21. 2
1992	5941185	3039578	1587082	1314525	51. 2	26. 7	22. 1
1993	5959391	3019385	1514713	1425293	50. 7	25. 4	23. 9
1994	6029501	2878742	1720745	1430014	47. 8	28. 5	23. 7
1995	6037492	2835200	1806794	1395498	47. 0	29. 9	23. 1
1996	6045850	2732497	1774346	1539007	45. 2	29. 3	25. 5
1997	6064707	2691771	1764825	1608111	44. 4	29. 1	26. 5
1998	5948366	2680317	1646067	1621982	45. 0	27. 7	27. 3
1999	5829821	2538904	1529615	1761302	43. 6	26. 2	30. 2
2000	5741347	2576208	1519515	1645624	44. 9	26. 5	28. 6
2001	5758033	2410214	1481423	1866396	41. 9	25. 7	32. 4
2002	5844215	2315113	1583001	1946101	39. 6	27. 1	33. 3
2003	5932727	2209537	1666227	2056963	37. 2	28. 1	34. 7
2004	6039731	2107853	1808403	2123475	34. 9	29. 9	35. 2
2005	6190374	2001677	1905898	2282799	32. 3	30. 8	36. 9
2006	6401398	1887612	1966586	2547200	29. 5	30. 7	39. 8
2007	6871337	1793309	2102606	2975422	26. 1	30. 6	43. 3
2008	7044940	1733032	2151504	3160404	24. 6	30. 5	44. 9
2009	7295164	1627873	2329109	3338182	22. 3	31. 9	45. 8
2010	7527799	1526985	2501175	3499639	20. 3	33. 2	46. 5
2011	7731668	1445000	2675589	3611079	18. 7	34. 6	46. 7
2012	7937488	1418336	2755449	3763703	17. 9	34. 7	47. 4
2013	8211913	1376271	2886709	3948933	16. 7	35. 2	48. 1
2014	8206783	1351486	2772776	4082521	16. 5	33. 8	49. 7
2015	8264127	1352715	2835483	4075929	16. 4	34. 3	49. 3
2016	8943813	1439065	2930596	4574152	16. 1	32. 8	51. 1
2017	9129218	1420408	3012800	4696010	15. 6	33. 0	51. 4
2018	9338469	1400688	3020927	4916854	15. 0	32. 3	52. 7

3-8 全市年末从业人员情况(按行业分)

Number of Employed Persons by Sector(Year-end)

单位:万人

	2014 年	2015 年	2016 年	2017 年	2018 年
从业人员总计	**820.68**	**826.41**	**894.38**	**912.92**	**933.85**
按国民经济行业分组					
农、林、牧、渔业	135.15	135.27	143.91	142.04	140.07
采矿业	0.82	0.77	0.72	2.95	2.38
制造业	152.3	152.69	152.32	156.90	155.01
电力、燃气及水的生产和供应业	3.44	3.48	2.81	5.02	6.03
建筑业	120.72	126.62	137.20	136.41	138.67
批发和零售业	111.65	118.92	132.51	129.83	132.74
交通运输、仓储和邮政业	38.81	31.98	39.46	41.63	43.18
住宿和餐饮业	64.04	56.59	59.35	62.28	70.74
信息传输、计算机服务和软件业	18.33	19.54	28.14	31.51	33.21
金融业	7.94	8.89	12.23	12.66	12.47
房地产业	16.14	17.21	20.04	20.91	22.30
租赁和商务服务业	27.12	27.37	31.19	31.40	35.34
科学研究、技术服务和地质勘查业	13.66	14.44	17.33	17.97	18.78
水利、环境和公共设施管理业	4.66	4.35	4.66	4.83	5.60
居民服务和其他服务业	41.94	41.72	39.87	40.45	40.23
教育	23.7	24.18	24.84	26.33	26.61
卫生、社会保障和社会福利业	15.31	16.49	18.07	18.87	20.06
文化、体育和娱乐业	5.85	6.17	8.61	8.83	7.85
公共管理和社会组织	19.12	19.76	21.11	22.12	22.58

3-9 历年全市年末从业人员情况(按经济类型分)

Number of Employed Persons by Ownership(Year-end)

单位:人

年份	从业人员合计	城镇	国有经济	集体经济	其他经济	私营与个体	乡村
1978	3722994	1101925	832123	267769		2033	2621069
1979	3764661	1126661	862966	261680		2015	2638000
1980	3931217	1165499	896191	262787		6521	2765718
1981	4118652	1224652	934221	277176		13255	2894000
1982	4276459	1273459	971687	284267		17505	3003000
1983	4465414	1292205	982389	284893		24923	3173209
1984	4728724	1470071	981600	319406	129084	39981	3258653
1985	4933036	1538595	1017857	328212	146153	46373	3394441
1986	5085687	1594578	1056750	330413	154719	52696	3491109
1987	5268072	1659937	1099618	329053	160442	70824	3608135
1988	5389769	1715929	1133013	327634	169043	86239	3673840
1989	5511830	1738376	1157857	315211	175880	89428	3773454
1990	5626680	1803394	1188123	334923	183003	97345	3823286
1991	5809154	1887157	1240718	339265	196276	110898	3921997
1992	5941185	1938010	1268306	340176	207887	121641	4003175
1993	5959391	1974864	1245842	334379	259041	135602	3984527
1994	6029501	2027232	1246100	309200	278232	193700	4002269
1995	6037492	2060424	1246900	305100	290389	218035	3977068
1996	6045850	2106542	1239409	301505	301971	263657	3939308
1997	6064707	2115747	1234089	282361	307860	291437	3948960
1998	5948366	2058912	1101636	237310	358713	361253	3889454
1999	5829821	1902480	988500	185650	361577	366753	3927341
2000	5741347	1862139	934427	171193	380722	375797	3879208
2001	5758033	1868360	884121	118072	421546	444621	3889673
2002	5844215	1980767	818698	124313	494919	542837	3863448
2003	5932727	2127096	826105	126804	507949	666238	3805631
2004	6039731	2382938	790021	121984	466426	1004507	3656793
2005	6190374	2765412	789867	108614	624188	1242743	3424962
2006	6401398	3100921	807318	101998	762300	1429305	3300477
2007	6871337	3601730	842776	99528	800211	1859215	3269607
2008	7044940	3822301	857658	83319	991910	1889414	3222639
2009	7295164	4094964	919600	85540	1051030	2038794	3200200
2010	7527799	4336984	977789	79937	1125011	2154247	3190815
2011	7731668	4663818	1019384	87634	1295162	2261638	3067850
2012	7937488	4897782	1083925	79689	1397334	2336834	3039706
2013	8211913	5246325	1078808	60313	1962932	2144272	2965588
2014	8206783	5282266	979957	55641	1972043	2274625	2924517
2015	8264127	5360593	970109	50284	1951224	2388976	2903534
2016	8943813	5672221	1000729	52766	1965966	2652760	3271592
2017	9129218	5935521	1014991	48358	2123059	2749113	3193697
2018	9338469	6135401	886555	38381	2155543	3054922	3203068

3-10 企业、事业、机关单位数(2018年末)

Number of Enterprises, Institutions and Agencies Organizations(End of 2018)

单位:个

	合　计	国有经济	集体经济	其他经济
总　　计	**12990**	**6323**	**463**	**6204**
按企业、事业、机关分组				
企　　业	6653	540	219	5894
事　　业	3745	3333	239	173
机　　关	2412	2409	1	2
民间非盈利组织	135	15	2	118
其　　他	45	26	2	17
按三次产业分组				
第一产业	50	48	2	
第二产业	2285	84	62	2139
第三产业	10655	6191	399	4065
按国民经济行业分组				
农、林、牧、渔业	50	48	2	
采 矿 业	2			2
制 造 业	1452	28	29	1395
电力、燃气及水的生产和供应业	81	18	2	61
建 筑 业	750	38	31	681
批发和零售业	992	72	104	816
交通运输、仓储和邮政业	283	66	8	209
住宿和餐饮业	317	25	9	283
信息传输、计算机服务和软件业	312	15		297
金 融 业	226	163	14	49
房地产业	1305	34	5	1266
租赁和商务服务业	435	114	23	298
科学研究、技术服务和地质勘查业	568	354	4	210
水利、环境和公共设施管理业	162	96	2	64
居民服务和其他服务业	38	11	1	26
教　　育	1992	1699	12	281
卫生、社会保障和社会福利业	708	327	210	171
文化、体育和娱乐业	352	260	5	87
公共管理和社会组织	2965	2955	2	8

3-11 城镇非私营单位分行业年末从业人员数(2018年末)

Number of Employed Persons in Urban Units by Sector(End of 2018)

单位:人

	总 计	国有经济	集体经济	其他经济
总 计	**2692557**	**812595**	**38381**	**1841581**
按企业、事业、机关分组				
企 业	2039941	212143	19701	1808097
事 业	442861	400187	17820	24854
机 关	197002	196443	389	170
民间非盈利组织	7298	935	288	6075
其 他	5455	2887	183	2385
按三次产业分组				
第一产业	1173	1099	74	
第二产业	1065121	98723	14381	952017
第三产业	1626263	712773	23926	889564
按国民经济行业分组				
农、林、牧、渔业	1173	1099	74	
采 矿 业	80			80
制 造 业	560529	30385	2980	527164
电力、燃气及水的生产和供应业	23707	11604	125	11978
建 筑 业	480805	56734	11276	412795
批发和零售业	151775	5167	1039	145569
交通运输、仓储和邮政业	166182	42573	880	122729
住宿和餐饮业	61242	3011	578	57653
信息传输、计算机服务和软件业	135292	1563		133729
金 融 业	114139	37679	1552	74908
房地产业	127334	1984	178	125172
租赁和商务服务业	89242	11656	204	77382
科学研究、技术服务和地质勘查业	117376	58191	71	59114
水利、环境和公共设施管理业	36260	15738	620	19902
居民服务和其他服务业	8382	913	48	7421
教 育	239520	205486	1639	32395
卫生、社会保障和社会福利业	147449	104481	16756	26212
文化、体育和娱乐业	23797	16509	325	6963
公共管理和社会组织	208273	207822	36	415

3-12　城镇非私营单位女性从业人员数(2018 年末)

Number of Female Employed Persons in Urban Units(End of 2018)

单位:人

	总　计	国有经济	集体经济	其他经济
总　　计	**1060804**	**365659**	**17590**	**677555**
按企业、事业、机关分组				
企　　业	726760	64984	5273	656503
事　　业	253393	226389	11721	15283
机　　关	72152	71876	251	25
民间非盈利组织	5251	759	245	4247
其　　他	3248	1651	100	1497
按三次产业分组				
第一产业	376	356	20	
第二产业	286168	14723	2932	268513
第三产业	774260	350580	14638	409042
按国民经济行业分组				
农、林、牧、渔业	376	356	20	
采 矿 业	32			32
制 造 业	212344	8907	1005	202432
电力、燃气及水的生产和供应业	6895	2277	50	4568
建 筑 业	66897	3539	1877	61481
批发和零售业	88616	1679	388	86549
交通运输、仓储和邮政业	55461	17485	100	37876
住宿和餐饮业	36082	1574	358	34150
信息传输、计算机服务和软件业	53769	606		53163
金 融 业	69072	19709	798	48565
房地产业	53681	959	74	52648
租赁和商务服务业	26013	2381	84	23548
科学研究、技术服务和地质勘查业	35812	19125	6	16681
水利、环境和公共设施管理业	15650	6334	58	9258
居民服务和其他服务业	4382	316	16	4050
教　　育	144570	122861	1175	20534
卫生、社会保障和社会福利业	102250	72358	11457	18435
文化、体育和娱乐业	11225	7719	110	3396
公共管理和社会组织	77677	77474	14	189

3-13 人力资源服务机构及工作情况

Basic Conditions of Employment Services

	单 位	2017 年	2018 年
年末人力资源服务机构	家	435	557
公共人力资源服务机构	家	34	33
民营人力资源服务机构	家	401	524
从业人员总数	人	9046	12731
服务人员总数(服务对象)	人次	9784170	11570187
登记求职和要求提供流动服务人员	人次	6982312	5811663
帮助实现就业和流动人数	人次	4300263	5971979
城镇登记失业人数(市就业局登记失业人数)	万人	18.46	20.47

3-14 历年全市年末城镇非私营单位在岗职工人数及构成(按经济类型分)

Number and Composition of Fully Employed Staff and Workers in Urban Units by Economic Types(Year-end)

年份	在岗职工人数(人)	国有经济单位	城镇集体经济单位	其他经济单位	构成(%) 国有经济单位	城镇集体经济单位	其他经济单位
1978	1099892	832123	267769		75.7	24.3	
1979	1124646	862966	261680		76.7	23.3	
1980	1158978	896191	262787		77.3	22.7	
1981	1211397	934221	277176		77.1	22.9	
1982	1255954	971687	284267		77.4	22.6	
1983	1267282	982389	284893		77.5	22.5	
1984	1302262	981600	319406	1256	75.4	24.5	0.1
1985	1347588	1017858	328212	1518	75.5	24.4	0.1
1986	1388267	1056750	330413	1104	76.1	23.8	0.1
1987	1430713	1099618	329053	2042	76.9	23.0	0.1
1988	1463385	1133013	327634	2738	77.4	22.4	0.2
1989	1476727	1157857	315211	3659	78.4	21.3	0.3
1990	1527114	1188123	334923	4068	77.8	21.9	0.3
1991	1588060	1240718	339265	8077	78.1	21.4	0.5
1992	1618676	1268306	340172	10198	78.4	21.0	0.6
1993	1610430	1225842	334379	50209	76.1	20.8	3.1
1994	1594135	1217480	302369	74286	76.4	19.0	4.6
1995	1615166	1230768	300071	84327	76.2	18.6	5.2
1996	1540594	1148671	268049	123874	74.6	17.4	8.0
1997	1450610	1103500	248945	98165	76.0	17.2	6.8
1998	1340520	994736	198221	147563	74.2	14.8	11.0
1999	1299774	953582	182005	164187	73.4	14.0	12.6
2000	1245294	896721	166909	181664	72.0	13.4	14.6
2001	1173195	841870	115574	215751	71.8	9.8	18.4
2002	1213477	791372	119343	302762	65.2	9.8	25.0
2003	1216720	786691	119736	310293	64.7	9.8	25.5
2004	1232511	757038	117561	357912	61.4	9.5	29.1
2005	1295541	755951	105167	434423	58.4	8.1	33.5
2006	1349987	779719	98073	472195	57.8	7.3	34.9
2007	1409270	807239	97299	504732	57.3	6.9	35.8
2008	1498938	818230	80700	600008	54.6	5.4	40.0
2009	1573561	870229	82071	621261	55.3	5.2	39.5
2010	1648431	879641	75562	693228	53.4	4.6	42.0
2011	1710406	790694	82279	837433	46.2	4.8	49.0
2012	1776322	790785	68933	916604	44.5	3.9	51.6
2013	2197981	753002	52980	1391999	34.3	2.4	63.3
2014	2201939	742443	46868	1412628	33.7	2.1	64.2
2015	2188409	718392	42212	1427805	32.8	1.9	65.3
2016	2228904	739813	45330	1443761	33.2	2.0	64.8
2017	2294341	732748	41739	1519854	31.9	1.8	66.2
2018	2203813	671382	34107	1498324	30.5	1.5	68.0

3-15 城镇全部单位就业人员工资总额(2018 年)

Total Wages Bill of Fully Employed Persons in Urban Units(2018)

单位:万元

	从业人员工资总额	国有经济	集体经济	私营经济	其他经济
总　　计	**29551120**	**8130962**	**283254**	**6718594**	**14418310**
按企业、事业、机关分					
企　　业	22890568	1871585	125000	6718594	14175389
事　　业	4479648	4135129	152536		191983
机　　关	2096303	2093336	1612		1355
民间非盈利组织	45456	7944	2432		35080
其　　他	39145	22968	1675		14502
按三次产业分					
第一产业	45893	9647	638	35608	
第二产业	11111360	661206	85677	3586387	6778090
第三产业	18393868	7460109	196939	3096600	7640220
按国民经济行业分					
农、林、牧、渔业	45893	9647	638	35608	
采 矿 业	12662			11730	932
制 造 业	6593164	344723	14744	2362929	3870768
电力、燃气及水的生产和供应业	215068	74467	1601	17307	121693
建 筑 业	4290466	242016	69332	1194421	2784697
批发和零售业	1776497	67256	6724	738048	964470
交通运输、仓储和邮政业	1755572	408622	3283	167947	1175720
住宿和餐饮业	506828	15944	2088	253097	235699
信息传输、计算机服务和软件业	1829996	12731		275361	1541905
金 融 业	1350429	485543	16760	94813	753312
房地产业	1353585	15006	940	381825	955814
租赁和商务服务业	1121031	91545	2242	553834	473411
科学研究、技术服务和地质勘查业	1674038	646676	457	135065	891840
水利、环境和公共设施管理业	265762	122188	1933	35894	105748
居民服务和其他服务业	257666	5250	282	221355	30780
教　　育	2248590	1946973	13137	57625	230855
卫生、社会保障和社会福利业	1790663	1325067	145805	101038	218754
文化、体育和娱乐业	293611	150880	2677	80698	59356
公共管理和社会组织	2169600	2166430	612		2558

3-16 城镇全部单位就业人员平均工资(2018年)

Average Wage of Fully Employed Persons in Urban Units(2018)

单位:元

	总计	国有经济	集体经济	私营经济	其他经济
总计	**71300**	**102882**	**72425**	**45108**	**78973**
按企业、事业、机关分					
企业	65499	97515	60685	45108	79068
事业	101866	103963	86437		78814
机关	106196	106344	41440		82646
民间非盈利组织	63186	89463	84427		58292
其他	71407	78956	89085		60805
按三次产业分					
第一产业	38932	92231	99641	33347	
第二产业	60603	83031	55995	45279	71615
第三产业	79996	105125	82939	45094	86893
按国民经济行业分					
农、林、牧、渔业	38932	92231	99641	33347	
采矿业	44664			42608	113707
制造业	60946	112747	49675	44479	74867
电力、燃气及水的生产和供应业	85416	78452	128096	48102	101716
建筑业	59290	61166	56793	46937	66716
批发和零售业	53243	128916	64717	40359	66731
交通运输、仓储和邮政业	88462	97194	37737	48384	97303
住宿和餐饮业	41806	53288	36057	37680	46680
信息传输、计算机服务和软件业	97295	80935		52561	114960
金融业	104058	131136	108761	56003	101415
房地产业	66639	76094	54046	52521	74512
租赁和商务服务业	53964	77864	102849	46253	62271
科学研究、技术服务和地质勘查业	120946	111546	64380	61271	152914
水利、环境和公共设施管理业	59794	75672	30923	45224	53578
居民服务和其他服务业	38214	59928	58688	37423	41860
教育	90031	95301	81242	48053	72480
卫生、社会保障和社会福利业	108065	128520	87744	50355	84402
文化、体育和娱乐业	68508	91832	86909	42475	83353
公共管理和社会组织	103967	104038	161000		62691

主要统计指标解释

总人口 指一定时点、一定地区范围内的有生命的个人的总和。

年度统计的年末总人口是指每年12月31日24时的人口数。

出生率 指在一定时期内(通常为一年)平均每千人所出生的人数的比率,一般用千分率表示。计算公式:

$$出生率=\frac{年出生人数}{年平均人数}\times1000‰$$

死亡率 指在一定时期内(通常为一年)一定地区的死亡人数与同期平均人数(或期中人数)之比,一般用千分率表示。计算公式:

$$死亡率=\frac{年死亡人数}{年平均人数}\times1000‰$$

人口自然增长率 指在一定时期内(通常为一年)人口自然增加数(出生人数减死亡人数)与该时期内平均人数(或期中人数)之比,一般用千分率表示。计算公式:

$$人口自然增长率=\frac{本年出生人数-本年死亡人数}{年平均人数}\times100‰$$

$$人口自然增长率=人口出生率-人口死亡率$$

从业人员 指从事一定社会劳动并取得劳动报酬或经营收入的人员。包括:

(1)全部职工

(2)再就业的离退休人员

(3)私营业主

(4)个体户主

(5)私营和个体从业人员

(6)乡镇企业从业人员

(7)农村从业人员

(8)其他从业人员(包括民办教师、宗教职业者、现役军人等)

这一指标反映了一定时期内全部劳动力资源的实际利用情况,是研究我国基本国情国力的重要指标。

各单位的从业人员是指在各级国家机关、政党机关、社会团体及企业、事业单位中工作,并取得劳动报酬的全部人员。包括在岗职工、再就业的离退休人员、民办教师以及在各单位中工作的外方人员和港、澳、台方人员。

各单位的从业人员反映了各单位实际参加生产或工作的全部劳动力。因此,从1998年开始,各单位的从业人员不包括离开本单位仍保留劳动关系的职工。

平均工资 指报告期内单位发放工资的人均水平。计算公式为:

$$平均工资=\frac{报告期工资总额}{报告期平均人数}$$

城镇私营和个体从业人员 城镇私营从业人员指在工商管理部门注册登记,其经营地址设在县城关镇(含城关镇)以上的私营企业从业人员。包括:私营企业投资者和雇工。城镇个体从业人员指在工商管理部门注册登记,并持有城镇户口或在城镇长期居住,经批准从事个体工商经营的从业人员。包括:个体经营者和在个体工商户劳动的家庭帮工和雇工。

城镇登记失业人员及失业率 指有非农业户口,在一定的劳动年龄内,有劳动能力,无业而要求就业,并在当地就业服务机构进行求职登记的人员。城镇登记失业率,指城镇登记失业人数同城镇从业人数与城镇登记失业人数之和的比。计算公式为:

$$城镇登记失业率=\frac{城镇登记失业人数}{城镇从业人数+城镇登记失业人数}\times 100\%$$

四 固定资产投资 建筑业

简 要 说 明

主要内容

固定资产投资包括：全社会范围内的固定资产投资发展速度及构成；技术改造投资资金状况；房地产开发投资情况等。

建筑业包括：全市建筑施工企业生产情况、财务状况及其他主要指标。

资料来源

固定资产投资和建筑业资料来源于成都市统计局。

其他需要说明的问题

建筑业统计范围：1995年以前为城镇集体及国有建筑企业;1996年起为具有建筑业资质等级四级及四级以上的各种经济类型的建筑企业。

建筑业统计原则:凡公司注册地在成都的建筑企业(含本公司在外地的生产活动)均纳入统计范围。

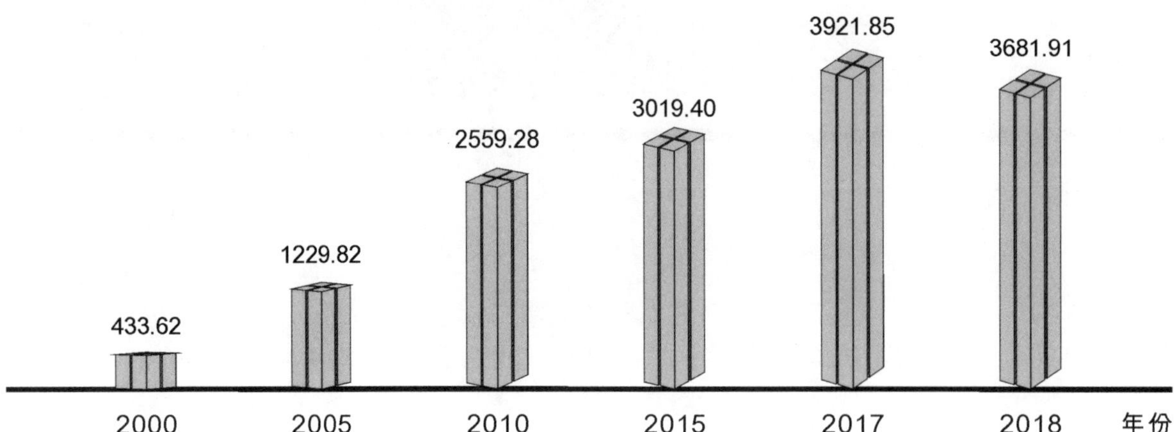
商品房实际销售面积(万平方米)
433.62
1229.82
2559.28
3019.40
3921.85
3681.91
2000
2005
2010
2015
2017
2018
年份

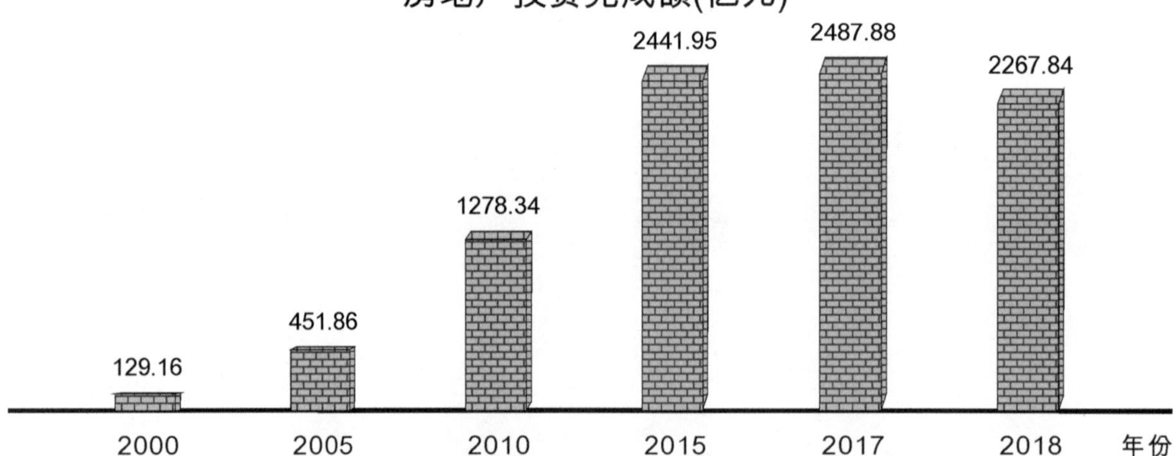
房地产投资完成额(亿元)
129.16
451.86
1278.34
2441.95
2487.88
2267.84
2000
2005
2010
2015
2017
2018
年份

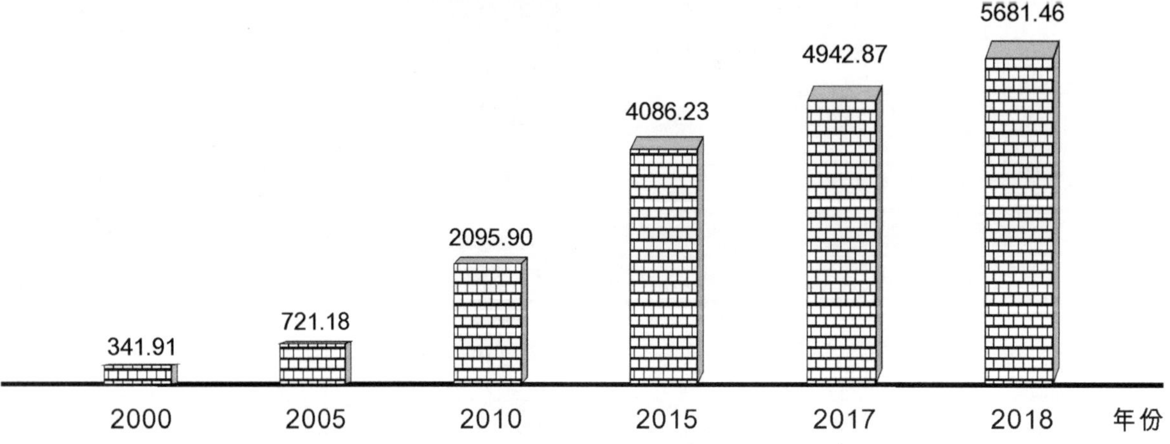
全社会建筑业总产值(亿元)
341.91
721.18
2095.90
4086.23
4942.87
5681.46
2000
2005
2010
2015
2017
2018
年份

4-1 历年全社会固定资产投资构成(按经济类型分)

Composition of Total Investment in Fixed Assets by Ownership

单位:%

年 份	总 计	# 国有经济	# 集体经济	# 私营及个体经济	在总计中:住 宅
1978	100	96.4	3.6		16.1
1979	100	96.3	3.7		25.7
1980	100	93.3	6.7		33.2
1981	100	83.7	9.3	7.0	37.5
1982	100	85.9	7.5	6.6	33.9
1983	100	83.1	7.2	9.7	35.9
1984	100	70.8	11.4	17.8	27.7
1985	100	71.8	18.3	9.9	26.0
1986	100	74.5	11.9	13.6	24.2
1987	100	69.7	13.4	16.9	28.1
1988	100	66.2	12.8	21.0	28.5
1989	100	68.3	12.4	19.3	29.5
1990	100	70.3	11.4	18.3	30.1
1991	100	72.1	11.6	16.3	27.1
1992	100	66.4	19.1	14.5	28.6
1993	100	53.6	24.0	8.9	27.0
1994	100	50.6	22.6	10.5	28.5
1995	100	50.2	25.5	10.1	31.2
1996	100	46.1	21.9	11.9	32.2
1997	100	47.7	20.2	10.7	26.5
1998	100	56.5	14.1	9.8	25.6
1999	100	55.8	10.8	8.7	25.3
2000	100	47.9	7.8	8.9	29.1
2001	100	49.3	7.2	11.4	31.1
2002	100	47.3	6.8	11.6	29.5
2003	100	46.5	4.7	12.2	28.8
2004	100	41.8	4.7	13.2	26.9
2005	100	39.6	0.7	12.3	27.4
2006	100	36.0	0.6	11.5	31.6
2007	100	30.9	0.3	13.8	31.1
2008	100	34.0	0.5	9.9	26.0
2009	100	39.4	0.7	9.9	22.5
2010	100	33.6	0.9	9.1	22.6
2011	100	29.5	0.7	9.5	24.4
2012	100	32.1	0.4	12.2	22.2
2013	100	30.5	0.5	13.6	22.8
2014	100	31.5	0.5	12.9	23.9
2015	100	32.3	0.3	13.0	26.4
2016	100	25.4	0.1	22.6	18.0
2017	100	27.4	0.2	21.3	13.8
2018	100	30.9	0.03	18.2	14.9

4-2 历年全社会固定资产投资发展速度(按经济类型分)

Development Rates of Total Investment in Fixed Assets by Ownership

单位:%

年　份	总　计	# 国有经济	# 集体经济	# 私营及 个体经济	在总计中: 住　宅
1978	149.4	145.5	528.5		161.3
1979	172.5	172.4	175.5		274.8
1980	109.9	106.5	200.0		142.2
1981	131.4	117.8	182.7		148.3
1982	130.1	133.6	104.4	122.7	117.5
1983	112.6	108.9	108.8	165.7	119.5
1984	136.4	116.2	215.8	250.5	105.3
1985	165.2	167.5	265.9	91.8	154.7
1986	102.8	106.8	66.9	140.4	95.9
1987	115.3	107.7	130.1	143.7	133.8
1988	127.3	120.9	121.2	158.5	128.8
1989	97.8	100.8	94.7	90.0	101.2
1990	112.5	115.8	103.7	106.2	114.8
1991	120.9	124.0	123.2	107.5	108.7
1992	162.4	149.7	266.3	144.9	171.8
1993	179.4	144.7	226.0	110.8	168.9
1994	127.2	120.2	119.6	148.7	134.4
1995	119.9	118.9	135.4	115.4	131.4
1996	120.0	110.2	103.2	141.9	123.7
1997	119.8	124.1	110.5	107.9	98.8
1998	119.9	142.0	83.8	109.6	115.8
1999	112.7	111.4	86.2	100.2	111.8
2000	113.6	97.4	82.2	115.6	130.3
2001	122.3	125.9	112.7	156.6	130.6
2002	120.6	115.8	114.1	122.9	114.6
2003	122.9	120.8	84.5	129.7	119.9
2004	122.5	110.0	123.7	132.7	114.6
2005	137.9	130.7	121.3	128.1	140.0
2006	130.1	118.3	115.6	121.4	150.3
2007	125.9	108.0	61.8	152.3	124.1
2008	125.3	138.0	187.1	89.3	104.8
2009	134.0	155.2	203.8	135.0	116.0
2010	106.1	90.5	134.3	97.1	106.4
2011	117.4	103.2	94.6	122.2	126.9
2012	117.9	128.0	65.8	152.2	107.0
2013	110.4	105.1	142.9	123.1	113.5
2014	101.8	105.2	87.4	96.2	106.7
2015	105.8	108.6	65.4	107.0	117.0
2016	114.3	87.9	48.4	159.5	78.6
2017	112.3	121.1	152.9	106.2	86.2
2018	110.0	127.7	29.9	96.1	81.3

4-3 历年全社会固定资产投资比重(按管理渠道和构成分)

Proportion of Total Investment in Fixed Assets by Channel of Management and Use of Funds

单位:%

年份	按管理渠道分	按构成分		
	#技术改造投资	建筑安装工程	设备工器具购置	其他费用
1978		56.7	36.1	7.2
1979	8.2	61.1	31.1	7.8
1980	9.6	71.1	22.6	6.3
1981	35.5	71.6	21.3	7.1
1982	31.5	66.4	23.8	9.8
1983	25.8	70.3	20.2	9.5
1984	24.4	65.8	24.1	10.1
1985	23.2	61.7	27.7	10.6
1986	27.3	60.2	28.1	11.7
1987	29.8	64.6	25.2	10.2
1988	29.3	61.9	27.9	10.2
1989	30.6	59.5	28.8	11.7
1990	29.3	63.1	27.3	9.6
1991	19.8	63.0	26.2	10.8
1992	19.3	69.2	23.1	7.7
1993	14.4	66.4	19.9	13.7
1994	17.1	65.9	22.8	11.3
1995	10.4	68.7	17.1	14.2
1996	9.8	75.4	11.8	12.8
1997	11.2	66.9	20.5	12.6
1998	12.6	59.0	23.8	17.2
1999	10.7	62.4	22.0	15.6
2000	10.3	65.8	16.9	17.3
2001	11.1	68.7	14.9	16.4
2002	12.9	59.3	18.4	22.3
2003	15.1	55.4	15.6	29.0
2004	17.5	59.4	14.4	26.2
2005	20.3	56.2	14.0	29.8
2006	19.1	56.5	14.1	29.4
2007	21.2	54.8	14.1	31.1
2008	22.8	57.7	14.1	28.2
2009	23.2	63.9	15.0	21.1
2010	22.7	69.1	14.1	16.8
2011	20.3	73.6	12.4	14.0
2012	19.6	72.8	12.7	14.5
2013	18.5	72.1	12.5	15.4
2014	18.1	72.9	9.5	17.6
2015	19.1	70.8	12.1	17.1
2016	23.4	69.3	13.7	17.0
2017	29.6	68.2	15.2	16.6
2018	24.1	66.7	13.6	19.7

4-4 历年全社会固定资产投资发展速度(按管理渠道分)

Development Rates of Total Investment In Fixed Assets by Channel of Management over the Years

单位:%

年　份	总　计	# 技术改造投资	# 房地产投资
1978	149.4		
1979	172.5		
1980	109.9	128.1	
1981	131.4	487.3	
1982	130.1	115.4	
1983	112.6	92.2	
1984	136.4	129.2	
1985	165.2	156.8	
1986	102.8	121.2	
1987	115.3	125.7	
1988	127.3	125.4	
1989	97.7	101.9	
1990	112.5	108.0	
1991	120.9	81.4	103.8
1992	162.4	158.5	304.5
1993	179.4	133.6	219.5
1994	127.2	151.8	162.8
1995	119.9	72.8	161.6
1996	120.0	113.4	125.5
1997	119.8	136.8	106.7
1998	119.9	134.9	109.5
1999	112.7	95.9	124.9
2000	113.6	108.8	129.3
2001	122.3	132.6	132.2
2002	120.6	139.6	119.1
2003	122.9	144.1	120.7
2004	122.5	141.4	125.9
2005	137.9	160.1	146.2
2006	130.1	122.3	135.8
2007	125.9	140.0	147.5
2008	125.3	135.0	100.8
2009	134.0	136.2	103.6
2010	106.1	103.7	135.3
2011	117.4	105.1	124.0
2012	117.9	113.8	119.2
2013	110.4	104.3	111.7
2014	101.8	99.4	105.2
2015	105.8	111.6	110.0
2016	114.3	138.7	106.5
2017	112.3	142.2	94.3
2018	110.0	118.1	91.2

4-5 历年全社会固定资产投资效果主要指标

Main Indicators of Total Investment Results in Fixed Assets over the Years

年 份	施工项目（个）	全部建成投产项目（个）	建设项目投产率（%）	新增固定资产（万元）	固定资产交付使用率（%）	房屋面积竣工率（%）	住宅面积竣工率（%）
1978	693	171	24.6	29345	99.8	52.6	56.9
1979	1067	323	30.3	38966	76.8	49.4	50.7
1980	1228	535	43.6	49430	88.7	53.9	53.0
1981	1289	548	42.5	64474	87.8	68.1	70.1
1982	1633	750	45.9	71030	74.6	66.4	69.3
1983	2427	1482	61.1	82754	77.1	76.2	83.5
1984	1708	863	50.5	116641	79.7	76.7	86.8
1985	2386	1290	54.1	170909	70.7	72.1	79.7
1986	1861	929	49.9	201450	80.9	74.2	82.9
1987	1940	788	40.6	217055	75.7	71.8	80.9
1988	1855	881	47.5	271395	74.4	74.7	84.8
1989	1328	640	48.2	268313	75.2	76.2	86.8
1990	1654	736	44.5	330572	82.4	73.8	78.3
1991	2476	1431	57.8	383200	78.9	73.9	79.3
1992	3822	2089	54.7	519400	65.9	58.8	66.7
1993	4493	2639	58.7	836800	59.2	57.5	63.8
1994	3516	2305	65.6	1230700	68.5	58.1	67.2
1995	3553	2438	68.6	1379900	63.9	52.8	63.5
1996	3161	2156	68.2	1768600	68.3	59.1	68.9
1997	2948	1937	65.7	2289851	73.8	60.9	72.2
1998	4106	2826	68.8	2572400	69.1	53.2	61.9
1999	3190	2068	64.8	3180245	75.8	57.8	61.2
2000	2992	1988	66.4	3237100	68.0	56.8	61.8
2001	2145	1266	59.0	4101094	70.4	53.6	59.9
2002	2137	1251	58.5	4542637	64.7	57.5	63.6
2003	1774	668	37.7	4498586	52.1	52.6	59.2
2004	2126	1132	53.2	5704363	53.9	47.3	48.2
2005	3697	1451	39.2	5254965	36.0	30.1	29.2
2006	3820	1984	51.9	8375907	44.1	30.2	26.6
2007	4952	2746	55.5	9527738	39.9	24.9	20.3
2008	4682	2007	42.9	9960505	33.3	17.0	15.0
2009	6700	3653	54.5	26042535	64.9	26.9	26.4
2010	5229	2248	43.0	27546488	64.7	24.2	24.2
2011	4820	2168	45.0	32103672	64.3	24.3	18.0
2012	4684	2249	48.0	37280127	63.3	24.3	18.0
2013	4983	2283	45.8	36893488	56.7	16.1	16.4
2014	5522	2656	48.1	38204182	57.7	13.3	15.1
2015	6198	3482	56.2	40784349	58.2	11.9	9.9
2016	8530	4200	49.2	46332852	55.4	15.8	15.6
2017	9844	4845	49.2	42567434	45.3	13.9	10.9
2018	6877	2818	41.0	33152444	39.7	11.9	10.0

注:2018 年固定资产投资口径变化,与往年不可比。

4-6 历年国有经济单位固定资产投资效果主要指标

Main Indicators of Total Investment Results in Fixed Assets of State-owned Units over the Years

年　份	施工项目（个）	全部建成投产项目（个）	建设项目投产率（%）	新增固定资产（万元）	固定资产交付使用率（%）	房屋面积竣工率（%）	住宅面积竣工率（%）
1978	667	158	23. 7	28365	100. 1	49. 0	53. 2
1979	1026	314	30. 6	37637	77. 0	48. 9	50. 6
1980	1135	484	42. 6	45634	87. 7	50. 2	52. 2
1981	1202	513	42. 7	51242	83. 6	53. 6	50. 8
1982	1541	710	46. 1	57503	70. 2	49. 0	49. 7
1983	2234	1356	60. 7	65508	73. 5	57. 1	66. 5
1984	1405	671	47. 8	78120	75. 4	49. 2	60. 7
1985	1969	1009	51. 2	108007	62. 2	46. 9	52. 8
1986	1532	792	51. 7	141620	76. 4	48. 1	56. 5
1987	1647	742	45. 1	137999	69. 1	43. 1	44. 4
1988	1855	881	47. 5	157657	65. 3	41. 6	69. 4
1989	1328	640	48. 2	173883	71. 4	46. 2	54. 2
1990	1488	685	46. 0	202219	71. 7	43. 5	46. 6
1991	1553	723	46. 6	226324	64. 7	44. 8	47. 1
1992	1397	542	38. 8	331491	63. 3	31. 0	30. 2
1993	1672	477	28. 5	416878	55. 0	39. 1	40. 7
1994	1070	424	39. 6	656545	72. 1	40. 1	43. 2
1995	990	437	44. 1	714788	66. 1	41. 0	45. 8
1996	1057	533	50. 4	894062	75. 0	44. 4	54. 8
1997	940	393	41. 8	1147845	77. 6	45. 5	54. 3
1998	1258	595	47. 3	1307070	62. 2	36. 3	33. 3
1999	1009	531	52. 6	1752261	74. 8	43. 4	46. 3
2000	962	470	48. 9	1450128	63. 6	49. 9	54. 5
2001	830	322	38. 8	2126044	74. 1	45. 6	53. 2
2002	794	301	37. 9	1884759	56. 7	41. 1	47. 1
2003	734	251	34. 2	1766630	44. 0	31. 5	39. 9
2004	662	282	42. 6	2044878	46. 3	30. 6	26. 1
2005	1081	294	27. 2	1854286	32. 1	18. 8	9. 9
2006	1296	625	48. 2	2711640	39. 7	25. 1	21. 3
2007	1437	798	55. 5	3053096	41. 4	25. 1	25. 5
2008	1451	541	37. 3	2642377	25. 9	52. 7	35. 9
2009	2442	1313	53. 8	9397628	59. 5	24. 2	19. 7
2010	1716	787	45. 7	10156982	71. 1	37. 7	43. 6
2011	1272	665	52. 3	11239382	76. 2	31. 5	37. 9
2012	1541	833	54. 1	12377919	65. 5	31. 4	30. 2
2013	1548	925	59. 8	13664593	68. 9	22. 0	32. 0
2014	3171	1291	40. 7	23396414	54. 3	12. 1	13. 4
2015	2170	1334	61. 5	14174967	59. 9	17. 1	18. 0
2016	2634	1465	55. 6	12634136	59. 5	28. 3	34. 3
2017	2579	1367	53. 0	12363746	48. 0	23. 9	25. 2
2018	1667	711	42. 7	11948695	46. 3	30. 3	31. 0

4-7 历年技术改造投资资金来源情况

Capital Source of Technological Innovation Investment over the Years

单位:万元

年　　份	总　　计	#国　　家 预算内资金	#国内贷款	#利用外资	#自筹资金	#其他资金
1979	4167	612	624		2733	198
1980	5336	500	2000		2836	
1981	26000	2000	5000		17480	1520
1982	30000	2000	7000	300	18837	1863
1983	27651	1890	6495		18946	320
1984	35723	3016	10076	410	20833	1388
1985	56004	4003	15939	177	32655	3230
1986	67889	4073	24448	234	35282	3852
1987	87950	5271	29923	1601	44498	5228
1988	109334	3812	32137	3236	58954	11195
1989	98853	1085	30569	12716	50475	4008
1990	132356	841	54677	12023	61650	3165
1991	130875	678	59296	9620	57847	3434
1992	159697	2769	76969	3571	72176	4212
1993	206824	663	75125	589	112834	16129
1994	295427	2943	93976	25927	153916	18315
1995	224227	980	57365	18437	127089	20356
1996	282475	408	71125	19158	175668	16116
1997	363442	290	80797	26166	236442	17191
1998	455994		34298	9513	408991	3192
1999	479459	3979	118405	38740	278121	40214
2000	521816	12001	118679	13857	302408	30041
2001	659214	38523	106580	20562	421719	71830
2002	1008256	22133	179011	34290	650067	43426
2003	1410116	32175	276903	20533	979744	32839
2004	1961679	3438	388709	87319	1368631	31035
2005	2938958	14487	426747	150695	2160724	106094
2006	3961313	70390	455457	300963	2899398	116881
2007	5270855	32189	822019	283921	3721032	212644
2008	6981849	53456	727513	56998	5703363	219153
2009	9459400	70427	729299	16407	8419568	223699
2010	10536882	265048	911213	10032	8597723	519747
2011	10165823	69537	234766	5413	9627894	73855
2012	11945548	459738	190153	19253	10973122	41059
2013	12528536	160180	276234	175388	11464984	103469
2014	12562101	77018	130838	58476	11922951	234274
2015	13836310	209743	263037	189632	12603945	413487
2016	19559777	273270	561147	22400	17992945	710015
2017	26641651	211512	1006389	34046	24662682	727022
2018	15943306	133323	218815	48096	14241968	1301104

4-8 历年技术改造投资资金来源构成

Composition of Capital Source of Technological Innovation Investment over the Years

单位:%

年 份	总 计	#国 家 预算内资金	#国内贷款	#利用外资	#自筹资金	#其他资金
1979	100	14.7	14.9		65.6	4.8
1980	100	9.4	37.5		53.1	
1981	100	7.7	19.2		67.3	5.8
1982	100	6.7	23.3	1.0	62.8	6.2
1983	100	6.8	23.5		68.5	1.2
1984	100	8.4	28.2	1.1	58.4	3.9
1985	100	7.1	28.5	0.3	58.3	5.8
1986	100	6.0	36.0	0.3	51.9	5.7
1987	100	6.0	34.0	1.8	50.6	6.0
1988	100	3.5	29.4	3.0	53.9	10.2
1989	100	1.1	30.9	12.8	51.1	4.1
1990	100	0.6	41.3	9.1	46.6	2.4
1991	100	0.5	45.3	7.4	44.2	2.6
1992	100	1.7	48.2	2.2	45.3	2.6
1993	100	0.3	36.3	0.3	54.6	7.8
1994	100	1.0	31.8	8.8	52.1	6.2
1995	100	0.4	25.6	8.2	56.7	9.1
1996	100	0.1	25.2	6.8	62.2	5.7
1997	100	0.1	22.2	7.2	65.1	4.7
1998	100		7.5	2.1	89.7	0.7
1999	100	0.8	24.7	8.1	58.0	8.4
2000	100	2.3	22.7	2.7	58.0	5.8
2001	100	5.8	16.2	3.1	64.0	10.9
2002	100	2.2	17.8	3.4	64.5	4.3
2003	100	2.3	19.6	1.5	69.5	2.3
2004	100	0.2	19.8	4.5	69.8	1.6
2005	100	0.5	14.5	5.1	73.5	3.6
2006	100	1.8	11.5	7.6	73.2	3.0
2007	100	0.6	15.6	5.4	70.6	4.0
2008	100	0.8	10.4	0.8	81.7	3.1
2009	100	0.7	7.7	0.2	89.0	2.4
2010	100	2.5	8.6	0.1	81.6	4.9
2011	100	0.7	2.3	0.1	94.7	0.7
2012	100	3.8	1.6	0.2	91.9	0.3
2013	100	1.3	2.2	1.4	91.5	0.8
2014	100	0.6	1.0	0.5	94.9	1.9
2015	100	1.5	1.9	1.4	91.1	3.0
2016	100	1.4	2.9	0.1	92.0	3.6
2017	100	0.8	3.8	0.1	92.6	2.7
2018	100	1.9	11.8	0.1	52.7	33.6

4-9 历年全社会房屋建筑情况

Total Construction of Buildings over the Years

单位:万平方米

年　份	施工面积	# 住　宅	竣工面积	# 住　宅
1978	192.63	83.55	101.35	47.54
1979	362.89	212.11	179.27	107.54
1980	448.85	275.03	242.15	145.77
1981	647.35	498.82	440.98	349.49
1982	827.20	607.12	548.85	421.02
1983	982.43	649.33	748.67	542.22
1984	1143.56	730.29	877.53	634.37
1985	1375.25	860.68	990.97	686.02
1986	1331.19	800.09	988.15	663.62
1987	1490.86	911.27	1070.43	737.40
1988	1503.38	998.10	1123.70	846.20
1989	1305.19	870.37	994.42	755.68
1990	1430.50	1031.50	1056.22	807.44
1991	1436.46	993.20	1061.68	788.02
1992	1717.90	1180.60	1010.14	787.97
1993	2348.62	1262.79	1350.48	806.04
1994	2936.40	1572.49	1706.14	1056.89
1995	3177.41	1682.58	1677.18	1068.87
1996	3274.28	1916.11	1936.29	1320.17
1997	3177.66	1950.47	1937.89	1408.19
1998	3180.07	1991.26	1690.54	1232.48
1999	3462.30	2203.34	2000.57	1348.21
2000	3627.93	2502.18	2062.11	1545.80
2001	4147.85	2833.15	2223.60	1696.85
2002	5011.98	3425.59	2881.39	2176.93
2003	5808.96	3960.84	3052.94	2344.61
2004	6624.12	4096.87	3133.47	1975.64
2005	7271.86	4306.92	2188.60	1257.50
2006	10491.10	6238.64	3172.77	1659.36
2007	12629.09	7565.93	3148.19	1534.11
2008	15417.99	8642.48	2616.89	1294.56
2009	18934.16	10941.24	5102.53	2886.43
2010	18645.24	9663.36	4503.37	2334.61
2011	22627.50	11336.63	5497.33	2044.27
2012	23187.71	11729.23	5638.04	2110.39
2013	25259.95	12348.97	4074.33	2027.81
2014	26240.91	12982.94	3491.63	1957.61
2015	26442.11	12751.42	3148.70	1262.00
2016	23976.47	12530.03	3792.66	1953.24
2017	22396.94	11766.96	3102.45	1279.30
2018	21454.76	11354.53	2553.24	1140.80

4-10 全社会固定资产投资主要指标(2018 年)

Main Indicators of Total Investment in Fixed Assets(2018)

	单位	合计	#技术改造	#房地产开发
建设项目个数				
施工项目	个	6877	2100	1684
全部建成投产项目	个	2818	1271	311
建成项目投产率	%	41.0	60.5	18.5
固定资产交付使用率	%	42.2	57.0	33.3
房屋建筑面积				
施工面积	万平方米	21454.8	593.5	19489.7
#住　　宅	万平方米	11354.5	1.3	11138.6
竣工面积	万平方米	2553.2	403.9	1724.8
#住　　宅	万平方米	1140.8	1.2	1036.3
房屋竣工率	%	11.9	68.0	8.8
#住　　宅	%	10.0	92.3	9.3

4-11 房地产开发投资情况(1990-2018年)

Real Estate Development(1990—2018)

单位:万元

年 份	本年投资完成额	按构成分				#住 宅 投 资	本年新增固定资产
		建筑安装工程	设备工具器具购置	其他费用	土地购置费		
1990	29883	20726	18	9139		23374	16543
1991	31021	19406	302	11313		25863	26278
1992	94446	47386	80	46980		74207	29717
1993	207310	123726	63	83521	67759	172211	59411
1994	337506	227361	2250	107895	53932	226016	69206
1995	545376	375634	8660	161082	73045	319019	212255
1996	684379	497252	36277	150850	65116	372952	451813
1997	730147	511129	36188	182830	57437	349139	540428
1998	799675	525943	19554	254178	172775	455224	441452
1999	998565	649077	33270	316218	257849	554029	791459
2000	1291611	842613	16968	432030	333655	867561	617708
2001	1707554	1247879	40810	418865	260481	1228045	954046
2002	2033104	1298970	33977	700157	445444	1488834	1428225
2003	2453991	1604109	24344	825538	579929	1890935	1249370
2004	3089697	1778861	45143	1265693	923860	1899704	1081187
2005	4518628	2524226	136904	1857498	1376528	2953364	1351383
2006	6136351	3495221	83366	2557764	1630964	4419478	2251461
2007	9052800	4752560	134529	4165711	2920798	5989351	2557663
2008	9125057	5548833	129783	3446441	2290995	6021184	2635238
2009	9451356	6664714	150884	2635758	1455072	6348234	4731138
2010	12783390	8828111	126808	3828471	2312584	8042936	5330101
2011	15852771	11957872	141890	3753009	2391004	10363125	5627297
2012	18900420	13615834	402850	4881736	3204476	11726003	8321899
2013	21102665	14890491	582932	5629242	4065126	12907209	8100343
2014	22208023	15132150	405956	6669917	5680883	13533974	8450183
2015	24419542	16953591	438868	7027083	5874264	14781679	6393509
2016	26388901	19064752	593621	6730528	5468969	14164154	11340556
2017	24878807	18598577	362294	5917936	4910029	12984442	7994386
2018	22678433	15408033	376262	6894138	5775030	12428138	7540622

4-11 续表

单位:万元

年份	本年资金来源合计	#资金来源小计				
		国内贷款	利用外资	自筹资金	个人贷款	定金及预收款
1991	59299	9969		18605		
1992	207851	46276	1437	71642		
1993	329465	72470	5265	128268		
1994	472142	77716	20100	138614		
1995	923929	176119	32625	203744		233879
1996	1018722	187832	46143	276698		202868
1997	1152949	255653	41694	264529		299650
1998	1205556	256554	34733	296355		293054
1999	1406368	270707	6164	455686		363095
2000	1889031	307800	19996	525043		521799
2001	2408900	398929	15980	444538		770449
2002	2923740	632302	17263	693930		990684
2003	3832082	682418	5857	901263		1477360
2004	4606693	555037	16910	1028008		1929043
2005	6113568	592766	140601	2139824		1804209
2006	9759911	1086355	261226	3632142		2963387
2007	15091650	2279336	575108	4727057		3810750
2008	13610612	1945289	901289	4300534		2080414
2009	18676549	2500705	119268	4534096		4587377
2010	25226376	3141389	331378	7305073		4577534
2011	40631081	3390441	664182	9980745		7605884
2012	32769750	3344414	169309	9393406		7605391
2013	39693341	5145514	323252	11106585		9429460
2014	43801428	5718632	393355	13324335		9250006
2015	45827730	6842258	9715	15065473		8150614
2016	49201352	5851211	6300	13711043		11397627
2017	44052385	6827582	5500	15043051		15320729
2018	39179680	6374711		11643112	3438240	16523746

4-12 房地产开发投资(按资金来源分、2018 年)

Real Estate Development by Source of Funds(2018)

单位:万元

	按资质等级分				
	一级	二级	三级	四级	其他
本年资金来源合计	**1744283**	**7800270**	**30221895**	**156233**	**11068637**
上年末结余资金	**494450**	**1850836**	**6990998**	**7634**	**2467720**
本年资金来源小计	**1249833**	**5949434**	**23230897**	**148599**	**8600917**
国内贷款	192960	834956	4003972		1342823
利用外资					
自筹资金	575950	1275792	6596075	22506	3172789
其他资金来源	480923	3838686	12630850	126093	4085305
#定金及预收款	43738	185263	650981	5478	314411
本年各项应付款合计	**172026**	**1235654**	**4610941**	**60234**	**1331043**
#工　程　款	97074	560337	2599275	31250	693624

4-13 房地产开发投资(按工程用途分、2018 年)

Real Estate Development by Use(2018)

单位:万元

按经济类型分	本年完成投资	住宅	办公楼	商业营业用房	其他
合计	**22678433**	**12428138**	**1808833**	**4853944**	**3587518**
#国有	837911	511537	62789	210121	53464
集体					
股份制经济	599732	253127	17665	239292	89648
私营个体经济	5122836	2508613	520652	1242139	851432
港澳台投资	1056642	655592	127684	148384	124982
外商投资	580868	284576	82785	158297	55210

4-14 房地产开发主要指标(按资质等级分、2018 年)

Main Indicators of Real Estate Development by Qualification Grades(2018)

按资质等级分	本年完成投资(万元)	#住宅	施工面积(万平方米)	#住宅	竣工面积(万平方米)	#住宅	销售面积(万平方米)	#住宅
一级	946465	625298	908.43	562.49	162.21	91.83	73.11	44.78
二级	3154765	1752138	3579.06	2047.08	348.60	228.66	587.79	419.32
三级	13753091	7532483	10796.17	6177.77	749.83	443.29	2345.73	1705.74
四级	61325	30856	55.23	24.11	1.26	0.72	23.50	17.22
其他	4762787	2487363	4150.76	2327.19	462.87	271.77	651.78	472.35

4-15 房地产开发面积情况(按用途分)

Real Estate Development Area by Use

单位:万平方米

	2014 年	2015 年	2016 年	2017 年	2018 年
施工房屋面积	**17229.48**	**18378.46**	**19890.34**	**19374.52**	**19489.65**
住　　宅	10720.82	11096.88	11839.36	11254.91	11138.63
办 公 楼	1045.68	1155.69	1224.13	1190.22	1399.41
商业营业用房	2211.46	2453.5	2673.30	2812.08	2711.79
其　　他	3251.52	3672.39	4153.55	4117.30	4239.81
房屋新开工面积	**4651.56**	**3792.63**	**4306.27**	**4238.50**	**4717.80**
住　　宅	2719.44	2225.99	2554.62	2373.76	2686.76
办 公 楼	335.34	244.89	207.04	255.98	442.77
商业营业用房	642.23	521.18	532.81	681.29	517.84
其　　他	954.55	800.57	1011.79	927.47	1070.43
房屋竣工面积	**2103.15**	**1463.43**	**2737.77**	**1854.95**	**1724.77**
住　　宅	1376.79	885.4	1740.50	1073.72	1036.27
办 公 楼	123.64	80.23	115.30	123.81	107.37
商业营业用房	230.63	201.72	275.47	262.78	210.99
其　　他	372.09	296.08	606.50	394.64	370.14

4-16 房地产开发销售情况(按用途分)

Selling of Real Estate Development by Use

	单　位	2014 年	2015 年	2016 年	2017 年	2018 年
商品房实际销售面积	**万平方米**	**2950. 17**	**3019. 4**	**3935. 31**	**3921. 85**	**3681. 91**
住　　宅	万平方米	2475. 87	2474. 61	3285. 75	2973. 54	2659. 41
办 公 楼	万平方米	122. 3	93. 47	116. 22	235. 26	273. 37
商业营业用房	万平方米	209. 87	232. 42	234. 88	342. 21	328. 62
其　　他	万平方米	142. 13	218. 9	298. 46	370. 83	420. 52
商品房实际销售额	**万元**	**20721358**	**20661948**	**29502014**	**34244842**	**36331855**
住　　宅	万元	16182537	16208172	24213205	25562391	26021292
办 公 楼	万元	965406	713980	1013581	2348505	3084809
商业营业用房	万元	2999161	3002300	3006270	4821347	5383052
其　　他	万元	574254	737496	1268958	1512599	1842702
商品房待售面积	**万平方米**	**1088. 72**	**1256. 95**	**1311. 54**	**1105. 21**	**1018. 95**
住　　宅	万平方米	526. 17	535. 45	371. 27	211. 42	151. 79
办 公 楼	万平方米	67. 17	80. 59	89. 42	81. 57	69. 91
商业营业用房	万平方米	163. 02	228. 35	266. 10	259. 39	252. 34
其　　他	万平方米	332. 36	412. 56	584. 75	552. 83	544. 91

4-17 历年全社会建筑企业基本情况

Basic Conditions of Construction Enterprises over the Years

年 份	企业数（个）	建筑业总产值（万元）	房屋建筑施工面积（万平方米）	房屋建筑竣工面积（万平方米）
1978	44	60412		287.55
1979	50	47391		150.18
1980	53	53531		165.39
1981	100	61993	416.18	212.61
1982	103	76414	642.27	246.19
1983	106	88100	500.82	247.33
1984	110	124050	557.91	292.13
1985	111	142044	656.88	266.83
1986	117	174456	784.67	324.43
1987	118	208230	830.09	355.96
1988	112	230928	833.64	325.93
1989	112	252416	764.69	299.21
1990	121	287922	771.76	348.72
1991	137	290981	805.84	334.78
1992	148	379295	995.60	376.70
1993	164	643554	1323.50	548.40
1994	168	834061	1652.50	608.00
1995	166	1080921	2120.20	571.20
1996	600	1963802	3413.10	1409.90
1997	669	2299019	3369.39	1458.69
1998	715	2554229	3347.05	1456.40
1999	879	2970103	3296.47	1644.62
2000	1017	3419146	3794.68	1860.41
2001	1001	3822085	4447.66	2246.85
2002	1005	4639105	5044.39	2542.58
2003	1112	5709221	5590.85	2801.74
2004	1522	6376470	5918.69	2821.62
2005	1461	7211773	7287.73	2618.62
2006	1343	8677195	9353.15	2748.42
2007	1347	10447809	9918.17	3055.10
2008	1364	12417244	10994.54	4681.56
2009	1512	16121795	11220.13	3968.36
2010	1524	20958969	12668.80	3726.60
2011	1528	28057968	15945.53	4864.35
2012	1499	33239335	17266.37	5174.79
2013	1431	36531697	22115.29	5787.99
2014	1158	38733555	22463.04	5870.98
2015	1172	40862308	23852.51	5985.54
2016	1363	44188806	23327.39	6242.71
2017	1684	49428728	25294.66	5837.73
2018	1769	56814583	26712.85	6833.42

4-18 分月固定资产投资主要经济指标发展速度(2018 年)

Growth Rate of Main Indicators of Investment in Fixed Assets of Each Month(2018)

单位:%

	固定资产投资	#技术改造投资	#房地产投资
1-2 月	110.5	135.7	88.2
1-3 月	110.5	133.7	81.8
1-4 月	110.0	132.8	81.3
1-5 月	109.8	138.5	80.6
1-6 月	110.1	139.2	80.5
1-7 月	110.1	133.7	82.1
1-8 月	110.2	123.8	83.1
1-9 月	110.1	115.7	85.2
1-10 月	110.1	112.8	85.5
1-11 月	110.1	112.9	88.5
1-12 月	110.0	118.1	91.2

主要统计指标解释

全社会固定资产投资 以货币形式表现的在一定时期内全社会建造和购置固定资产的工作量以及与此有关的费用的总称。该指标是反映固定资产投资规模、结构和发展速度的综合性指标,又是观察工程进度和考核投资效果的重要依据。全社会固定资产投资按登记注册类型可分为国有、集体、联营、股份制、私营和个体、港澳台商、外商、其他等。

房地产开发投资 包括各种经济类型的房地产开发公司、商品房建设公司及其他房地产开发单位统一开发的包括统代建、拆迁还建的住宅、厂房、仓库、饭店、宾馆、度假村、写字楼、办公楼等房屋建筑物和配套的服务设施、土地开发工程,如道路、给水、排水、供电、供热、通讯、平整场地等基础设施工程的投资。包括非房地产企业实际从事房地产开发或经营活动,不包括单纯的土地交易活动。

建筑工程 是指各种房屋、建筑物的建造工程,又称建筑工作量。这部分投资额必须兴工动料,通过施工活动才能实现,是固定资产投资额的重要组成部分。

安装工程 指各种设备、装置的安装工程,又称安装工作量。在安装工程中,不包括被安装设备本身价值。

设备工器具购置 是指报告期内购置或自制的,达到固定资产标准的设备、工具、器具的价值。新建单位及扩建单位的新建车间,按照设计或计划要求购置或自制的全部设备、工具、器具,不论是否达到固定资产标准均计入“设备工器具购置”中。

其他费用 指在固定资产建造和购置过程中发生的,除建筑安装工程和设备、工器具购置投资完成额以外的应当分摊计入固定资产投资的费用,不指经营中财务上的其他费用。

新增固定资产 指已经完成建造和购置过程,并已交付生产或使用单位的固定资产的价值,包括已经建成投入生产或交付使用的工程投资和达到固定资产标准的设备、工具、器具的投资及有关应摊入的费用。属于增加固定资产价值的其他建设费用,应随同交付使用的工程一并计入新增固定资产。

建设项目投产率 指一定时期内全部建成投入生产项目个数占同期正式施工项目个数的比率。它是从项目建设速度的角度反映投资效果的指标。

固定资产交付使用率 指一定时期新增固定资产与同期完成投资额的比率。它是反映各个时期固定资产动用速度,衡量建设过程中投资效果的一个综合性指标。

未完工程占用率 指年末未完工程累计完成投资额占全年实际完成投资额的比率。它反映未完工程的相对规模,并可从资金占用的角度反映固定资产投资效果。由于未完工程是指已经开工,但尚未建成交付使用的工程,有个跨年度问题,因此未完工程占用率会出现大于1的情况。

建筑业总产值 指以货币表现的建筑业企业在一定时期内生产的建筑业产品和服务的总和。建筑业总产值包括建筑工程产值、安装工程产值和其他产值三部分内容。

房屋施工面积 指报告期内施工的全部房屋建筑面积。包括本期新开工的房屋建筑面积、上期跨入本期继续施工的房屋建筑面积、上期停缓建在本期恢复施工的房屋建筑面积、本期竣工的房屋建筑面积以及本期施工后又停缓建的房屋建筑面积。多层建筑应填各层建筑面积之和。

房屋新开工面积 指报告期内新开工建设的房屋建筑面积,以单位工程为核算对象,即整栋房屋的全部建筑面积,不能分割计算。不包括在上期开工跨入报告期继续施工的房屋建筑面积和上期停缓建而在本期恢复施工的房屋建筑面积。房屋的开工应以房屋正式开始破土刨槽(地基处理或打永久桩)的日期为准。

房屋竣工面积 指报告期内房屋建筑按照设计要求已全部完工,达到住人和使用条件,经验收鉴定合格或达到竣工验收标准,可正式移交使用的各栋房屋建筑面积的总和。

竣工面积以房屋单位工程(栋)为核算对象,在整栋房屋符合竣工条件后按其全部建筑面积一次性计算,而不是按各栋施工房屋中已完成的部分或层次分割计算。

计算房屋竣工面积,要求严格执行房屋竣工验收标准。民用建筑一般应按设计要求在土建工程和房屋本身附属的水、电、卫(包括设计中有的煤气、暖气)工程已经完工,通风、电梯等设备已经安装完毕,做到水通、灯亮,经验收鉴定合格,并正式交付给使用单位后,才能计算竣工面积。工业及科研等生产性房屋建筑一般应按设计要求在土建工程(包括水、暖、电、卫、通风)及属于房屋组成部分的生活间、操作间等已经完成(不包括安装设备的基础工程),可以进行工艺设备和管线安装时,方可计算房屋竣工面积。

商品房销售面积 指报告期内出售商品房屋的合同总面积(即双方签署的正式买卖合同中所确定的建筑面积)。本月销售面积指从本月1日起至本月最后一天止出售商品房屋的合同总面积。商品房销售面积由现房销售面积和期房销售面积两部分组成。现房销售面积:指在报告期内正式签订买卖合同、已经竣工达到入住条件的商品房屋建筑面积。包括以一次性付款方式和分期付款方式销售的现房建筑面积。期房销售面积:指在报告期内正式签订买卖合同、正在建设尚未竣工交付使用的商品房屋建筑面积。包括以一次性付款方式和分期付款方式销售的商品房屋建筑面积。期房销售建筑面积竣工后不再结转为现房销售建筑面积。

商品房销售额 指报告期内出售商品房屋的合同总价款(即双方签署的正式买卖合同中所确定的合同总价)。本月销售额指从本月1日起至本月最后一天止出售商品房屋的合同总价款。该指标与商品房销售面积同口径,由现房销售额和期房销售额两部分组成。现房销售额:指报告期内销售的已竣工商品房屋的合同总价款。包括现房销售前期预收的定金、预收款、首付款及全部按揭贷款的本金等款项。该指标与现房销售面积同口径。期房销售额:指报告期内销售的正在建设尚未竣工的商品房屋的合同总价款。包括预售房屋前期预收的定金、预收款、首付款及全部按揭贷款的本金等项。该指标与期房销售面积同口径。

五 能源购进、消费与库存

简 要 说 明

主要内容

本部分资料反映成都市能源基本情况。包括规模以上工业企业万元工业总产值综合能源消费量,主要能源购进、消费与库存，主要能源按工业行业分组消费量，工业企业综合能源消费量按行业分类，工业企业水消费按行业分类等资料。

资料来源

本部分资料来源于成都市统计局。

5-1 规模以上工业企业万元工业总产值综合能源消费量

Energy Consumption per 10000 Yuan of Gross Industrial Output by Industrial Enterprises above Designated Size

项　目	能源合计（吨标煤）	原　煤（吨）	原　油（吨）	焦　炭（吨）	天然气（立方米）	汽　油（吨）	煤　油（吨）	柴　油（吨）	电　力（千瓦时）
2005 年	0. 4590	0. 3414		0. 0572	104. 3185	0. 0013	0. 0008	0. 0019	435. 4632
2006 年	0. 4210	0. 2249		0. 0658	91. 7754	0. 0023	0. 0007	0. 0020	558. 3733
2007 年	0. 3032	0. 1821		0. 0430	71. 9796	0. 0010	0. 0005	0. 0016	379. 3602
2008 年	0. 2245	0. 1380		0. 0304	60. 9299	0. 0011	0. 0004	0. 0015	304. 5253
2009 年	0. 1937	0. 1228		0. 0231	50. 1368	0. 0004	0. 0004	0. 0009	280. 0156
2010 年	0. 1657	0. 1090		0. 0196	40. 4926	0. 0003	0. 0004	0. 0008	268. 0947
2011 年	0. 1328	0. 1017		0. 0131	33. 7243	0. 0005	0. 0003	0. 0009	224. 3223
2012 年	0. 1200	0. 0847		0. 0120	29. 0640	0. 0005	0. 0002	0. 0008	217. 6970
2013 年	0. 1042	0. 0612		0. 0088	28. 4607	0. 0004	0. 0002	0. 0007	183. 6400
2014 年	0. 1162	0. 0473	0. 0597	0. 0070	24. 4414	0. 0003	0. 0001	0. 0005	167. 9165
2015 年	0. 1157	0. 0400	0. 0687	0. 0016	20. 8583	0. 0003	0. 0001	0. 0005	170. 6851
2016 年	0. 1071	0. 0331	0. 0574	0. 0004	19. 7902	0. 0003	0. 0001	0. 0005	169. 1004
2017 年	0. 1006	0. 0294	0. 0557	0. 0001	18. 7594	0. 0002	0. 0001	0. 0004	155. 9801
2018 年	0. 0999	0. 0292	0. 0543	0. 0001	19. 8756	0. 0002	0. 00001	0. 0004	171. 8646

5-2 规模以上工业企业主要能源购进、消费及库存(2018 年)

Energy Purchasing Consumption and Inventory of Industrial Enterprises above Designated Size(2018)

项　　目	购进量	消费量合　计	#工业生产消　　费	年末库存
原煤(吨)	3607922	3499002	3498993	298942
洗精煤(吨)				
其他洗煤(吨)	7896	8893	8880	191
煤制品(吨)	153	116	116	37
焦炭(吨)	12858	14368	13949	125
天然气(万立方米)	238970	237989	236413	4
原油(吨)	6793553	6499482	6499416	607586
汽油(吨)	22530	22433	10559	247
煤油(吨)	756	762	761	6
柴油(吨)	47536	46832	38088	3437
燃料油(吨)	2033	95025	95016	71
液化石油气(吨)	75344	154004	153985	3
其他石油制品(吨)	146037	145824	145824	311
热力(百万千焦)	3307738	18191056	18190921	
电力(万千瓦时)	1976078	2057896	2039176	
煤矸石用于燃料(吨)	200131	202751	202751	23581
城市垃圾用于燃料(吨)	1297065	1298798	1298798	7703
其他燃料(吨标准煤)	30	61820	61244	

5-3 主要能源按工业行业分组消费量(2018年)

Volume of Main Energy Consumption by Industrial Sector(2018)

行业分类	原煤（吨）	天然气（万立方米）	汽油（吨）	柴油（吨）	燃料油（吨）	电力（万千瓦时）
总　　计	**3499002**	**237989**	**22433**	**46832**	**95025**	**2057896**
#石油和天然气开采业			3		1	57
农副食品加工业	49594	6069	1341	1277	917	37228
食品制造业	104	8130	412	629		40375
酒、饮料和精制茶制造业	1200	6156	251	658		32376
烟草制品业		1019	155	64		8021
纺 织 业		177	67	23		6476
纺织服装、服饰制造业		254	109	29		4171
皮革、毛皮、羽毛及其制品和制鞋业	15422	409	249	131		9074
木材加工和木、竹、藤、棕、草制品业	8158	543	220	868		41752
家具制造业		1660	1433	1401		40993
造纸和纸制品业	25422	5101	266	1004		40675
印刷和记录媒介复制业	23610	1928	384	457		37642
文教、工美、体育和娱乐用品制造业		124	45	38		1260
石油、煤炭及其他燃料加工业		45571	27	17	92841	151807
化学原料和化学制品制造业	25228	55183	1064	1186		153528
医药制造业	16547	10444	944	609		64628
化学纤维制造业		7794	34	22		18993
橡胶和塑料制品业	104138	2012	985	1686		99833
非金属矿物制品业	1462091	49352	2287	26983	1266	291986
黑色金属冶炼和压延加工业	56124	4627	106	24		171381
有色金属冶炼和压延加工业	34	2122	122	260		19764
金属制品业	2653	5445	1754	1345		94852
通用设备制造业	78	3422	1584	1383		67228
专用设备制造业	2	1537	1140	791		32196
汽车制造业	1501	8538	3627	2954		141504
铁路、船舶、航空航天和其他运输设备制造业		371	305	150		9783
电气机械和器材制造业		1399	1388	338		78625
计算机、通信和其他电子设备制造业		2089	618	498		259960
仪器仪表制造业		67	201	119		8837
其他制造业		30				711
废弃资源综合利用业		199	49	124		2164
金属制品、机械和设备修理业		39	22	168		2218
电力、热力生产和供应业	1707077	3303	175	337		35387
燃气生产和供应业		2624	683	59		7533
水的生产和供应业	18	251	380	264		44160

5-4 规模以上工业企业综合能源消费量按行业分类

Volume of Overall Energy Consumption of Industrial Enterprises above Designated Size by Sector

单位:吨标准煤

	2014 年	2015 年	2016 年	2017 年	2018 年
总　计	**12058562**	**12655287**	**12996249**	**13176158**	**11956930**
#石油和天然气开采业	619	560	479	429	70
农副食品加工业	155707	167652	199717	200098	167364
食品制造业	159218	155946	170475	180570	163070
酒、饮料和精制茶制造业	131995	137112	143040	131242	134799
烟草制品业	27450	25693	22400	23592	21064
纺 织 业	50588	44058	59105	47264	11800
纺织服装、服饰制造业	8568	6801	12635	10117	8272
皮革、毛皮、羽毛及其制品和制鞋业	53976	47464	44699	34329	23929
木材加工和木、竹、藤、棕、草制品业	97434	113859	104151	86404	127566
家具制造业	106110	109897	121476	130477	74719
造纸和纸制品业	192942	211814	182038	223498	169809
印刷和记录媒介复制业	78700	77147	127122	65047	89140
文教、工美、体育和娱乐用品制造业	2506	3309	6146	6763	3250
石油、煤炭及其他燃料加工业	4050981	5193121	5352183	5732219	4699367
化学原料和化学制品制造业	895443	877964	991412	1041174	938577
医药制造业	191697	189748	203296	228466	247728
化学纤维制造业	86548	87421	117037	110901	127559
橡胶和塑料制品业	124963	128176	191474	200735	220331
非金属矿物制品业	2012864	2055149	2151601	2138201	2122227
黑色金属冶炼和压延加工业	1258605	621669	458165	304282	310444
有色金属冶炼和压延加工业	90584	85417	78818	77388	60611
金属制品业	134908	142428	148846	147286	195248
通用设备制造业	130238	115837	198134	190554	130059
专用设备制造业	87370	93744	77693	77494	59346
汽车制造业	251969	262139	309406	333033	296288
铁路、船舶、航空航天和其他运输设备制造业	20034	18483	13337	15354	16830
电气机械和器材制造业	140024	125419	132289	127795	114528
计算机、通信和其他电子设备制造业	134315	178261	188942	233043	348052
仪器仪表制造业	11938	15808	13531	15832	12448
其他制造业	14197	15286	19315	1692	1225
废弃资源综合利用业	5582	3902	14311	10152	5484
金属制品、机械和设备修理业	8152	6413	6347	4212	3532
电力、热力生产和供应业	1305651	1290676	1061927	970981	977643
燃气生产和供应业	6958	13672	15713	8763	14354
水的生产和供应业	28709	32535	46852	52744	57949

5-5 规模以上工业企业水消费按行业分类(2018 年)

Volume of Water Consumption of Industrial Enterprises above Designated Size by Sector(2018)

单位:万立方米

行业分类	工业取水总量			重复用水总量
	合　计	#自来水	#地下及地表水	
总　计	**185613.39**	**41104.87**	**140773.17**	**172117.56**
#石油和天然气开采业	1.58	1.58		
农副食品加工业	595.17	390.16	201.09	29.21
食品制造业	846.86	587.24	259.58	20.67
酒、饮料和精制茶制造业	1370.15	1212.66	157.39	185.78
烟草制品业	110.31	55.04	55.07	9.63
纺 织 业	32.71	24.10	8.61	4.81
纺织服装、服饰制造业	116.24	93.53	22.71	0.10
皮革、毛皮、羽毛及其制品和制鞋业	135.19	51.33	83.80	143.14
木材加工和木、竹、藤、棕、草制品业	157.06	50.80	106.26	20.24
家具制造业	290.79	155.26	135.45	38.86
造纸和纸制品业	845.24	139.20	705.92	1399.46
印刷和记录媒介复制业	772.50	114.18	658.30	1018.07
文教、工美、体育和娱乐用品制造业	21.18	19.97	1.21	0.01
石油、煤炭及其他燃料加工业	1732.78	269.81	2.24	118646.87
化学原料和化学制品制造业	3343.51	475.81	666.37	11084.84
医药制造业	1052.66	967.58	82.04	271.72
化学纤维制造业	464.52	14.97	449.55	4257.35
橡胶和塑料制品业	347.57	230.95	115.43	1451.18
非金属矿物制品业	1276.29	636.22	625.05	6926.97
黑色金属冶炼和压延加工业	233.01	67.51	125.12	2069.86
有色金属冶炼和压延加工业	204.10	109.52	94.58	186.30
金属制品业	346.17	303.95	42.05	250.00
通用设备制造业	338.51	311.44	26.87	56.49
专用设备制造业	305.54	259.19	46.33	65.24
汽车制造业	1107.38	1037.19	62.11	7382.93
铁路、船舶、航空航天和其他运输设备制造业	78.23	76.81	1.39	1.42
电气机械和器材制造业	630.56	580.83	49.57	188.43
计算机、通信和其他电子设备制造业	2969.91	2963.54	5.90	7460.74
仪器仪表制造业	97.19	94.56	2.63	5.74
其他制造业	4.21	4.21		0.01
废弃资源综合利用业	10.87	10.87		
金属制品、机械和设备修理业	47.27	47.27		9.24
电力、热力生产和供应业	1114.47	72.52	1041.95	8932.11
燃气生产和供应业	37.95	37.93	0.02	0.14
水的生产和供应业	164570.70	29636.52	134934.18	

5-6 规模以上工业企业工业产值综合能耗按行业分类(2018 年)

Overall Energy Consumption of Industrial Enterprises above Designated Size by Sector(2018)

	综合能源消费量 (吨标准煤)	产值能耗 (吨标准煤/万元)
总　计	**11956930**	**0.0999**
#石油和天然气开采业	70	0.0037
农副食品加工业	167364	0.0484
食品制造业	163070	0.0566
酒、饮料和精制茶制造业	134799	0.0565
烟草制品业	21064	0.0080
纺 织 业	11800	0.0734
纺织服装、服饰制造业	8272	0.0216
皮革、毛皮、羽毛及其制品和制鞋业	23929	0.0599
木材加工和木、竹、藤、棕、草制品业	127566	0.1908
家具制造业	74719	0.0362
造纸和纸制品业	169809	0.1528
印刷和记录媒介复制业	89140	0.0756
文教、工美、体育和娱乐用品制造业	3250	0.0079
石油、煤炭及其他燃料加工业	4699367	1.1502
化学原料和化学制品制造业	938577	0.3387
医药制造业	247728	0.0430
化学纤维制造业	127559	0.6978
橡胶和塑料制品业	220331	0.0865
非金属矿物制品业	2122227	0.3608
黑色金属冶炼和压延加工业	310444	0.1461
有色金属冶炼和压延加工业	60611	0.0610
金属制品业	195248	0.0513
通用设备制造业	130059	0.0318
专用设备制造业	59346	0.0213
汽车制造业	296288	0.0145
铁路、船舶、航空航天和其他运输设备制造业	16830	0.0110
电气机械和器材制造业	114528	0.0268
计算机、通信和其他电子设备制造业	348052	0.0093
仪器仪表制造业	12448	0.0123
其他制造业	1225	0.0169
废弃资源综合利用业	5484	0.0557
金属制品、机械和设备修理业	3532	0.0128
电力、热力生产和供应业	977643	2.2709
燃气生产和供应业	14354	0.0132
水的生产和供应业	57949	0.1346

主要统计指标解释

能源库存量　指能源使用企业(单位)在报告期的某时间点所拥有的、用于企业(单位)消费或转卖(不包括本企业自已生产的)的各种能源的库存量。

(1)库存量的核算原则:

①时点性原则。库存量是指企业在报告期的某时间点所拥有的各种能源数量,所以必须按照制度所规定的时间点盘点库存,不得提前或推后。

②实际数量原则。企业在库存盘点后,可能出现账面数量与实际库存数量不一致的现象,在这种情况下,应以盘点数量为准来调整账面数量,差额作盘盈或盘亏处理。

③库存量的核算,以验收合格、办理完入库手续为准,未经验收或不合格的,不能计入库存。

④能源使用企业(单位)用于消费的能源库存按照能源的使用权原则统计。

(2)库存量的统计范围:

能源使用企业(单位)的能源库存统计范围,是企业购进和调入(加工来料和借入)的、在报告期某一时点尚未消费或转卖、存放在原材料、能源供应仓库(或场地)、车间、工地中的各种能源,主要包括:

①凡是本单位有权支配的,不论来源(自行采购的、借用的、外单位拨来的等),也不论存放在什么地方(总库、分库、车间、工地、本单位之外的其他地方等),均应统计在本单位的库存量中;

②在统计时点上尚未投入消费的,包括车间、工地、班组从仓库已领取但尚未投入第一道生产工序的(应办理假退料手续);

③外单位来料加工或自外单位借入的,在报告期末尚未消费的;

④已决定外调(卖出、借出、捐赠等),但尚未办理出库手续的;

⑤委托外单位代保管的;

⑥不属于正常周转库存的超出积压或特准储备、战略储备;

⑦清点盘库时查出属于账外的。

不包括:

①已拨交外单位委托加工的;

②已外调(借出、捐赠等),已经办理出库手续的;

③供货单位错发到本单位的;

④代外单位保管的;

⑤已查实确属损失或丢失的;

⑥已付货款,但还在运输途中的;

⑦已运到本单位,但尚未办理或尚未办完验收入库手续的;

⑧能源生产企业的产成品库存。

能源购进量　指能源使用企业(单位)在报告期购进的各种能源数量。购进量的核算原则:

(1)计算购进量的能源必须具备以下三个条件:

一是已实际到达本单位;

二是经过验收、检验;

三是办理完入库手续。但是,在未办理完入库手续前已经投入使用,要计算在购进量中;使用多少,计算多少。

(2)“谁购进,谁统计”。

凡属本单位实际购进的,符合上述原则,不论从何处购进,均应计算在内,包括作价的加工来料。

凡属本报告期实际购进的,办理完入库手续,即计算购进量;什么时间办理入库手续,什么时间计算购进量。

根据以上原则,下述情况不能计算在购进量内:

(1)供货单位已发货,但尚未运到本单位,即使已经付款;

(2)货已运到本单位,但尚未办理验收、入库手续;

（3）经验收发现的亏吨（按验收后的实际数量计算购进量）；

（4）借入的，自产自用的，车间、工地上年领用今年退回的，以及加工来料（作价的除外）。

能源购进量按照实物量填报。各种能源的能源购进实物量分别按照报表规定的、体现物质形态属性的计量单位（如：吨、立方米）计算的能源购进量。

购自省外　指企业在报告期内从本省（自治区、直辖市）以外（包括进口）购进的能源产品数量。

能源消费量　指能源使用企业（单位）在报告期内实际消费的各种能源的数量。能源消费量分实物量和标准量两种。能源消费实物量是按照报表规定的、体现物质形态属性的计量单位（如：吨、立方米）计算的能源消费量；能源消费标准量是按照能源标准计量单位（如：吨标准煤）计算的能源消费量。

能源消费量的统计原则：

（1）谁消费、谁统计。即不论其所有权的归属，由哪个单位消费，就由哪个单位统计其消费量。

（2）何时投入使用，何时计算消费量。企业的能源消费，在时间、工艺界限上，以投入第一道生产工序为标志，即投入第一道生产工序即计算消费；何时投入第一道生产工序，何时计算消费量。

（3）在计算企业（单位）的综合能源消费量时，不得重复计算，要扣除二次能源的产出量和余热、余能的回收利用量。

（4）耗能工质（如水、氧气、压缩空气等），不论是外购的还是自产自用的，均不统计在能源消费量中（计算单位产品能耗时是否包括耗能工质，视统计指标的具体规定而定）。

（5）企业自产的能源，作为企业生产另一种产品的原料或燃料，是否计算消费量，视以下两种情况而定：一是自产的能源如果计算产量，消费时则计算消费量，二是自产的能源如果不计算产量，消费时则不计算消费量，视同产品生产过程中的半成品和中间产品。原则是：计算产量，则计算消费；不计算产量，则不计算消费。

工业企业能源消费量　指工业企业在工业生产活动和非工业生产活动中消费的能源，包括工业生产活动中作为燃料、动力、原料、辅助材料使用的能源，生产工艺中使用的能源，用于能源加工转换的能源；非工业生产活动中使用的能源。具体包括：

（1）用于本企业产品生产、工业性作业和其他生产性活动的能源；

（2）用于技术更新改造措施、新技术研究和新产品试制以及科学试验等方面的能源；

（3）用于经营维修、建筑及设备大修理、机电设备和交通运输工具等方面的能源；

（4）用于劳动保护的能源；

（5）生产交通运输工具的企业（如造船厂、汽车制造厂），向成品轮船、汽车中添加动力用油，应算作企业的能源消费，但不作为工业生产消费，应作为非工业生产消费和交通运输工具消费。

（6）其他非生产消费的能源。

不包括：

（1）由仓库发到车间，但在报告期最后一天没有消费的能源。这部分能源应在办理假退料手续后计入库存量。

（2）拨到外单位，委托外单位加工用的能源。

（3）调出本单位或借给外单位的能源。

工业生产能源消费量　指工业企业为进行工业生产活动所消费的能源。主要包括：

（1）用于本企业产品生产、工业性作业的能源，包括用作原料、材料、燃料、动力的能源；作为能源加工转换企业，还包括用作加工转换的能源（这部分能源不能理解为用作原材料，用作原材料的概念见后面的解释）；

（2）产品生产过程中作为辅助材料使用的能源；

（3）生产工艺过程使用的能源；

（4）新技术研究、新产品试制、科学试验使用的能源；

（5）为了工业生产活动而在进行的各种修理过程中使用的能源；

（6）生产区内的劳动保护用能等。

用于原材料的能源消费量　指能源产品不作能源使用，即不作燃料、动力使用，而作为生产另外一种产品（非能源产品）的原料或作为辅助材料使用，作原料使用时通常构成这种产品的实体。它与用作加工转换的区别是：用作加工转换，投入的是能源，产出的主要产品还是能源（或产出的产品属于加工转换过程中产生的不作能源使用的其他副产品和联产品）。而用作原材料时，投入的是能源，产出的主要产品是能源范畴以外的产品，包括产出的某种产品在广义上可以用作能源(比如可以燃烧以提供热量),但通常意义上不作能源使用的产品。

非工业生产能源消费量 指在工业企业能源消费中,除“工业生产能源消费”以外的能源消费,即非工业生产用能和工业企业附属的不从事工业生产活动的非独立核算单位用能。比如本企业施工单位进行技术更新改造、维修等过程用能,非生产区的劳动保护用能,科研单位、农场、车队、学校、医院、食堂、托儿所等单位用能。但是必须注意,上述单位如果是独立核算的,其用能既不能包括在“工业企业能源消费”中,亦不能包括在“非工业生产能源消费”中。

生产交通运输工具的企业(如造船厂、汽车制造厂),向成品轮船、汽车中添加动力用油,应算作企业的非工业生产消费。

运输工具能源消费量 指在厂区内、外进行交通运输活动的交通运输工具所消费的能源。生产交通运输工具的企业(如造船厂、汽车制造厂),向成品轮船、汽车中添加动力用油,应作为交通运输工具消费。

如果工业企业所属的车队是独立核算的企业,其消费的能源既不能包括在“工业企业能源消费”中,亦不能包括在“运输工具消费”中,它的消费应为交通运输业企业消费。

综合能源消费量 指企业(单位)在报告期内工业生产实际消费的各种能源(扣除能源加工转换和能源回收利用等重复因素)的总和。计算综合能源消费量时,需要将各种能源品种的消费量换算成按照标准计量单位(如:吨标准煤)计量的消费量。

取水量 指企业从各种水源直接提取或者从市场购买的用于厂区、办公区内工业生产活动的水量,以实际获得的新水量为准。

用于工业生产活动的水量,包括主要生产用水、辅助生产用水(如机修、运输、空压站等)和附属生产用水(如绿化、办公室、浴室、食堂、厕所、保健站等),不包括非工业生产单位的用水量(如基建用水、厂内居民家庭用水和企业附属幼儿园、学校、对外营业的浴室、游泳池等的用水量)和居民生活用水量。

取水量包括企业取自地表、地下、城镇供水工程的水,外购的再生水(中水)、其他水或水的产品,以及企业为生产外供水或水产品而取用的水。不包括重复用水量、直流冷却水量、未利用直接排放的矿井水和雨水量、污水处理企业处理的污(废)水量、水力发电动力用水量。

六 财政、金融和保险

简 要 说 明

主要内容

本部分包括全市财政收支情况;全市税收情况、金融机构及国家银行人民币信贷收支情况;全市保险机构在本市的保险业务开办情况。

资料来源

财政资料来源于成都市财政局。

税收资料来源于国家税务总局成都市税务局。

金融资料来源于中国人民银行成都分行营业管理部。

保险资料来源于四川省保险行业协会。

其他需要说明的问题

金融机构及国家银行信贷收支统计数含省级在蓉金融机构和国家银行在本市发生的人民币信贷收支数。

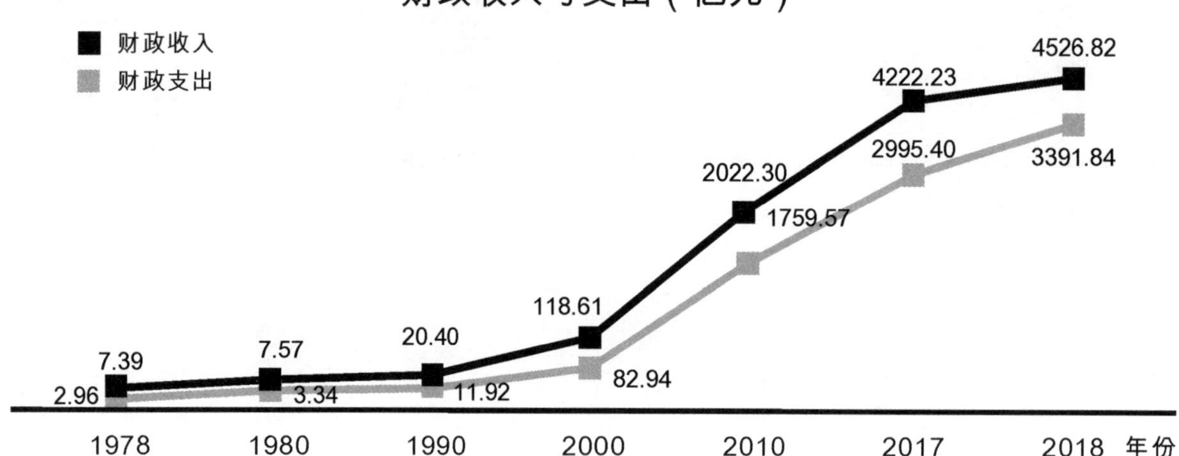
财政收入与支出（亿元）
财政收入
财政支出
7.39
2.96
7.57
3.34
20.40
11.92
118.61
82.94
2022.30
1759.57
4222.23
2995.40
4526.82
3391.84
1978
1980
1990
2000
2010
2017
2018
年份

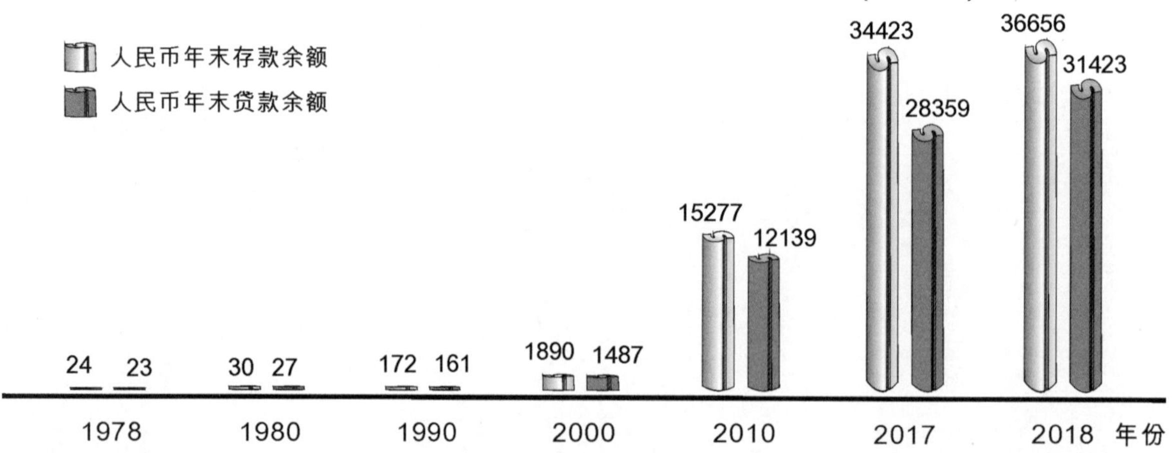
金融机构人民币年末存贷款余额（亿元）
人民币年末存款余额
人民币年末贷款余额
24
23
30
27
172
161
1890
1487
15277
12139
34423
28359
36656
31423
1978
1980
1990
2000
2010
2017
2018
年份

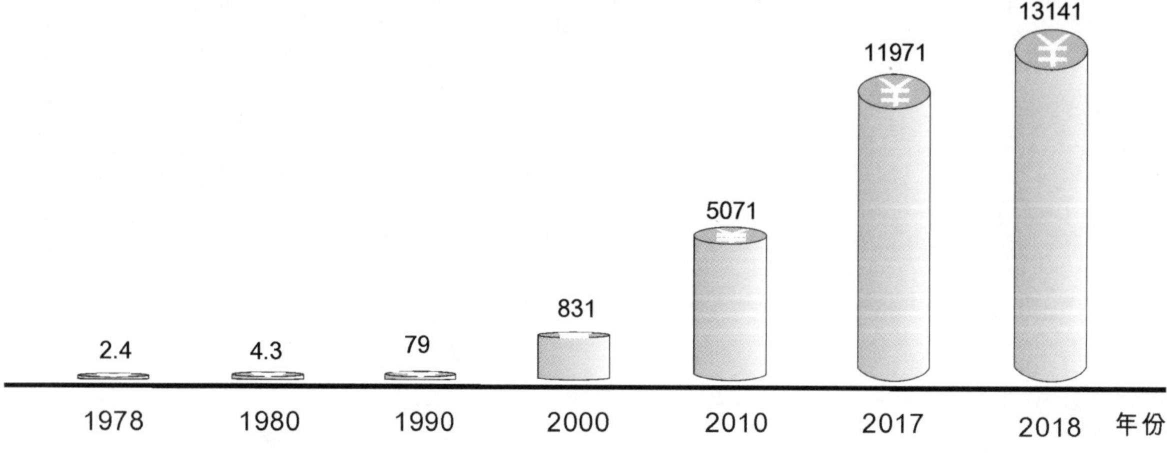
住户存款余额（亿元）
2.4
4.3
79
831
5071
11971
13141
1978
1980
1990
2000
2010
2017
2018
年份

6-1 历年财政收入与财政支出

Government Financial Revenue and Expenditures over the Years

年份	财政收入（万元）	财政支出（万元）	财政收支差额（万元）	增长速度（%）		相当于本地生产总值比例（%）	
				财政收入	财政支出	财政收入	财政支出
1950	52	83	- 31			0.1	0.2
1951	282	463	- 181	4.4 倍	4.6 倍	0.6	1
1952	794	1407	- 613	1.8 倍	2.0 倍	1.6	2.8
1953	9409	2723	6686	10.9 倍	93.5	15.1	4.4
1954	9614	2887	6727	2.2	6.0	14.5	4.4
1955	10520	3188	7332	9.4	10.4	15.1	4.6
1956	12141	4635	7506	15.4	45.4	15.3	5.8
1957	15334	4923	10411	26.3	6.2	17.0	5.5
1958	25431	12174	13257	65.8	1.5 倍	24.5	11.7
1959	40407	17679	22728	58.9	45.2	32.2	14.1
1960	60046	26489	33557	48.6	49.8	46.9	20.7
1961	21690	8613	13077	- 63.9	- 67.5	27.2	10.8
1962	14346	4997	9349	- 33.9	- 42.0	18.5	6.5
1963	20010	5996	14014	39.5	20.0	23.6	7.1
1964	19321	10375	8946	- 3.4	73.0	18.5	10.0
1965	21776	11314	10462	12.7	9.1	16.0	8.3
1966	25184	11583	13601	15.7	2.4	15.1	6.9
1967	18501	9730	8771	- 26.5	- 16.0	12.6	6.6
1968	9991	7327	2664	- 46.0	- 24.7	8.4	6.1
1969	18803	12430	6373	88.2	69.6	12.4	8.2
1970	27519	13991	13528	46.4	12.6	13.4	6.8
1971	33571	17326	16245	22.0	23.8	14.5	7.5
1972	35024	18636	16388	4.3	7.6	15.7	8.3
1973	33229	17077	16152	- 5.1	- 8.4	14.4	7.4
1974	29519	15734	13785	- 11.2	- 7.9	13.3	7.1
1975	40904	18989	21915	38.6	20.7	16.5	7.7
1976	39098	20009	19089	- 4.4	5.4	17.6	9.0
1977	50167	21368	28799	28.3	6.8	17.5	7.5
1978	73882	29626	44256	47.3	38.7	20.6	8.3
1979	74864	34597	40267	1.3	16.8	18.1	8.4
1980	75687	33359	42328	1.1	- 3.6	16.4	7.2
1981	70933	30410	40523	- 6.3	- 8.8	14.5	6.2
1982	73839	30466	43373	4.2	0.2	13.3	5.5
1983	86090	35018	51072	16.6	15.0	13.7	5.6
1984	95642	45790	49852	11.1	30.8	13.4	6.4
1985	116497	59707	56790	21.8	30.4	13.5	6.9

注：①增长速度为同口径可比增速；②1950 - 1952 年属新中国建立初期经济恢复时期，我市尚未建立地方级财政，该时期主要税收均由国家、省直接征收，地方仅有极少部份税收项目收入，故数据偏小。

6-1 续表

年 份	财政收入(万元)	财政支出(万元)	财政收支差额(万元)	增长速度(%)		相当于本地生产总值比例(%)	
				财政收入	财政支出	财政收入	财政支出
1986	133535	68105	65430	14.6	14.1	14.1	7.2
1987	138508	72036	66472	3.7	5.8	12.0	6.2
1988	163280	81158	82122	17.9	12.7	11.2	5.6
1989	195905	105061	90844	20.0	29.2	12.0	6.4
1990	203981	119179	84802	4.1	13.4	10.5	6.1
1991	224354	144965	79389	10.0	21.6	9.6	6.2
1992	249041	167589	81452	11.0	15.6	8.5	5.7
1993	337751	244909	92842	35.6	46.1	8.7	6.3
1994	458905	284996	173909	35.9	16.4	9.0	5.6
1995	528933	352085	176848	15.3	23.5	8.2	5.4
1996	654185	444024	210161	23.7	26.1	8.5	5.7
1997	772534	528323	244211	18.1	19.0	8.8	6.0
1998	894140	600676	293464	15.7	13.7	9.3	6.2
1999	1047867	722136	325731	17.2	20.2	10.0	6.9
2000	1186106	829432	356674	15.3	14.9	10.3	7.2
2001	1453175	1056589	396586	22.5	27.4	11.0	8.0
2002	1819760	1296823	522937	22.8	22.7	12.2	8.7
2003	2161256	1545576	615680	15.1	19.5	12.7	9.1
2004	2751491	1875653	875838	27.1	21.4	13.5	9.2
2005	3657817	2417938	1239879	28.8	27.2	15.4	10.2
2006	4890756	3369189	1521567	30.0	37.3	17.6	12.2
2007	9966100	7536223	2429877	36.0	38.7	29.6	22.4
2008	11322983	9322280	2000703	12.2	22.8	28.7	23.6
2009	12793694	10458917	2334777	14.3	11.5	28.4	23.2
2010	20222972	17595722	2627250	58.1	74.4	36.4	31.7
2011	22694571	17942741	4751830	13.6	2.6	32.7	25.8
2012	23312621	17704420	5608201	3.8	-1.2	28.6	21.8
2013	28100196	21508149	6592047	19.2	22.8	30.8	23.6
2014	30961856	23296247	7665609	10.2	8.3	30.8	23.2
2015	30789634	22291350	8498284	-0.6	-4.3	28.5	20.6
2016	33445538	24295200	9150338	8.6	9.0	27.5	20.0
2017	42222320	29953981	12268339	26.2	23.3	30.4	21.6
2018	45268174	33918389	11349785	7.2	13.2	29.5	22.1

6-2 分级地方公共财政收支情况(2018年)

Revenue and Expenditures in Local Public Finance by Grade and Source(2018)

单位:万元

	全 市	分级收支		占全市比重(%)	
		市本级	区县级	市本级	区县级
一般公共预算收入	**14241550**	**1809442**	**12432108**	**12.7**	**87.3**
增 值 税	3496782	128948	3367834	3.7	96.3
营 业 税	16209		16209		100.0
企业所得税	1517341	11773	1505568	0.8	99.2
个人所得税	755161	19171	735990	2.5	97.5
其他收入	8456057	1649550	6806507	19.5	80.5
一般公共预算支出	**18374238**	**4053986**	**14320252**	**22.1**	**77.9**
#一般公共服务支出	2020784	271314	1749470	13.4	86.6
公共安全支出	1334531	301093	1033438	22.6	77.4
教育支出	2658194	325559	2332635	12.2	87.8
社会保障和就业支出	1765819	426515	1339304	24.2	75.8
医疗卫生与计划生育支出	1403813	552853	850960	39.4	60.6
城乡社区支出	2875984	382033	2493951	13.3	86.7
资源勘探信息等支出	1654097	303247	1350850	18.3	81.7
粮油物资储备支出	19908	1213	18695	6.1	93.9
商业服务业等支出	276892	151655	125237	54.8	45.2
金融支出	136185	91882	44303	67.5	32.5

6-3 全市税收情况(2018年)

Main Indicators of Taxes Revenue(2018)

单位:万元

	合计	内资企业			
		小计	#国有企业	#集体企业	#联营企业
总计	**29557885**	**22860543**	**1357710**	**56665**	**13753**
#增值税	11034805	9282199	558342	33438	2078
消费税	2113843	1674621	237848	13	
营业税	51565	48762	1563	1501	1
企业所得税	6021609	4747983	276768	12255	7742
个人所得税	2904471	2241280	134303	2812	3398
资源税	44856	42648	3527	54	22
城市维护建设税	941800	777061	53007	2078	146
房产税	705513	510997	32527	1855	146
印花税	260188	216654	12338	350	18
城镇土地使用税	395143	357173	14245	1221	181
土地增值税	1272598	1100484	13227	437	14
车船使用税	187112	179196	1334	3	
车船购置税	776731	174361	1025	549	7

6-3 续表

	内资企业		港澳台外商投资企业	个体经营
	#股份公司	#私营企业		
总计	**17376897**	**3172811**	**3092319**	**2261901**
#增值税	7044220	1499273	939302	369863
消费税	1373738	62834	433748	645
营业税	34663	4419	512	226
企业所得税	3703591	691374	773967	
个人所得税	1394062	301553	207063	342311
资源税	29285	8684	1692	173
城市维护建设税	600203	109657	101010	23492
房产税	381428	75873	72469	40206
印花税	169337	32231	18954	9611
镇土地使用税	293578	42509	21226	2789
土地增值税	812793	201878	34919	33034
车船使用税	174144	2910	6413	1091
车船购置税	131656	28118	5952	592143

6-4 各 项 税 收

Taxes of All Kinds

单位:万元

指　　标	2016 年		2017 年		2018 年	
	数值	增长%	数值	增长%	数值	增长%
产业税收	**21668938**	**1.4**	**26490801**	**22.3**	**29557885**	**11.6**
第一产业	21349	-26.0	19806	-7.2	25313	27.8
第二产业	7811267	2.1	8514959	9.0	9588341	12.6
采矿业	90335	-35.4	74485	-17.5	82014	10.1
制造业	5699621	0.5	6381440	12.0	6970251	9.2
电力、燃气及水的生产和供应业	395413	-14.3	381052	-3.6	436472	14.5
建筑业	1625899	18.0	1677983	3.2	2099604	25.1
第三产业	13836321	1.0	17956035	29.8	19944231	11.1
交通运输、仓储及邮政业	361103	-2.2	604273	67.3	842071	39.4
批发和零售业	2441234	6.1	3229879	32.3	3896139	20.6
金融业	1764551	6.0	2467491	39.8	2627258	6.5
信息传输、计算机服务和软件业	520705	-3.4	858624	64.9	1084724	26.3
租赁和商务服务业	1097976	26.3	1624637	48.0	2042827	25.7
房地产业	4801461	3.0	5347607	11.4	5889159	10.1
其他行业	2849291	-13.5	3823525	34.2	3562053	-6.8

6-5 国税税收收入

Revenue of National Taxation

单位:万元

项　　目	2016 年	2017 年	2018 年
税收收入合计	**12664190**	**17871264**	**19083627**
按税种分			
#增值税收入	7397691	11346907	12205788
#一般纳税人	5910772	9185817	9875284
消费税收入	1970219	2111698	2116745
企业所得税	2677295	3704823	3984337
个人所得税	24	22	26
按行业分			
第一产业	10581	12042	13081
第二产业	5705788	6917198	7658831
#工　　业	5181831	5806741	6231398
第三产业	6947821	10942023	11411715
#交通运输仓储及邮政业	211328	391672	567481

6-6 地税税收收入

Revenue of Local Taxation

单位:万元

项　　目	2016 年	2017 年	2018 年
税收收入合计	**9004748**	**8619537**	**10474258**
按税种分			
#营业税	2243617	89670	51565
企业所得税	1150312	1593968	2037272
个人所得税	1669278	2467383	2904445
城市维护建设税	717375	848975	941800
房产和城市房地产税	475675	566840	705513
印花税	165045	216626	260188
城镇土地使用税	317600	347220	395143
土地增值税	879580	1015702	1272598
按行业分			
第一产业	10769	7764	12232
第二产业	2105479	1597761	1929510
#工　　业	1003537	1030235	1257339
第三产业	6888500	7014012	8532516
#交通运输仓储及邮政业	149775	212601	274590

6-7 历年信贷及现金收支情况

Income and Expenditures on Credit and Cash over the Years

单位:万元

年 份	金融机构信贷收支		国家银行现金收支		净投放(+) 净回笼(-)
	年末存款余额	年末贷款余额	现金收入	现金支出	
1950	2510	51	3361	4082	721
1951	4641	404	8338	10083	1745
1952	11245	716	13534	15058	1524
1953	8843	6958	18325	20657	2332
1954	18101	40420	30256	29425	- 831
1955	22201	23503	34121	33743	- 378
1956	14481	18563	45538	47125	1587
1957	20936	21878	55374	54497	- 877
1958	38853	37297	63388	63251	- 137
1959	103889	79316	70858	67662	- 3196
1960	77298	143748	75006	73085	- 1921
1961	101189	130652	73303	71947	- 1356
1962	70450	90614	60100	55569	- 4531
1963	74314	61371	64128	60651	- 3477
1964	69339	68163	70908	69027	- 1881
1965	88541	90464	78669	77925	- 744
1966	112231	126901	84284	82863	- 1421
1967	103697	125694	89287	85540	- 3747
1968	102058	145786	78624	79804	1180
1969	106782	159196	87936	84430	- 3506
1970	143296	169548	89822	82611	- 7211
1971	161042	182252	95408	89627	- 5781
1972	168218	178822	106045	101187	- 4858
1973	158311	187762	114147	108213	- 5934
1974	164467	186970	115292	110170	- 5122
1975	158736	195459	118666	111249	- 7417
1976	156813	183154	114897	111929	- 2968
1977	223387	193600	122723	116698	- 6025
1978	237967	225304	144048	139022	- 5026
1979	281399	250258	184524	180083	- 4441
1980	303681	274013	230362	224825	- 5537
1981	324079	294740	257694	247998	- 9696
1982	375890	297258	285665	274832	- 10833
1983	414984	301860	336814	324651	- 12163
1984	561629	631535	419970	416516	- 3454
1985	590613	539559	591895	575088	- 16807

6-7 续表

单位:万元

年份	金融机构信贷收支		国家银行现金收支		净投放(+) 净回笼(-)
	年末存款余额	年末贷款余额	现金收入	现金支出	
1986	814434	797886	673159	654730	-18429
1987	1000047	942447	913920	887621	-26299
1988	1121097	1139779	1358685	1388848	30163
1989	1327700	1322547	1545823	1467073	-78750
1990	1723157	1605300	1751065	1616964	-134101
1991	2227217	1996183	2256416	2046852	-209564
1992	2975379	2485056	3356674	3199444	-157230
1993	3494672	3091224	5237439	5097752	-139687
1994	4522346	3880226	7241492	6982354	-259138
1995	6019448	4978719	10189352	9467860	-721492
1996	7596120	5990567	12919604	11849209	-1070395
1997	9068225	7022430	15063348	13661810	-1401538
1998	10870715	8160632	16789857	15762008	-1027849
1999	16364174	13742177	24126046	22950528	-1175518
2000	18904394	14871362	28189459	27026857	-1162602
2001	22571432	17622699	33919325	33100139	-819186
2002	26356135	21817846	41130487	40728767	-401720
2003	32407873	25879425	48819720	48347133	-472587
2004	37715442	28598705	53991306	52923407	-1067899
2005	44774948	30187025	58027002	57195480	-831522
2006	54853432	36313698	68830779	66898658	-1932121
2007	63932505	41192044	70844015	68400632	-2443383
2008	83170849	54097178	68423488	66097068	-2326420
2009	124159316	98694021	—	—	—
2010	152772464	121394256	—	—	—
2011	170980221	137668497	—	—	—
2012	203541672	156303941	—	—	—
2013	236622059	176175139	—	—	—
2014	267975023	197789312	—	—	—
2015	294749203	219706426	—	—	—
2016	314336886	250092017	—	—	—
2017	344232848	283593083	—	—	—
2018	366561480	314229604	—	—	—

6-8 金融机构信贷收入与支出

Credit Income and Expenditures of Financial Institutions

单位:万元

	2014 年	2015 年	2016 年	2017 年	2018 年
年末存款余额	**267975023**	**294749203**	**314336886**	**344232848**	**366561480**
#企业存款	144211924	105420004	113497694	118782701	121232328
住户存款	89769401	99221841	108075605	119708368	131414672
1. 活期存款		37845309	42937951	47610141	49685653
2. 定期存款		61376531	65137655	72098227	81729018
年末贷款余额	**197789312**	**219706426**	**250092017**	**283593083**	**314229604**
#短期贷款	57878891	56526570	53840463	50907887	51056016
#个人贷款及透支	12546821	11046974	9410125	9659027	11083782
单位普通贷款及透支	43808233	45479596	44430338	41248860	39972235
#固定资产贷款	137495	382819	1021082	933336	2108606
中长期贷款	136836923	157625805	190307939	228669532	257031181
#个人贷款	38757586	43923106	53558423	64615560	74607876
单位普通贷款	82649111	113702699	136749516	164053972	182423305

注:指标"住户存款"2014 年为"城乡居民储蓄存款"。

6-9 国家银行信贷收入与支出

Credit Income and Expenditures of State Banks

单位:万元

	2014 年	2015 年	2016 年	2017 年	2018 年
年末存款余额	**110374887**	**121538016**	**135131383**	**152220008**	**167526476**
#企业存款	57066964	61400357	68918994	80495878	91469067
城镇居民储蓄存款	50551429	55097215	60940875	66297241	71797726
年末贷款余额	**77724443**	**85240166**	**96738914**	**108029239**	**119120910**
#短期贷款	13499673	13265793	13437857	14521822	15980511
#个人贷款及透支	3126162	2963782	2917351	3166551	3694667
单位普通贷款及透支	9759784	10302010	10520506	11355272	12285845
#固定资产贷款	39090	57798	504787	281515	862974
中长期贷款	63824871	70750334	82161595	93094487	102198794
#个人贷款	23992181	27911125	33934886	38645684	42727881
单位普通贷款	35701133	42839210	48226709	54448801	59470913

6-10 国家银行分机构信贷收入与支出(2018 年)

Credit Income and Expenditures of State Banks by Institutions(2018)

单位:万元

	合　计	# 工商银行	# 农业银行	# 中国银行	# 建设银行
年末各项存款	**167526475**	**46926862**	**38078856**	**24300985**	**58219773**
#企业存款	91469067	24936320	17127688	13767855	35637204
城镇储蓄存款	71797726	20756090	19935233	9582049	21524354
年末各项贷款	**119120910**	**33125094**	**32326406**	**21004217**	**32665193**
#短期贷款	15980511	1323847	5241015	4324367	5091282
中长期贷款	102198794	31606300	27023250	16593801	26975444

6-11 全市金融机构外汇信贷收支情况

Foreign Exchange Credit Revenue & Disbursement of Financial Institutions

单位:万美元

	2017 年	2018 年		2017 年	2018 年
年末存款余额	**2064035**	**1704136**	**年末贷款余额**	**1468663**	**1769220**
			境内贷款	1056805	985702
单位存款	1651626	1312881	短期贷款	801402	699394
			其中:个人贷款及透支	925	886
其中:活期存款	245705	299923	单位普通贷款及透支	800477	698508
个人存款	258461	261996	中长期贷款	252023	283430
			其中:个人贷款	17	17
其中:储蓄存款	257966	260917	单位普通贷款	252006	283413

6-12 保 险 业 务

Economic and Technical Indicators of Insurance Companies

单位:万元

	保　　费		赔付支出	
	2017 年	2018 年	2017 年	2018 年
总　　计	**9522474**	**9271382**	**2318250**	**2684491**
财产保险	2541864	2574156	1150267	1424111
#企业财产险	93681	97343	39682	72994
机动车辆险	1879322	1749903	921315	1051990
货物运输险	7784	9688	2892	4475
人寿保险	6980610	6697226	1163720	1260380
#意外伤害险	168573	149598		
健 康 险	1159010	1127428		
寿　　险	5653027	5420200		
#满期给付			674493	653735
死伤医疗给付			97323	131523

主要统计指标解释

财政收入　包括:(1)各项税收包括增值税、营业税、消费税、土地增值税、城市维护建设税、资源税、城市土地使用税、印花税、固定资产投资方向调节税、个人所得税、企业所得税、关税、农牧业税和耕地占用税等。(2)专项收入包括征收排污费、征收城市水资源费收入,教育费附加收入等。(3)其他收入包括基本建设贷款归还收入、国家能源交通重点建设基金收入、国家预算调节基金等。(4)国有企业计划亏损补贴这项为负收入,冲减财政收入。

财政支出　主要包括:基本建设支出、企业挖潜改造资金、地质勘探费用、科技三项费用、支援农村生产支出、农林水利气象等部门的事业费用、工业交通商业等部门的事业费用、文教科学卫生事业费、抚恤和社会福利救济费、国际支出、行政管理费、价格补贴支出等。

属于地方财政的收入包括营业税、地方企业所得税、个人所得税、城镇土地使用税、固定资产投资方向调节税、城镇维护建设税、房产税、车船使用税、印花税、屠宰税、农牧业税、农业特产税、耕地占用税、契税、增值税25%部分,证券交易税(印花税)的50%部分和除海洋石油资源税以外的其他资源税。

地方财政支出　地方财政支出主要包括地方行政管理和各项事业费,地方统筹的基本建设、技术改造支出,支援农村生产支出,城市维护和建设经费,价格补贴支出等。

预算外资金收支　预算外资金是有关单位凭借国家权力或由国家授权而取得的没有纳入国家预算管理的财政性资金。其收入包括地方财政部门的各项附加收入,集中事业收入,专项收入等,事业行政单位的专用基金,经营性服务纯收入,行政事业性收费,专项资金,中小学勤工俭学收入,税收分成等。其支出包括固定资产投资支出,城市维护支出,福利奖励支出,行政事业支出等。

信贷资金　国家银行用于发放贷款的资金叫信贷资金。中国人民银行信贷资金的来源有各项存款、对国际金融机构负债、流通中货币、银行自有资金及当年结益等。信贷资金的运用有各项贷款、黄金占款、外汇占款、财政借款及在国际金融机构中的资产等。

存款　企业、机关、团体或居民根据可以收回的原则,把货币资金存入银行或其他信用机构保管并取得一定利息的一种信用活动形式。根据存款对象的不同可划分为企业存款、财政存款、机关团体存款、基本建设存款、城镇储蓄存款、农村存款等科目。它是银行信贷资金的主要来源。

贷款　银行或其他信用机构根据必须归还的原则,按一定利率,为企业、个人等提供资金的一种信用活动形式。我国银行贷款分为流动资金贷款、固定资产贷款、城乡个体工商户贷款以及农业贷款等科目。

保费　又叫保险费。是保险人根据保险合同的有关规定,为被保险人取得因约定危险事故发生所造成的经济损失补偿(或给付)权利,付给保险人的代价。包括财产险和人身险储金收入。

赔付支出　事故发生后,经查证确属保险责任范围以内的保险标的损失,保险人根据保险合同的规定履行赔偿义务,给予被保险人的款项叫做赔款。赔款可分为已决赔款和未决赔款两种。

七 人民生活、物价

简 要 说 明

主要内容

本部分反映人民生活状况与物价变动情况，主要包括：居民家庭抽样调查的人口、收入、支出总量与结构指标。城镇居民家庭人均食物消费量、穿用商品及耐用消费品拥有量情况；农村居民家庭的人口、文化程度、收支、居住情况以及农村居民家庭消费结构、消费量和耐用消费品拥有量。历年城市居民消费价格指数及商品零售价格指数等。

资料来源

本部分统计资料来源于国家统计局成都调查队。

城乡居民收入（元）

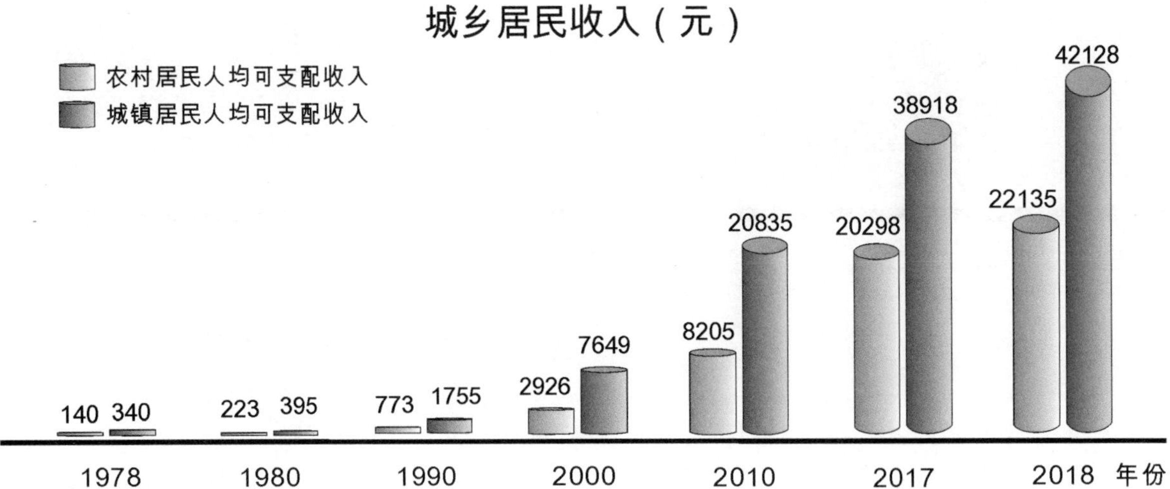

城乡居民人均生活消费支出构成（%）

城镇居民

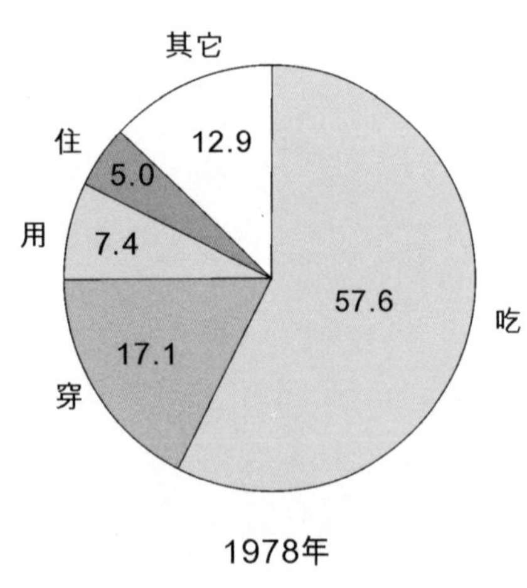

1978年

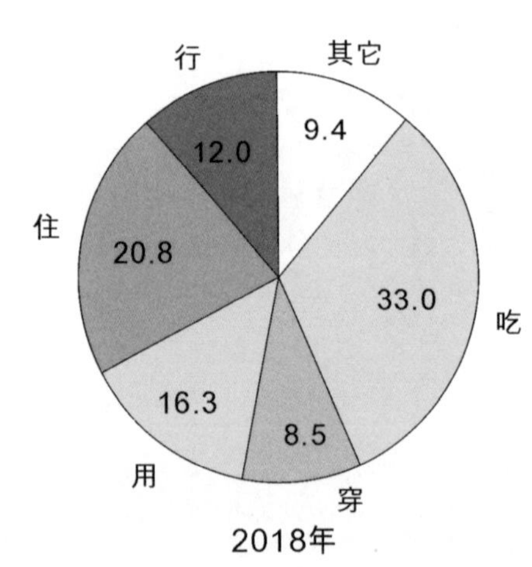

2018年

农村居民

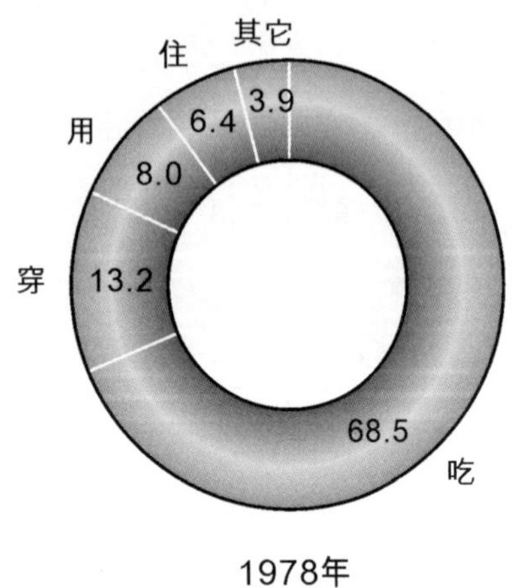

1978年

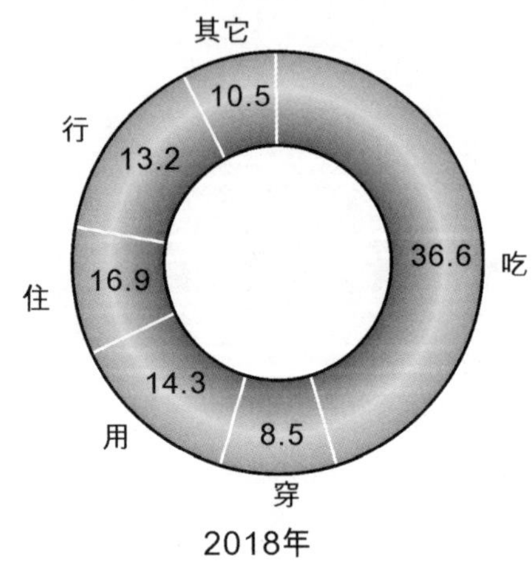

2018年

7-1 历年城镇居民家庭基本情况

Basic Conditions of Urban Households over the Years

年　　份	调查户数 (户)	户均家庭 人　　口 (人)	户均就业 人　　口 (人)	每一就业者 负担人数 (人)	平均每户 就业面 (%)
1954	300	3.91	1.21	3.23	30.95
1955	300	3.90	1.24	3.15	31.79
1956	300	3.72	1.25	2.98	33.60
1957	300	3.62	1.35	2.68	37.29
1958	300	3.64	1.31	2.78	35.99
1959	300	3.80	1.42	2.68	37.37
1960	300	3.31	1.42	2.33	42.90
1961	300	3.61	1.40	2.58	38.78
1962	300	4.34	1.40	3.10	32.26
1963	300	5.88	1.37	4.29	23.30
1964	300	5.18	1.52	3.41	29.34
1965	300	5.25	1.53	3.43	29.14
1966	300	5.10	1.57	3.25	30.78
1967	300	5.00	1.35	3.70	27.00
1968	300	5.01	1.31	3.82	26.15
1969	300	4.66	1.20	3.88	25.75
1970	300	4.52	1.15	3.93	25.44
1971	300	4.54	1.28	3.55	28.19
1972	300	4.50	1.28	3.52	28.44
1973	300	4.44	1.35	3.29	30.41
1974	300	4.37	1.49	2.93	34.10
1975	300	4.29	1.59	2.70	37.06
1976	300	4.12	1.60	2.58	38.83
1977	300	4.09	1.67	2.45	40.83
1978	300	4.19	1.74	2.41	41.53
1979	300	4.39	1.86	2.36	42.34
1980	300	3.84	1.97	1.95	51.30
1981	300	4.00	2.09	1.92	52.17
1982	300	3.82	2.07	1.85	54.14
1983	300	3.80	2.11	1.81	55.39
1984	300	3.75	2.10	1.79	56.00
1985	300	3.40	2.05	1.66	60.26

7-1 续表

年　份	调查户数(户)	户均家庭人口(人)	户均就业人口(人)	每一就业者负担人数(人)	平均每户就业面(%)
1986	300	3. 32	1. 98	1. 68	59. 68
1987	300	3. 42	2. 10	1. 63	61. 25
1988	300	3. 28	1. 87	1. 76	56. 95
1989	300	3. 17	1. 78	1. 78	56. 05
1990	300	3. 15	1. 79	1. 76	56. 93
1991	300	3. 05	1. 72	1. 77	56. 44
1992	300	3. 03	1. 66	1. 83	54. 79
1993	300	2. 90	1. 51	1. 92	52. 18
1994	300	2. 88	1. 56	1. 85	54. 17
1995	300	2. 96	1. 71	1. 73	57. 95
1996	300	2. 97	1. 76	1. 69	59. 26
1997	300	2. 99	1. 77	1. 69	59. 26
1998	300	2. 97	1. 72	1. 73	57. 91
1999	300	2. 92	1. 72	1. 70	58. 84
2000	300	2. 88	1. 44	2. 00	50. 12
2001	300	2. 98	1. 39	2. 14	46. 81
2002	300	2. 92	1. 33	2. 20	45. 55
2003	400	2. 89	1. 35	2. 14	46. 71
2004	400	2. 89	1. 48	1. 95	51. 21
2005	400	2. 87	1. 39	2. 06	48. 43
2006	400	2. 98	1. 56	1. 90	52. 70
2007	400	2. 90	1. 54	1. 88	53. 10
2008	396	2. 74	1. 43	1. 92	52. 21
2009	400	2. 74	1. 43	1. 92	52. 19
2010	400	2. 79	1. 53	1. 82	54. 84
2011	400	2. 75	1. 44	1. 91	52. 36
2012	400	2. 81	1. 43	1. 97	50. 89
2013	403	2. 82	1. 41	2. 00	50. 00
2014	2106	2. 89	1. 49	1. 94	51. 56
2015	2549	2. 93	1. 47	1. 99	50. 17
2016	2672	2. 98	1. 50	1. 99	50. 25
2017	2599	2. 97	1. 50	1. 98	50. 53
2018	2649	2. 93	1. 59	1. 84	54. 35

注:2008 年在“5. 12”地震期间,个别调查户无法正常记账,故年调查户数为 396 户。

7-2 历年城镇居民家庭就业人口情况

The Number of Employee of Urban Households over the Years

单位:人

年份	调查户家庭人口	就业人口	国有经济单位职工	集体经济单位职工	个体劳动者	其他劳动者
1978	1257	522				
1979	1318	558				
1980	1152	591				
1981	1200	626	479	144		3
1982	1147	621	488	128		5
1983	1141	632	497	132		3
1984	1125	630	507	113	5	5
1985	1019	614	456	143	12	3
1986	997	595	447	135	5	8
1987	1027	629	467	145	6	11
1988	985	561	428	105	8	20
1989	951	533	432	76	7	18
1990	945	538	454	59	4	21
1991	916	517	398	87	12	20
1992	909	498	383	90	11	14
1993	870	454	339	87	14	14
1994	864	468	365	56	20	27
1995	887	514	426	59	11	18
1996	891	528	437	68	8	15
1997	896	531	431	69	17	14
1998	891	516	423	60	21	12
1999	877	516	416	60	20	20
2000	864	433	320	35	37	41
2001	893	418	238	49	72	59
2002	876	399	240	27	75	57
2003	1156	540	328	28	68	116
2004	1156	592	356	20	80	136
2005	1148	556	292	16	84	164
2006	1184	624	296	24	24	280
2007	1160	616	224	20	40	332
2008	1086	567	158	12	52	345
2009	1096	572	168	8	48	348
2010	1116	612	180	12	36	384
2011	1100	576	152	20	36	368
2012	1124	572	152	16	48	356
2013	1146	573	153	18	44	358
2014	6130	3150	543			2607
2015	7546	3731	—	—	—	—
2016	7995	3978	—	—	—	—
2017	7738	3861	—	—	—	—
2018	7996	4212	—	—	—	—

注:①1980 年以前就业人口未分经济类型;②1997 年以前的国有经济单位职工为全民职工;③2015 年起就业人口未分经济类型。

7-3 历年城镇居民家庭人均现金收入情况

Per Capita Cash Income of Urban Households over the Years

单位:元

年　份	家　庭 总收入	#　可支配 收　入	储蓄借贷 收　　入	家　庭 总支出	#消费性 支　出
1954	159.78	153.85	20.35	157.38	138.48
1955	178.66	167.40	31.21	175.44	152.16
1956	186.48	173.16	37.80	179.64	166.32
1957	250.68	224.40	56.16	243.84	217.44
1958	228.36	202.20	40.56	215.04	188.88
1959	212.18	209.99	42.33	223.49	197.79
1960	217.68	196.92	31.08	193.68	179.64
1961	208.44	190.80	34.09	204.27	190.32
1962	199.20	187.56	31.44	210.48	198.84
1963	203.24	188.04	24.96	207.72	192.72
1964	214.80	201.48	24.72	210.84	197.52
1965	208.08	194.52	25.20	211.80	198.24
1966	223.79	208.12	26.34	219.48	204.12
1967	208.77	194.57	24.69	204.35	189.85
1968	201.23	186.94	30.30	197.82	186.23
1969	207.88	193.54	28.79	208.76	195.36
1970	204.10	183.69	33.21	199.87	181.49
1971	208.64	193.82	37.69	201.22	183.12
1972	229.35	213.75	32.03	213.45	190.69
1973	241.11	224.59	28.79	237.56	218.61
1974	284.04	264.64	35.74	279.89	261.13
1975	291.86	272.89	37.23	281.24	254.79
1976	314.03	293.30	32.66	311.03	286.42
1977	342.77	327.08	38.77	341.67	329.13
1978	364.55	340.25	39.88	347.83	328.32
1979	389.60	352.44	42.73	366.92	341.67
1980	420.92	395.04	60.48	415.29	391.26
1981	484.62	457.68	58.56	479.48	451.98
1982	516.04	485.74	53.20	490.39	459.64
1983	567.11	520.59	64.22	545.11	513.60
1984	657.09	603.06	66.49	627.57	591.13
1985	852.91	786.74	143.43	851.67	810.26

注:①1992 年以前家庭总收入为家庭实际收入,可支配收入为生活费收入;②1992 年以前家庭总支出为家庭实际支出。

7-3 续表

年份	家庭总收入	#可支配收入	储蓄借贷收入	家庭总支出	#消费性支出
1986	991.39	913.19	166.26	999.65	946.17
1987	1101.07	1015.64	151.64	1072.05	1006.60
1988	1340.35	1243.12	266.10	1400.45	1318.01
1989	1661.91	1564.62	256.91	1607.25	1511.89
1990	1870.91	1755.37	246.34	1767.28	1680.77
1991	2062.98	1924.71	262.35	1941.01	1845.11
1992	2254.44	2101.87	443.38	2217.68	1988.08
1993	2807.35	2624.20	532.88	2745.09	2428.32
1994	4239.48	3940.47	682.96	3907.62	3641.19
1995	5075.82	4708.99	676.28	4857.78	4502.46
1996	5700.71	5265.64	808.60	5432.62	4925.45
1997	6046.84	6018.74	1204.41	6083.39	4959.48
1998	6490.18	6446.44	1529.18	6458.53	5482.28
1999	7140.96	7098.01	1321.76	6639.39	5797.97
2000	7694.95	7649.09	1527.74	7174.33	6423.48
2001	8181.60	8128.39	1624.51	7672.85	6801.19
2002	9026.38	8971.91	2616.02	9373.40	6874.17
2003	10177.34	9641.00	2261.10	9582.58	7057.68
2004	11057.90	10394.10	4052.10	12876.30	8996.97
2005	12039.21	11358.81	3275.11	12921.01	9642.45
2006	13646.97	12789.44	3866.76	14263.24	10302.37
2007	15939.29	14849.23	2971.12	14165.27	11702.77
2008	18320.39	16942.62	3421.98	16244.74	12849.93
2009	20410.71	18659.40	6033.15	20145.92	14087.79
2010	22946.69	20835.34	4848.83	20620.59	15510.91
2011	26087.45	23932.08	4463.24	22778.76	17795.00
2012	29893.91	27193.65	4174.45	24704.55	19053.89
2013	32452.00	29968.00	3862.37	26704.26	20362.00
2014	35074.77	32665.00	2570.40	28323.00	21711.00
2015	37350.00	33476.00	—	32682.00	21825.00
2016	40624.00	35902.00	—	34957.00	23514.00
2017	45180.79	38917.50	—	38284.60	25314.43
2018	49384.59	42127.85	—	42849.15	27312.05

注："存入储蓄款"在2002年以前为"存入银行与储金会款"。

7-4 城镇居民家庭人均消费性支出情况

Per Capita Expenditures on Consumption of Urban Households

单位:元

	1980 年	1990 年	2000 年	2010 年	2017 年	2018 年
消费性支出	**391.26**	**1680.77**	**6423.48**	**15510.91**	**25314.43**	**27312.05**
食品烟酒	226.15	863.63	2491.43	5732.45	8527.34	9011.91
#粮　　食	45.02	70.15	160.36	392.01	683.47	709.40
油 脂 类		25.80	90.41	179.08	221.89	187.76
#食用植物油		25.80	72.25	172.92	202.51	165.94
肉禽及制品		225.33	599.14	1272.7	1835.69	1578.22
蛋　　类		34.06	61.82	114.17	140.21	131.53
水产品类		22.39	71.58	203.09	274.41	260.61
蔬菜和食用菌		102.22	240.15	638.82	920.2	818.25
#鲜　　菜		94.14	227.44	592.44	810.87	716.56
糖　　类		13.51	35.58	56.29	50.87	48.54
烟 草 类		61.73	112.05	337.36	450.00	463.52
酒和饮料		28.34	106.30	218.43	354.55	399.85
干鲜瓜果类		54.93	127.83	379.19	620.54	571.81
奶及奶制品		19.84	137.00	322.74	447.24	483.37
衣　　着	60.21	246.07	580.47	1487.4	2110.97	2320.32
#衣　　类		104.02	417.10	1084.5	1655.06	1909.33
服装材料		62.38	14.26	7.49	6.04	10.05
鞋　　类		43.12	146.56	383.96	449.87	410.99
生活用品及服务	34.74	200.00	565.00	882.47	1439.65	1530.05
#耐用消费品		73.83	306.02	359.71	248.62	234.87
#洗 衣 机		31.92	9.71	80.00	23.91	29.53
电 冰 箱		75.01	34.60	28.93	40.85	29.09
医疗保健	5.11	25.24	417.32	827.3	1404.58	1527.86
交通和通讯	4.23	22.31	378.95	2652.83	3054.88	3279.24
#交　　通	3.84	20.67	156.16	1624.01	1984.87	2286.44
通　　信	0.39	1.64	222.8	1028.82	1070.02	992.80
教育文化娱乐服务	27.94	176.05	828.75	2032.58	2750.19	2908.76
#文化娱乐用品		98.64	211.67	476.22	352.34	510.69
教　　育	5.88	28.54	440.23	654.95	794.26	1221.41
文化娱乐服务	12.46	29.86	176.85	901.41	1603.58	1176.66
居　　住	17.88	81.91	764.31	1113.17	5085.53	5680.97
其他用品和服务	15.00	65.56	397.26	782.70	941.28	1052.94
#首饰及手表			21.97	39.14	180.86	372.78
理发美容洗浴			44.70	195.99	408.93	285.72

注:1990 年以前蛋类为鲜蛋;“家庭设备用品及服务”指日用品;“教育”未含教材及参考书;“交通”未含交通工具。

7-5 城镇居民家庭人均食品消费量

Per Capita Foods Consumption of Urban Households

单位:千克

	2013 年	2014 年	2015 年	2016 年	2017 年	2018 年
食用植物油	11.53	11.16	11.8	11.62	12.31	10.86
猪　　肉	31.89	32.06	33.72	33.05	33.83	30.76
牛 羊 肉	2.53	2.66	2.94	3.22	3.50	3.30
鲜　　蛋	7.29	7.06	8.58	8.47	8.90	8.40
鲜　　菜	109.22	120.35	134.59	134.33	138.03	124.46
白　　酒	2.89	2.85	3.15	2.97	3.10	2.71
果　　酒	0.16	0.1	0.12	0.11	0.17	0.21
啤　　酒	2.75	3.02	2.84	2.77	2.82	3.70
茶　　叶	0.39	0.32	0.32	0.30	0.35	0.39
糕　　点	3.95	3.69	3.18	2.98	3.04	3.95
鲜 乳 品	19.2	16.29	16.91	17.90	18.37	16.45
奶　　粉	0.86	0.75	0.82	0.88	0.97	1.12

注:鲜蛋包括鸡蛋、鸭蛋和鹅蛋等;2017 年及以前为购买量。

7-6 城镇居民家庭人均食品消费额

Per Capita Foods Expenditure of Urban Households

单位:元

	2013 年	2014 年	2015 年	2016 年	2017 年	2018 年
粮　　食	475.00	504.00	548.87	647.74	683.47	709.40
油 脂 类	196.00	191.00	197.31	213.22	221.89	187.76
#食用植物油	188.68	183.35	189.46	190.21	202.51	165.94
猪　　肉	812.00	808.00	892.97	992.63	972.47	752.40
家禽及制品	367.00	346.00	396.30	399.63	387.03	353.04
蛋　　类	135.00	132.00	135.16	132.28	140.21	131.53
#鲜　　蛋	98.00	96.44	122.30	118.94	125.50	118.44
鲜　　菜	708.00	662.84	749.99	769.34	810.87	716.56
干菜及菜制品	30.54	36.25	28.54	30.61	33.94	29.93
酒　　类	204.56	210.35	206.92	228.40	227.91	235.86
#白　　酒	113.00	120.00	166.16	181.84	171.63	174.34
果　　酒	8.89	7.61	10.52	12.69	20.24	22.69
啤　　酒	19.30	23.02	23.46	25.09	24.62	30.95
茶　　叶	56.79	51.59	57.20	55.35	68.62	64.55
鲜 乳 品	184.45	157.37	180.87	190.05	205.36	187.20
奶　　类	445.00	463.00	379.20	416.42	447.24	483.37

7-7 历年城镇居民家庭每百人购买穿用商品情况

Consumption of Clothing and Using Per 100 Citizens over the Years

年 份	体育户外用品(元)	滋补保健品(元)	液化石油气(公斤)	首饰及手表(元)	化妆品(元)
1980			51.6		
1981			32.6		
1982			22.8		
1983			30.6		
1984			62.6		
1985			46.4	154.4	
1986			51.7	149.7	
1987			29.2	120.2	
1988			36.6	702.1	
1989			106.0	1613.8	
1990			122.2	1360.9	
1991			90.1	1967.4	
1992			181.5	858.4	904.2
1993			440.6	1422.5	1340.9
1994			319.5	3174.7	1828.1
1995			222.3	2958.0	2967.9
1996			242.3	1663.9	3646.6
1997			262.3	536.2	3430.6
1998			264.5	672.2	4800.4
1999			239.0	1648.9	5174.7
2000			305.1	2197.2	4436.0
2001			279.7	1298.6	4526.3
2002			345.9	2428.3	5116.2
2003			350.0	793.0	5070.0
2004			237.0	1355.0	7286.0
2005			174.0	700.0	8637.0
2006			185.0	1775.0	9919.0
2007			228.0	678.0	9247.0
2008			48.0	1747.0	8974.0
2009			104.0	2344.0	13505.0
2010			77.0	3914.0	19102.0
2011			180.0	7123.0	23036.0
2012			220.0	6387.0	20536.0
2013			210.0	9090.0	10469.0
2014			819.0	14441.0	10238.0
2015	1450.7	13245.4	760.0	27478.2	9597.3
2016	1607.8	15024.8	669.0	26797.4	11790.7
2017	2370.2	14432.8	620.2	18086.1	13333.2
2018	2647.5	15370.6	361.4	37277.9	21256.3

注:本表中“首饰及手表”1980-2014 年名为“金银珠宝饰品”;“化妆品”1980-2014 年名为“美容化妆品”。

7-8 历年城镇居民家庭平均每百户年末耐用消费品拥有量

The Number of Major Durable Consumer Goods Owned Per 100 Urban Households over the Years

年份	洗衣机（台）	电冰箱（台）	彩电（台）	摩托车（辆）	照相机（架）	电话（部）	电脑（台）
1978							
1979			0.3		2.7		
1980			0.7		3.0		
1981			0.7		3.7		
1982			1.3		5.0		
1983			3.0		10.7		
1984			8.7		11.7		
1985	63.7	8.7	26.7	0.7	18.3		
1986	25.3	7.8	42.3	0.7	26.7		
1987	80.3	33.3	49.3	0.7	29.0		
1988	82.0	45.7	65.3	0.3	32.0		
1989	85.7	60.3	79.3		38.7		
1990	93.0	76.0	92.0	0.7	43.3		
1991	87.0	72.3	88.0	0.7	42.3		
1992	86.7	70.7	92.3		40.7	4.7	
1993	86.0	72.3	89.0	0.3	36.0	5.3	
1994	92.0	83.7	100.0	0.3	40.7	15.3	
1995	95.7	89.0	111.3	1.7	49.0	25.3	
1996	95.7	88.7	114.0	2.0	51.0	35.3	
1997	99.0	91.3	117.7	4.0	50.0	57.0	2.7
1998	97.3	93.0	119.3	7.3	53.7	65.3	9.0
1999	99.7	93.7	124.0	6.7	56.0	70.7	9.3
2000	96.0	94.0	141.0	5.0	64.3	81.0	17.7
2001	99.3	94.0	145.0	4.7	63.3	91.3	25.0
2002	98.5	96.6	140.4	4.3	54.2	93.8	26.4
2003	98.3	96.1	143.4	4.1	46.7	92.1	30.2
2004	99.3	98.5	147.1	5.5	56.1	94.5	42.1
2005	98.3	96.5	145.8	5.3	60.0	95.0	50.5
2006	99.0	98.0	151.3	2.8	58.5	93.8	58.5
2007	100.7	99.0	148.0	1.0	50.5	92.6	65.1
2008	96.3	94.8	133.8	2.2	42.7	76.9	65.7
2009	99.3	97.2	145.5	2.1	49.9	80.5	76.6
2010	100.5	100.9	151.9	2.4	59.7	76.9	89.2
2011	99.3	99.8	144.8	3.7	56.6	65.8	86.6
2012	98.8	98.6	146.3	5.2	59.4	70.3	99.6
2013	94.5	95.1	145.2	5.0	—	65.5	86.8
2014	95.9	95.7	141.4	5.5	—	54.6	88.9
2015	98.6	98.2	135.3	12.0	37.6	53.1	81.2
2016	99.2	99.8	136.5	10.5	32.0	45.0	81.9
2017	100.4	101.1	137.8	10.5	33.5	41.4	84.9
2018	101.0	102.1	126.6	9.0	25.9	33.9	81.0

7-8 续表

年　份	汽　车（辆）	空调器（台）	中高档乐　器（件）	热水器（台）	抽　排油烟机（台）	健身器材（件）	移动电话（部）
1978							
1979							
1980							
1981							
1982							
1983							
1984							
1985			4. 3				
1986			6. 3				
1987			7. 7				
1988			13. 0				
1989			11. 0				
1990			13. 0				
1991			7. 3				
1992			8. 0	41. 7	19. 0		
1993			9. 3	44. 3	18. 7		
1994		1. 3	9. 0	72. 7	28. 7		
1995		3. 0	8. 7	78. 0	33. 7		
1996		6. 0	9. 0	76. 0	33. 3		
1997		8. 7	8. 0	83. 0	47. 7	2. 0	0. 7
1998		13. 7	9. 7	80. 0	42. 7	3. 3	3. 7
1999	0. 7	25. 7	10. 3	87. 0	48. 0	5. 6	8. 3
2000	1. 3	34. 3	8. 7	87. 0	45. 0	6. 0	25. 7
2001	3. 3	47. 7	11. 0	90. 3	51. 7	8. 0	54. 7
2002	3. 4	44. 9	7. 1	89. 4	55. 8	3. 3	68. 3
2003	3. 1	55. 2	6. 1	89. 2	45. 6	2. 9	94. 9
2004	8. 5	90. 2	7. 3	94. 5	48. 9	4. 5	137. 3
2005	8. 8	103. 8	5. 5	96. 5	54. 5	4. 3	165. 3
2006	9. 3	114. 3	5. 0	97. 5	57. 0	3. 0	185. 0
2007	9. 9	108. 9	3. 2	98. 3	—	4. 0	186. 4
2008	18. 1	111. 9	2. 6	98. 9	—	4. 2	175. 3
2009	17. 7	131. 5	5. 5	99. 3	—	4. 6	200. 2
2010	22. 6	143. 6	4. 3	99. 3	—	5. 7	228. 5
2011	28. 2	133. 7	2. 1	98. 2	—	4. 9	222. 6
2012	30. 6	149. 2	2. 4	100. 2	—	3. 3	226. 4
2013	31. 0	148. 3	1. 0	94. 8	—	1. 0	225. 1
2014	34. 0	136. 1	—	91. 8	—	—	236. 2
2015	42. 1	125. 1	4. 5	95. 0	71. 1	4. 2	244. 3
2016	44. 6	127. 9	4. 7	94. 8	71. 3	4. 5	252. 0
2017	50. 8	148. 8	5. 7	97. 2	75. 3	5. 5	254. 8
2018	59. 9	159. 0	8. 5	98. 9	83. 0	9. 4	251. 1

7-9 农村居民家庭基本情况

Basic Conditions of Rural Households

	单 位	1980 年	1990 年	2000 年	2010 年	2017 年	2018 年
调查户数	户	**162**	**1380**	**2240**	**5000**	**1258**	**1281**
人口状况							
平均每户人口	人	5.20	4.20	3.60	3.42	3.32	3.27
平均每一劳动力赡养人口	人	2.00	1.40	1.40	1.31	1.30	1.33
劳动者文化程度构成							
未上过学	%		11.60	2.40	1.98	2.60	3.53
小学程度	%		45.40	33.70	19.43	26.95	33.07
初中程度	%		35.50	51.20	57.21	51.91	42.93
高中程度	%		7.00	10.20	14.57	13.73	13.41
大学专科	%		0.10	0.60	3.45	3.64	4.56
大学本科	%						2.34
研 究 生	%						0.16
人均收入状况							
可支配收入	元	223	773	2926	8205	20298	22135
人均居住情况							
年末住房面积	平方米	10.04	20.61	34.85	48.80	52.26	53.30
#砖木结构面积	平方米		11.43	17.08	19.15	12.40	—
钢筋混凝土结构面积	平方米		2.26	15.29	24.98	38.73	—
年末住房价值	元	156	917	4835	24898	58484	69872
人均生产性固定资产情况							
年末生产性固定资产原值	元		214.8	1404.8	3246.8	2697.1	1427.5
#役畜、产品畜	元		26.7	66.8	308.7	206.3	169.4
大中型铁木农具	元		29.7	89.8	45.9	—	—

注:2015 年以前均为农村居民人均纯收入,2015 年以后为农村居民人均可支配收入。

7-10 农村居民家庭人均总收入

Per Capita Annual Gross Income of Rural Households

单位:元

	1980 年	1990 年	2000 年	2010 年	2017 年	2018 年
全年总收入	**262.06**	**1195.27**	**4298.28**	**10625.82**	**27781.45**	**28912.50**
工资性收入	42.41	130.20	1006.78	3776.44	10034.00	11155.21
家庭经营收入	190.57	1003.28	2911.70	5299.93	11055.93	10463.06
#农业收入	111.16	491.52	1210.01	1980.01	4313.18	3145.95
林业收入	0.67	7.74	40.83	96.52	694.17	381.24
牧业收入	71.88	355.61	895.43	1433.17	2784.41	1126.97
渔业收入	0.22	4.26	60.59	107.27	241.94	20.23
工业收入		24.72	88.06	177.59	266.24	257.63
建筑业收入		21.82	80.90	242.22	65.82	239.35
交通运输仓储和邮政业	3.33	18.04	97.25	363.35	568.92	440.89
批发零售业或住宿和餐饮业		20.53	153.12	522.57	1487.23	3876.86
居民服务修理和其他服务业		19.61	92.68	183.31	285.19	736.93
转移性和财产性收入	29.08	61.79	379.80	1549.44	6691.52	7294.23

注:从 2003 年起转移性和财产性收入不含"调查补贴"等项。

7-11 农村居民家庭人均现金收支情况

Per Capita Cash Income and Expenditures of Rural Households

单位:元

	1980 年	1990 年	2000 年	2010 年	2017 年	2018 年
全年现金收入	**160.79**	**995.95**	**3302.32**	**10083.51**	**26456.20**	**27952.90**
工资性收入	42.41	130.20	1006.48	3747.94	9841.10	11029.97
家庭经营收入	98.34	668.39	1922.96	4793.65	10272.92	9940.78
#农　　业	90.90	210.60	479.54	1445.15	3755.76	2795.64
牧　　业		309.07	679.12	1450.22	2592.51	997.30
建筑业现金收入		21.82	80.90	241.25	65.82	239.35
交通运输仓储和邮政业	3.33	18.04	97.25	363.35	568.92	440.89
转移性和财产性收入	9.62	76.14	372.89	1541.91	6342.18	6982.15
非收入所得	**10.42**	**121.22**	**326.27**	**1087.57**	**4520.05**	**3036.05**
全年现金支出	**154.45**	**949.23**	**2922.27**	**8280.47**	**25143.10**	**24445.47**
#生产费用支出	29.29	286.07	915.30	2137.51	5443.39	4800.82
生活消费支出	103.31	459.39	1769.71	5443.67	12045.31	13266.70

7-12 农村居民家庭人均支出情况

Per Capita Expenditure of Rural Households

单位:元

	1980 年	1990 年	2000 年	2010 年	2017 年	2018 年
全年总支出	**234. 84**	**1124. 89**	**3495. 51**	**8695. 98**	**27902. 03**	**27264. 80**
家庭经营费用支出		354. 23	999. 79	2102. 57	5631. 94	4909. 80
#农业支出		86. 96	240. 59	477. 53	1060. 18	1103. 75
牧业支出		229. 36	618. 72	962. 58	2027. 46	878. 20
购置生产性固定资产		16. 40	46. 14	77. 67	216. 42	127. 04
生活消费支出	185. 70	692. 92	2200. 74	5796. 33	14615. 70	15977. 07
食品烟酒	129. 90	440. 96	1126. 03	2359. 11	5444. 10	5841. 24
衣　　着	18. 69	46. 12	146. 76	517. 00	1257. 18	1354. 03
居　　住	16. 56	114. 68	320. 79	624. 54	2398. 19	2701. 94
生活用品及服务	13. 31	28. 19	113. 72	378. 43	827. 94	922. 57
医疗保健	0. 93	16. 43	99. 72	324. 59	1066. 95	1135. 79
交通通信	1. 21	10. 91	120. 10	821. 91	1933. 28	2116. 81
教育文化娱乐	5. 10	31. 67	209. 37	489. 03	1219. 65	1363. 58
其他商品和服务		3. 96	64. 25	114. 56	468. 42	541. 12
财产转移性支出		14. 97	169. 46	693. 37	1484. 18	1552. 43

7-13 农村居民家庭人均可支配收入

Per Capita Disposable Income of Rural Households

单位：元

	2012 年	2013 年	2014 年	2015 年	2017 年	2018 年
可支配收入	**11501**	**12985**	**14478**	**17690**	**20298**	**22135**
工资性收入	5440	6424	7349	9211	10034	11155
经营净收入	4040	4187	4328	4032	5057	5238
#农业收入	1883	1954	1958	2330	3170	1981
林业收入	63	51	66	358	466	275
牧业收入	576	607	653	377	698	223
渔业收入	61	50	57	48	145	4
工业收入	20	-2	28	15	15	95
建筑业收入	276	347	287	-50	-106	100
交通运输仓储和邮政业收入	220	274	299	108	162	316
批发零售贸易餐饮业收入	461	458	613	391	205	1599
居民服务修理和其他服务业	247	274	173	253	128	522
转移净收入	989	1150	1460	2755	3236	3609
财产净收入	1032	1224	1341	1692	1972	2133

注：本表中2014年及以前，可支配收入为纯收入，经营净收入为家庭经营收入，转移净收入为转移性收入，财产净收入为财产性收入。

7-14 农村居民家庭人均主要食物消费量

Major Foods Consumption Per Capita of Rural Households

	单　位	1980 年	1990 年	2000 年	2010 年	2017 年	2018 年
粮　食	千克		301. 81	230. 77	159. 03	140. 93	135. 25
蔬　菜	千克	122. 63	203. 51	117. 63	76. 51	119. 85	105. 59
植物油	千克	3. 14	4. 07	7. 90	5. 69	11. 44	11. 39
动物油	千克	0. 65	1. 29	1. 69	0. 67	0. 81	1. 03
猪　肉	千克	12. 20	22. 55	30. 10	26. 49	33. 66	34. 06
蛋　类	千克	1. 23	2. 95	5. 67	5. 14	7. 89	7. 63
家　禽	千克	1. 40	1. 82	5. 09	6. 42	12. 47	12. 21
鱼　虾	千克	0. 11	0. 59	2. 83	4. 81	6. 51	6. 72
糖　类	千克	1. 12	1. 62	1. 63	1. 02	1. 49	1. 53
酒　类	千克	2. 04	5. 29	8. 19	10. 78	12. 00	10. 92
水　果	千克		4. 40	18. 07	18. 20	38. 20	37. 59

7-15 农村居民家庭每百户耐用物品拥有量

The Number of Durable Consumer Goods Owned Per 100 Rural Households

	单　位	1980 年	1990 年	2000 年	2010 年	2017 年	2018 年
自行车	辆	68	161	149	92. 5	—	—
热水器	台				50. 4	82. 7	82. 6
洗衣机	台		8. 3	50. 1	94. 1	101. 2	100. 5
电冰箱	台		0. 3	16. 9	81. 4	103. 8	103. 0
摩托车	辆		0. 7	39. 9	65. 6	59. 2	40. 1
微波炉	台				14. 2	15. 0	21. 0
抽油烟机	台			1. 6	14. 1	16. 5	33. 6
彩色电视机	台		4. 0	69. 1	124. 6	146. 4	135. 7
照像机	架		0. 4	5. 0	9. 6	7. 5	5. 6
空调机	台			1. 2	21. 1	59. 1	80. 1
电话机	部			29. 8	40. 5	7. 3	9. 8
移动电话	部			9. 2	200. 5	276. 9	279. 0
家用计算机	台			3. 0	17. 5	39. 6	34. 7

7-16 农村居民家庭平均每百户生产性固定资产原值

Original Value of Productive Fixed Assets Owned Per 100 Rural Households

单位:元

	1990 年	2000 年	2010 年	2017 年	2018 年
合　　计	**90094**	**500273**	**1105403**	**894352**	**466332**
役畜、产品畜	11178	23788	105092	68403	55342
大中型铁木农具	12446	31979	15630	—	—
农林牧渔业机械	4066	25069	41067	45554	25231

7-17 农村居民家庭平均每百户拥有生产性固定资产数量

The Number of Productive Fixed Assets Owned Per 100 Rural Households

	单　位	1990 年	2000 年	2010 年	2017 年	2018 年
汽　　车	辆	0. 30	1. 90	4. 52	—	—
大中型拖拉机	台	0. 36	0. 80	0. 31	0. 85	
小型及手扶拖拉机	台	2. 23	2. 72	1. 04	1. 53	0. 93
机动脱粒机	台	0. 30	10. 76	5. 93	5. 41	4. 41
胶轮大车	辆	0. 51	5. 40	1. 08	—	—
农用水泵	台	2. 13	19. 33	26. 77	—	—
役　　畜	头	8. 12	9. 72	10. 72	2. 27	0. 80
产 品 畜	头	30. 09	45. 31	62. 34	42. 95	82. 59

7-18 历年农村居民家庭每百人购买穿用商品

The Purchase of Clothing and Using Per 100 Rural Residents over the Years

年 份	服 装（件）	电 话（部）	电视机（部）	# 彩 电	收录机（部）
1983			1.09		0.13
1984			1.75		0.31
1985			1.28	0.07	0.21
1986			1.58	0.07	0.51
1987			2.20	0.02	0.53
1988			2.14	0.15	0.65
1989			1.09	0.10	0.77
1990			1.19	0.21	0.36
1991			1.38	0.11	0.55
1992			1.46	0.47	0.47
1993			2.17	0.68	0.52
1994			1.11	0.42	0.50
1995			1.18	0.62	0.62
1996			1.16	0.69	0.38
1997			1.24	1.01	0.36
1998			1.53	1.27	0.26
1999			2.05	1.81	0.21
2000	121.79	2.47	1.70	1.60	0.24
2001	141.58	1.97	1.70	1.65	0.31
2002	148.03	2.23	1.66	1.65	0.60
2003	243.68	1.94	1.93	1.87	0.13
2004	251.09	1.85	1.53	1.49	0.24
2005	259.63	2.66	1.39	1.36	0.13
2006	295.54	1.63	1.46	1.42	0.13
2007	297.38	1.91	1.43	1.43	0.18
2008	295.74	1.32	1.65	1.61	0.15
2009	310.70	2.95	1.15	1.15	0.10
2010	345.30	1.35	1.76	1.74	0.08
2011	425.23	1.77	1.98	1.94	0.15
2012	408.22	0.82	1.85	1.85	0.51
2013	412.14	0.78	1.72	1.66	0.37
2014	—	1.00	2.00	2.00	—
2015	—	0.73	2.77	2.77	—
2016	—	0.31	3.14	3.14	—
2017	—	0.18	2.87	2.87	—
2018	—	0.32	2.19	2.19	—

7-18 续表

年　份	自行车（辆）	洗衣机（台）	电风扇（台）	电冰箱（台）	摩托车（辆）	手　机（部）
1983	3.03		0.20			
1984	3.65	0.03	0.12			
1985	3.29	0.09	0.31			
1986	3.33	0.10	0.58			
1987	3.62	0.24	0.98			
1988	4.14	0.42	1.44			
1989	2.29	0.33	0.82			
1990	2.49	0.14	0.79			
1991	3.50	0.28	1.71			
1992	3.46	0.47	1.42			
1993	4.46	0.71	2.72			
1994	3.21	0.50	2.55			
1995	2.72	0.45	3.43			
1996	1.74	0.45	2.70			
1997	1.97	0.66	1.71			
1998	1.68	0.55	2.46			
1999	2.07	0.58	1.86	0.35	1.25	
2000	2.98	0.66	2.37	0.23	0.94	0.30
2001	2.72	0.93	2.81	0.46	1.21	0.71
2002	2.82	0.94	2.55	0.37	1.52	2.12
2003	3.25	1.11	2.22	0.55	1.38	3.27
2004	2.49	1.21	1.98	0.64	1.43	3.31
2005	2.21	1.50	1.76	0.60	1.12	3.67
2006	2.15	1.42	3.59	0.92	1.11	4.39
2007	1.54	1.24	2.47	1.90	1.60	7.11
2008	1.80	1.38	2.14	2.27	1.40	8.30
2009	1.52	1.31	2.18	1.90	1.13	8.78
2010	1.66	1.16	2.86	2.00	1.06	8.54
2011	1.99	1.62	3.65	1.32	1.22	9.10
2012	1.89	1.56	3.11	0.98	0.97	10.90
2013	2.11	1.37	3.52	0.88	0.59	10.25
2014	2.00	2.00	—	1.00	1.00	16.00
2015	1.80	1.89	—	1.66	0.77	17.92
2016	1.88	2.45	—	1.79	0.66	18.24
2017	1.74	2.37	—	2.37	0.53	19.06
2018	1.04	2.26	—	2.38	0.54	16.06

7-19 历年居民消费价格指数与商品零售价格指数(以上年同期为100)

Consumer Price Indices and Retail Price Indices over the Years(Preceding Year=100)

年　　份	居民消费价格指数	#食品类	#衣着类	#家庭设备用品及维修服务	#娱乐教育文化用品及服务	#医疗保健	商品零售价格指数
1951	114.8	114.0	107.7	112.3	98.2	128.8	113.8
1952	110.6	112.6	96.7	97.8	80.8	93.1	110.3
1953	102.2	103.9	101.3	93.1	89.9	89.9	102.1
1954	103.2	100.8	99.3	97.3	90.8	87.3	103.1
1955	103.6	106.2	98.2	101.7	100.0	103.9	103.1
1956	104.9	107.4	96.4	100.3	103.2	102.9	103.4
1957	106.0	103.9	99.9	101.0	97.7	136.2	104.3
1958	101.0	100.5	99.8	101.0	99.7	98.5	100.1
1959	100.3	99.5	100.2	101.2	100.1	102.7	100.2
1960	100.6	101.1	100.0	98.9	102.2	98.8	100.9
1961	116.0	130.0	100.0	100.0	100.1	99.6	117.7
1962	99.8	99.0	101.4	109.1	109.4	106.3	99.5
1963	91.2	93.0	101.6	101.7	100.3	101.5	90.0
1964	94.4	94.6	99.1	92.8	96.4	88.1	93.8
1965	97.5	93.5	99.2	95.9	94.9	94.3	98.1
1966	100.7	103.0	100.5	99.9	99.7	99.0	101.2
1967	102.0	104.0	99.4	99.2	96.5	91.7	102.0
1968	100.2	100.2	100.0	100.1	98.8	100.0	100.2
1969	100.1	100.0	100.0	100.0	100.0	87.3	99.8
1970	99.5	100.2	100.0	100.0	100.0	77.7	99.5
1971	100.2	100.1	100.0	100.0	100.0	98.7	100.2
1972	100.5	100.8	100.2	99.9	99.1	97.2	100.5
1973	100.0	99.9	100.0	99.6	97.6	99.2	99.9
1974	100.2	100.2	100.0	100.7	100.9	98.9	100.2
1975	100.3	100.1	100.0	99.9	100.3	99.6	100.3
1976	100.0	100.0	100.0	100.0	101.2	100.0	100.0
1977	100.2	99.6	100.0	100.0	100.0	100.7	100.2
1978	101.1	101.1	100.0	100.0	100.0	103.1	101.1
1979	102.0	104.6	99.4	100.4	100.5	103.7	102.1
1980	106.6	110.6	99.6	101.2	100.3	101.3	107.1
1981	102.1	101.7	100.3	100.6	100.5	103.7	102.1
1982	101.9	103.6	99.2	97.4	100.0	100.8	102.0
1983	100.3	100.7	98.8	98.8	97.0	103.8	100.0
1984	104.6	105.3	101.4	100.0	100.1	101.8	103.8
1985	111.4	115.0	102.2	102.5	102.3	106.1	111.3

注:居民消费价格指数中1994年以前"家庭设备及用品"指日用品类;"娱乐教育文化用品"指文化娱乐用品类;"医疗保健"指药及医疗用品类。

7-19 续表

年　　份	居民消费价格指数	#食品类	#衣着类	#家庭设备用品及维修服务	#娱乐教育文化用品及服务	#医疗保健	商品零售价格指数
1986	104.8	104.9	104.8	104.8	100.4	97.3	104.7
1987	108.8	112.4	102.6	107.4	103.4	113.2	109.4
1988	124.6	130.5	115.6	115.0	122.8	132.0	125.7
1989	116.2	113.6	125.0	113.1	111.0	125.9	116.1
1990	103.5	102.5	106.4	103.4	95.3	100.6	102.9
1991	105.2	105.8	102.6	105.0	94.3	100.9	104.7
1992	110.8	113.5	101.4	100.4	94.3	102.6	108.5
1993	115.9	118.7	107.2	108.9	102.4	115.0	115.1
1994	126.5	136.2	123.1	111.3	113.6	107.2	123.3
1995	117.5	124.2	107.4	106.4	104.3	109.3	114.5
1996	109.7	109.4	109.5	102.1	112.3	109.0	106.5
1997	105.7	104.1	102.1	103.2	100.3	105.5	102.9
1998	100.3	96.9	103.3	99.7	100.4	102.0	98.4
1999	98.3	96.3	99.3	98.4	96.5	101.2	97.1
2000	100.2	96.3	100.2	99.2	94.0	102.2	98.2
2001	100.8	101.6	98.4	99.4	103.9	97.0	100.7
2002	98.7	98.4	98.0	99.0	98.3	99.2	98.8
2003	102.1	103.0	100.8	99.4	99.1	102.3	100.2
2004	103.9	107.6	97.1	98.0	106.0	104.1	101.4
2005	102.3	104.5	91.0	98.0	107.8	101.2	99.8
2006	101.8	102.5	100.9	103.7	99.4	100.3	101.2
2007	105.2	112.4	101.1	102.7	100.0	101.7	104.2
2008	104.3	112.9	94.9	102.9	98.6	101.4	104.5
2009	100.3	103.1	94.4	100.0	99.9	100.3	99.0
2010	103.0	106.4	94.5	100.4	98.7	107.9	102.4
2011	105.4	112.6	98.9	104.0	97.3	102.8	104.3
2012	103.0	103.9	111.6	101.6	100.7	101.9	101.4
2013	103.1	105.5	101.6	103.0	101.3	101.9	101.7
2014	101.3	102.6	100.2	101.5	100.3	100.4	100.4
2015	101.1	102.0	100.1	100.9	102.3	101.3	99.5
年　　份	居民消费价格指数	#食品烟酒	#衣着	#生活用品及服务	#教育文化和娱乐	#医疗保健	商品零售价格指数
2016	102.2	104.0	99.2	100.4	104.1	102.7	100.8
2017	102.0	99.4	100.8	100.3	105.8	106.4	99.4
2018	101.4	101.9	100.4	101.1	101.9	102.8	100.7

注：由于2016年基期年，CPI八大类结构发生较大变化，部分指数较基期前可比性不强，因而将指数调整为现有指数。

7-20 居民消费价格分类指数(以上年同期为100)

Consumer Price Indices by Category(Preceding Year=100)

	2018 年		2018 年
居民消费价格指数	**101.4**	奶　　类	100.1
食品烟酒类	101.9	烟　　酒	101.2
食　　品	102.3	衣着类	100.4
#粮　　食	99.5	生活用品及服务	101.1
食 用 油	100.2	医疗保健	102.8
畜 肉 类	96.3	交通和通信类	101.2
蛋　　类	103.9	教育文化和娱乐	101.9
水 产 品	99.9	居住类	100.2
菜	114.8	**服务项目价格指数**	**101.4**
干鲜瓜果类	102.1		

7-21 商品零售价格分类指数(以上年同期为100)

Retail Price Indices by Category(Preceding Year=100)

	2017 年	2018 年		2017 年	2018 年
商品零售价格指数	**99.4**	**100.7**	体育娱乐用品类	100.1	106.2
食 品 类	98.9	102.1	交通、通信用品类	97.0	94.8
#粮　食	100.0	99.4	家具类	101.8	103.8
饮料、烟酒类	100.8	101.3	化妆品类	101.1	98.6
服装、鞋帽类	100.6	100.4	金银珠宝类	100.8	97.6
纺织品类	100.2	100.4	中西药品及医疗保健用品类	101.2	103.3
家用电器及音像器材类	98.7	98.1	书报杂志及电子出版物类	99.6	102.3
文化办公用品类	92.5	99.6	燃料类	105.5	108.8
日用品类	98.3	100.1	建筑材料及五金电料类	99.7	99.9

7-22 工业生产者购进价格指数(以上年同期为100)

Purchasing Price Indices of Industrial Producers(Preceding Year=100)

	2014年	2015年	2016年	2017年	2018年
工业生产者购进价格指数	**99.1**	**97.2**	**98.6**	**105.4**	**103.4**
燃料、动力类	102.2	101.1	97.3	104.7	99.5
黑色金属材料类	95.0	91.6	97.6	117.1	109.9
有色金属材料及电线类	95.9	95.3	98.3	116.7	106.1
化工原料类	99.7	95.9	98.6	105.5	104.8
木材及纸浆类	98.7	100.0	102.2	119.4	105.5
建筑材料及非金属矿类	105.4	92.3	97.8	117.7	112.3
农副产品类	99.9	98.7	98.6	98.9	105.6
其它工业原材料及半成品类	97.6	97.2	101.0	102.9	102.1
纺织原料类	97.4	96.4	99.3	111.2	108.0

7-23 工业生产者出厂价格指数(以上年同期为100)

Ex-factory Price Indices of Industrial Producers(Preceding Year=100)

	2017年	2018年		2017年	2018年
工业生产者出厂价格指数	**105.0**	**103.5**	#生产资料	107.2	104.9
			采掘工业	100.0	101.2
#轻 工 业	101.1	100.9	原材料工业	112.7	109.2
以农产品为原料	100.9	101.1	加工工业	106.0	104.0
以非农产品为原料	101.6	100.3	生活资料	100.4	100.4
重 工 业	106.4	104.4	食 品	100.3	100.7
采掘工业	100.0	101.2	衣 着	102.0	101.4
原材料工业	111.8	108.9	一般日用品	99.2	100.9
加工工业	105.3	103.5	耐用消费品	101.0	99.8

7-24 分月居民消费价格指数

Monthly Consumer Price Indices

	全 年 (2018)	1月	2月	3月	4月
居民消费价格指数	**101.4**	**100.7**	**102.3**	**100.7**	**100.9**
非食品(原口径)指数	101.3	100.4	101.7	100.6	101.1
服务项目价格指数	101.4	100.6	103.0	101.1	101.7
扣除鲜菜鲜果总指数	101.0	100.1	101.2	100.2	100.5
消费品价格指数	**101.5**	**100.7**	**101.8**	**100.5**	**100.3**
一、食品烟酒	101.9	101.6	103.9	101.2	100.3
二、衣　　着	100.4	98.5	99.3	98.8	99.3
三、居　　住	100.2	100.6	99.0	98.8	99.9
四、生活用品及服务	101.1	101.0	100.8	101.0	100.8
五、交通和通信	101.2	100.7	101.0	100.6	101.5
六、教育文化和娱乐	101.9	98.7	107.4	101.5	101.6
七、医疗保健	102.8	101.1	102.0	102.5	103.0
八、其他用品和服务	104.4	103.2	104.6	106.0	104.9
商品零售价格总指数	**100.7**	**100.0**	**100.4**	**99.9**	**99.9**
一、食 品 类	102.1	101.7	104.7	101.2	100.0
二、饮料、烟酒类	101.3	102.1	102.2	102.0	101.9
三、服装、鞋帽类	100.4	98.4	99.1	98.7	99.4
四、纺织品类	100.4	97.4	96.6	97.3	98.2
五、家用电器及音像器材	98.1	99.5	99.1	99.1	98.5
六、文化办公用品	99.6	99.3	100.2	99.2	99.4
七、日用品类	100.1	98.3	97.4	98.7	98.8
八、体育娱乐用品	106.2	99.3	100.5	103.4	106.2
九、交通、通信用品	94.8	94.7	94.1	94.5	94.1
十、家　　具	103.8	105.7	105.7	105.6	105.6
十一、化妆品类	98.6	99.4	99.3	99.8	98.7
十二、金银珠宝类	97.6	101.1	97.0	98.1	96.2
十三、中西药品及医疗保健用品类	103.3	102.8	102.5	102.2	103.2
十四、书报杂志及电子出版物类	102.3	101.3	101.2	101.1	100.8
十五、燃 料 类	108.8	104.2	104.3	104.2	106.6
十六、建筑材料及五金电料类	99.9	101.5	100.2	100.6	100.0

及商品零售价格指数(以上年同月为100)

and Retail Price Indices(Preceding Month=100)

5 月	6 月	7 月	8 月	9 月	10 月	11 月	12 月
100. 9	**100. 9**	**101. 4**	**101. 9**	**101. 7**	**102. 1**	**101. 9**	**102. 1**
101. 3	101. 0	101. 3	102. 3	101. 6	101. 7	101. 4	100. 9
101. 5	100. 8	101. 1	102. 7	101. 0	100. 8	100. 9	101. 1
100. 6	100. 7	100. 9	101. 6	101. 2	101. 5	101. 5	101. 8
100. 5	**100. 9**	**101. 6**	**101. 4**	**102. 1**	**102. 9**	**102. 5**	**102. 8**
100. 0	100. 4	101. 6	100. 8	101. 7	102. 8	103. 0	104. 9
99. 4	98. 5	98. 8	101. 1	102. 5	103. 7	102. 5	102. 6
100. 2	100. 0	99. 7	101. 1	100. 9	100. 7	100. 8	101. 0
101. 6	101. 7	101. 6	100. 6	101. 2	101. 5	100. 9	100. 6
102. 4	104. 0	104. 9	103. 6	100. 4	100. 8	99. 1	95. 5
100. 8	98. 9	100. 1	103. 6	102. 3	102. 2	102. 4	102. 9
103. 0	102. 9	103. 1	103. 2	103. 2	103. 2	103. 3	103. 3
104. 6	104. 5	104. 7	104. 6	103. 4	103. 5	103. 8	104. 6
100. 0	**100. 6**	**101. 0**	**100. 7**	**101. 1**	**101. 7**	**101. 7**	**101. 4**
99. 7	100. 3	102. 0	101. 0	102. 2	103. 5	103. 5	106. 0
101. 5	101. 1	100. 8	101. 0	100. 3	100. 3	101. 0	101. 2
99. 5	98. 5	98. 7	101. 0	102. 5	103. 6	102. 5	102. 5
100. 6	100. 5	100. 9	101. 4	103. 0	103. 2	103. 4	102. 5
98. 3	97. 4	97. 4	98. 0	98. 0	97. 6	97. 2	96. 9
98. 5	98. 8	99. 5	100. 1	100. 1	100. 5	100. 5	99. 3
99. 9	100. 3	100. 9	101. 1	102. 0	101. 8	101. 2	101. 6
105. 1	106. 6	106. 3	108. 7	109. 0	109. 7	109. 8	110. 0
93. 5	96. 4	95. 1	94. 6	94. 2	94. 9	96. 8	95. 0
106. 6	106. 6	103. 5	100. 7	101. 3	102. 1	101. 5	101. 6
99. 4	98. 9	98. 4	98. 4	97. 0	98. 7	98. 3	97. 3
96. 8	96. 6	98. 2	96. 8	95. 1	96. 9	98. 6	100. 5
103. 2	103. 1	103. 6	103. 9	103. 6	103. 8	104. 1	104. 0
100. 8	101. 2	103. 6	103. 6	103. 5	103. 4	103. 5	103. 4
109. 0	111. 1	113. 1	112. 2	112. 9	113. 6	110. 1	105. 1
101. 9	101. 7	101. 5	97. 9	98. 5	98. 2	98. 6	98. 4

7-25 城乡居民家庭人均收入及恩格尔系数(1978-2018年)

Per Capita Annual Income and Engle Coefficient of Urban and Rural Households(1978-2018)

年 份	农村居民家庭人均可支配收入		城镇居民家庭人均可支配收入		农村居民家庭恩格尔系数(%)	城镇居民家庭恩格尔系数(%)
	绝对值(元)	指数(1978=100)	绝对值(元)	指数(1978=100)		
1978	140	100	340	100		
1979	175	125	352	104		
1980	223	159	395	116		
1981	276	197	458	135		
1982	310	221	486	143		
1983	334	239	521	153		
1984	366	261	603	177		
1985	413	295	787	231		
1986	458	327	913	268		
1987	526	376	1016	298		
1988	632	451	1243	365		
1989	693	495	1565	455		
1990	773	552	1755	516		51.4
1991	832	594	1925	566		52.7
1992	903	645	2102	618		54.7
1993	1029	735	2624	771		53.4
1994	1303	931	3941	1158		51.9
1995	1649	1178	5047	1483		50.5
1996	2051	1465	5669	1666		50.3
1997	2427	1734	6019	1769		50.4
1998	2631	1879	6446	1895		44.4
1999	2783	1988	7098	2086		43.9
2000	2926	2090	7649	2248		38.8
2001	3178	2270	8128	2389		37.4
2002	3377	2412	8972	2637		39.1
2003	3655	2611	9641	2834		38.3
2004	4072	2909	10394	3055		35.4
2005	4485	3204	11359	3338		35.3
2006	4905	3504	12789	3759		33.9
2007	5642	4030	14849	4364		39.1
2008	6481	4629	16943	4979	41.4	37.4
2009	7129	5092	18659	5483	40.8	37.5
2010	8205	5861	20835	6123	41.9	37.0
2011	9895	7068	23932	7033	42.0	37.0
2012	11501	8215	27194	7998	41.1	35.4
2013	12985	9275	29968	8814	40.4	35.1
2014	14478	10341	32665	9607	39.8	34.8
2015	17690	12636	33476	9846	38.4	34.1
2016	18605	13289	35902	10559	37.8	34.2
2017	20298	14499	38918	11446	37.3	33.7
2018	22135	15811	42128	12391	36.6	33.0

主要统计指标解释

可支配收入 指调查户在调查期内获得的、可用于最终消费支出和储蓄的综合,即调查户可以用来自由支配的收入。可支配收入既包括现金,也包括实物收入。按照收入的来源,可支配收入包含四项,分别为:工资性收入、经营净收入、财产净收入和转移净收入。计算公式为:可支配收入=工资性收入+经营净收入+财产净收入+转移净收入

工资性收入 指就业人员通过各种途径得到的全部劳动报酬和各种福利,包括受雇于单位或个人、从事各种自由职业、兼职和零星劳动得到的全部劳动报酬和福利。

经营净收入 指住户或住户成员从事生产经营活动所获得的净收入,是全部经营收入中扣除经营费用、生产性固定资产折旧和生产税之后得到的净收入。计算公式为:

经营净收入=经营收入-经营费用-生产性固定资产折旧-生产税

财产净收入 指住户或住户成员将其所拥有的金融资产、住房等非金融资产和自然资源交由其他机构单位、住户或个人支配而获得的回报并扣除相关的费用之后得到的净收入。财产净收入包括利息净收入、红利收入、储蓄性保险净收益、转让承包土地经营权租金净收入、出租房屋净收入、出租其他资产净收入和自有住房这算净租金等。

转移净收入 计算公式为:转移净收入=转移性收入-转移性支出

转移性收入 指国家、单位、社会团体对住户的各种经常性转移支付和住户之间的经常性收入转移。包括养老金或退休金、社会救济和补助、政策性生产补贴、政策性生活补贴、经常性捐赠和赔偿、报销医疗费、住户之间的赡养收入,以及本住户非常住成员寄回带回的收入等。转移性收入不包括住户之间的实物馈赠。

消费支出 指住户用于满足家庭日常生活消费需要的全部支出,包括用于消费品的支出和用于服务性消费的支出。根据用途不同,消费支出可划分为食品烟酒、衣着、居住、生活用品及服务、交通通信、教育文化娱乐、医疗保健、其他用品及服务八大类。根据来源不同,消费支出可划分为现金消费支出、实物消费支出(含自产自用、来自单位、来自政府和其他社会组织)。

商品零售价格指数 是反映市场商品零售价格变动趋势和变动程度的一种经济指数。零售物价的调整变动直接影响到居民的生活支出和国家的财政收入,影响居民购买力和市场供需平衡,影响消费与积累的比例。

居民消费价格指数 是反映一定时期内居民所消费商品及服务项目的价格水平变动趋势和变动程度。

工业生产者价格指数 包括工业企业产品第一次出售时的出厂价格和企业作为中间投入的原材料、燃料、动力购进价格,即工业生产者出厂价格和工业生产者购进价格。通常,我们把工业生产者出厂价格指数称为PPI。

八 城市公用事业

简 要 说 明

主要内容

本部分资料反映城市基本情况，主要包括：城市规模、建设用地，城市绿化、环境卫生、道路、桥梁、自来水、天然气等城市基础设施情况；城市公共交通，全市及分行业用电量情况，工业企业主要污染物排放及处理利用情况。

资料来源

城市基础设施建设资料来源于成都市住房和城乡建设局。

用电量资料来源于成都电业局。

环保资料来源于成都市生态环境局。

城市公共交通资料来源于成都市交通运输局。

其他需要说明的问题

城市基础设施建设和城市公共交通资料统计口径为市区“11+2”口径。

用电量资料仅为成都电业局售给成都地区的售电量，不含各县（市）未入网的自行发电量。

环保资料为全社会统计口径。

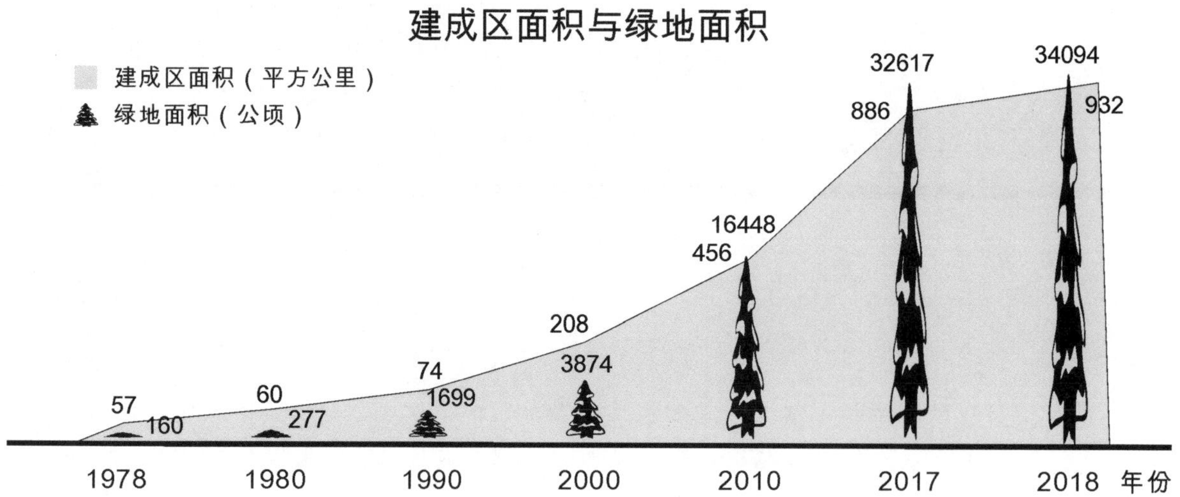
建成区面积与绿地面积
建成区面积（平方公里）
绿地面积（公顷）
57
160
60
277
74
1699
208
3874
16448
456
32617
886
34094
932
1978
1980
1990
2000
2010
2017
2018
年份

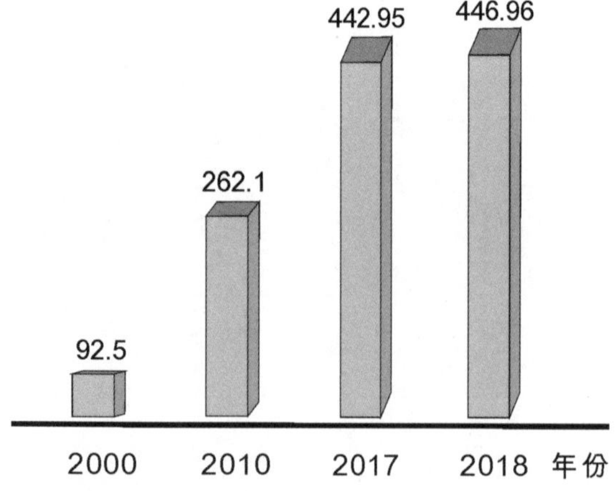
生活垃圾无害化处理量（万吨）
92.5
262.1
442.95
446.96
2000
2010
2017
2018
年份

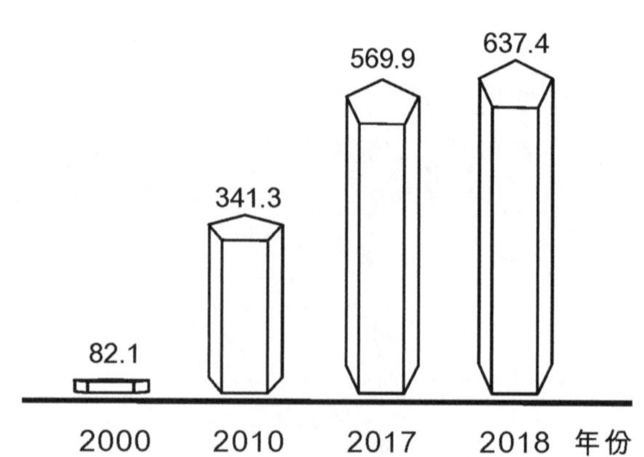
全市用电量（亿千瓦小时）
82.1
341.3
569.9
637.4
2000
2010
2017
2018
年份

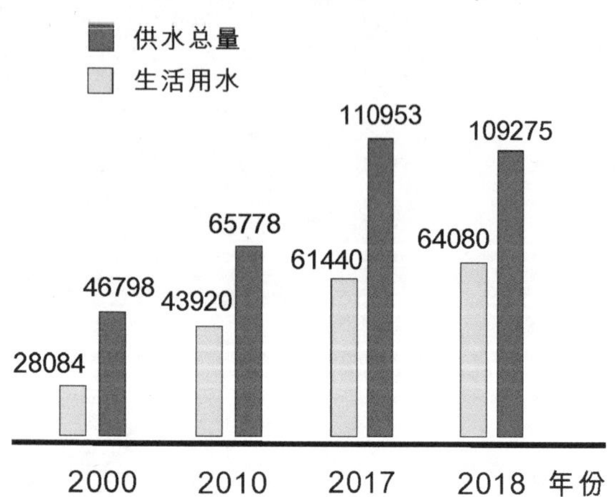
城市供水量（万吨）
供水总量
生活用水
28084
46798
43920
65778
61440
110953
64080
109275
2000
2010
2017
2018
年份

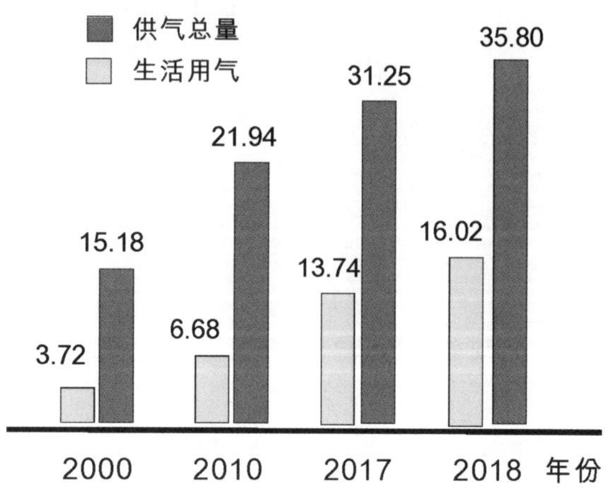
城市供天然气量（亿立方米）
供气总量
生活用气
3.72
15.18
6.68
21.94
13.74
31.25
16.02
35.80
2000
2010
2017
2018
年份

8-1 城市规模和建设用地情况

Urban Scale and Construction Land

	单　位	2017 年	2018 年		单　位	2017 年	2018 年
市区人口	万人	811.55	851.16	#居住用地	平方公里	269.68	288.14
市区面积	平方公里	3639.81	3639.81	公共管理与公共服务用地	平方公里	86.4	80.32
建成区面积	平方公里	885.61	931.58	工业用地	平方公里	117.84	139.17
#城　　区	平方公里	407.25	—	道路与交通设施用地	平方公里	137.4	146.47
城市建设用地面积	平方公里	810.11	847.6	物流仓储用地	平方公里	18.38	15.48

8-2 市政设施水平

Level of Urban Public Facilities

	单　位	2017 年	2018 年		单　位	2017 年	2018 年
用水普及率	%	96.71	98.94	人均公园绿地面积	平方米	13.66	13.33
用气普及率	%	93.72	95.79	建成区绿地率	%	36.83	36.6
人均拥有道路面积	平方米	14.06	14.2	建成区绿化覆盖率	%	41.63	41.33

8-3 市政工程设施情况
Municipal Engineering Facilities

	单　位	2017 年	2018 年		单　位	2017 年	2018 年
年末实有铺装道路长度	公里	4124.7	4610.8	排水管道长度	公里	10816	11647
年末实有铺装道路面积	万平方米	10783.9	11899.5	#污水管道	公里	4875	5328
#人行道面积	万平方米	2643.6	2898.6	污水排放量	万立方米	98746	104089
路灯盏数	千盏	343	370	污水处理厂座数	座	27	28
桥 梁 数	座	1066	1249	污水处理厂处理能力	万立方米/日	285	294
#立 交 桥	座	151	165	污水处理总量	万立方米	93449	97939

8-4 自来水供应情况
Basic Statistics of Tap Water Supply

	单　位	2017 年	2018 年		单　位	2017 年	2018 年
年末供水综合生产能力	万立方米/日	528.7	388.7	全年供水量	万吨	110953	109275
#地 下 水	万立方米/日	12.2	8.2	#生活用水	万吨	61440	64080
供水管道长度	公里	14681	15472	用水人口	万人	741.5	829.1

注:本表中“年末供水综合生产能力”2017 年含外购供水厂的综合生产能力。

8-5　天然气、液化石油气情况

Basic Statistics of Urban Supply for Natural Gas and Liquefied Petroleum Gas

	单　位	2017 年	2018 年		单　位	2017 年	2018 年
天 然 气				**液化石油气**			
输气管道长度	公里	18762	19680	供气量	吨	125506	126674
供气总量	万立方米	312462	358046	#家庭用量	吨	55169	51727
#家庭用量	万立方米	137387	160178	用气人口	万人	32. 4	28. 3
用气人口	万人	686. 2	774. 4				

8-6　城市公共交通

Public Traffic in City

	单　位	2017 年	2018 年		单　位	2017 年	2018 年
公共汽车				年末营运线路	条	902	997
年末公共营运汽车	辆	14402	15903	**年末出租汽车**	**辆**	**11968**	**12650**
年末公共营运汽车	标台	17433	19177	**地　　铁**			
年末全市公交线路长度	公里	12318	15300	运营线路长度	公里	179	225
全年公交客运总量	万人次	168527	161946	客运总量	万乘次	78212	115754

8-7 园林绿化情况

Basic Statistics of Parks, Gardens and Green Areas

	单 位	2014 年	2015 年	2016 年	2017 年	2018 年
绿地面积	**公顷**	**19757**	**21902**	**31084**	**32617**	**34094**
#建 成 区	公顷	19629	21902	30550	32617	34094
#主 城 区	公顷	13672	13746	13938	—	—
年末公园绿地面积	**公顷**	**6899**	**7695**	**9821**	**10474**	**11173**
绿化覆盖面积	**公顷**	**22156**	**24530**	**35231**	**36870**	**38499**
#建 成 区	公顷	21664	24530	34658	36870	38499
#城 区	公顷	14932	15529	15734	—	—

8-8 工业主要污染物排放及处理利用情况

Discharge, Treatment and Utilization of Industrial Pollutants

单位:万元

	单 位	2017 年	2018 年		单 位	2017 年	2018 年
工业废水				**一般工业固体废物**			
排放总量	万吨	8319.08	7910.75	产 生 量	万吨	260.74	295.11
工业废气				综合利用量	万吨	211.10	217.80
排放总量	亿标立方米	3858.75	2605.69	贮 存 量	万吨	2.80	0.90
工业烟(粉)尘				处 置 量	万吨	48.83	79.86
排 放 量	万吨	0.99	0.85				

8-9 历年全市用电量

Total Electricity Consumption over the Years

单位：万千瓦小时

年　份	用电量	# 工业用电	# 交通运输用电	# 城乡居民生活用电
1950	770	377		
1951	1019	591		
1952	1141	722		
1953	1540	909		
1954	1929	1206		
1955	2331	1457		
1956	3426	2209		
1957	4276	2777		
1958	8386	6559		
1959	21717	18984		
1960	47508	43455		
1961	42103	38514		
1962	35633	30704		
1963	37319	32107		
1964	46417	42619		
1965	70084	62821	25	
1966	96492	86855	63	
1967	77595	68445	147	
1968	44587	35257	123	
1969	85931	72706	267	
1970	147391	127357	3637	
1971	163559	137687	6098	
1972	165761	140600	6093	
1973	173619	147826	5389	
1974	181273	152666	6457	
1975	138626	112246	1100	
1976	135847	115992	1765	
1977	162564	140421	2125	
1978	197000	171281	2268	
1979	219477	188343	2174	
1980	236796	200477	2160	
1981	232955	192777	1879	
1982	242919	199843	2032	
1983	262682	217953	2206	
1984	269408	220028	4625	
1985	273763	218888	5771	

8-9 续表

单位:万千瓦小时

年　　份	用电量	# 工业用电	# 交通运输用电	# 城乡居民生活用电
1986	283501	233569	8362	
1987	297163	237476	8862	
1988	302933	236183	7353	
1989	337198	263915	6964	
1990	356117	269271	7112	
1991	405748	310748	7139	
1992	446621	335390	9110	
1993	511759	374196	9526	
1994	555674	391665	10206	
1995	594427	410396	10415	
1996	647423	424693	11740	
1997	678070	425725	14004	
1998	699964	427596	11861	
1999	734982	431075	13570	
2000	821001	453625	15699	191046
2001	903557	476157	23247	209509
2002	1115973	625479	27461	236596
2003	1181635	632120	47087	256962
2004	1318347	691741	37818	292576
2005	1465839	760470	24318	334690
2006	1671532	867800	34905	382409
2007	2399000	1311200	29277	502204
2008	2610793	1351903	37628	586859
2009	2961226	1534439	42441	657674
2010	3413139	1766106	57531	746640
2011	3858208	1971939	72363	826941
2012	4117967	2098735	81215	874030
2013	4449331	2289153	98572	916529
2014	4780323	2440120	97826	976000
2015	4863458	2339117	109169	1048009
2016	5562783	2652744	130477	1253832
2017	5699242	2574020	157330	1323354
2018	6374116	2896822	194996	1452564

注:用电量2007年及以后为全口径,2007年以前为直供口径。

8-10 分行业用电量

Electricity Consumption by Sector

单位:万千瓦小时

	2014 年	2015 年	2016 年	2017 年	2018 年
总　　计	**4780323**	**4863458**	**5562783**	**5699242**	**6374116**
农、林、牧、渔、水利业	29440	34922	40092	40083	38504
工　　业	2440120	2339117	2652744	2574020	2896822
建 筑 业	142951	123043	127944	137787	165826
交通运输、仓储和邮政业	113412	125724	150387	178991	219128
商业、住宿和餐饮业	373030	402547	441217	471541	502080
城乡居民生活用电	976000	1048009	1253832	1323354	1452564
城　　镇	698213	762110	890233	921480	1003850
乡　　村	277787	285899	363599	401874	448714

8-11 分月全社会用电情况(2018 年)

Monthly Total Electricity Consumption(2018)

单位:万千瓦时

	用电量	# 工业	# 城镇居民	# 农村居民
总　　计	**6374116.10**	**2896822.07**	**1003849.88**	**448714.44**
一季度	**1487004.14**	**607360.94**	**279449.50**	**121551.01**
1 月	571793.11	252023.41	99655.05	42396.90
2 月	517261.36	187070.35	110209.04	46396.64
3 月	397949.68	168267.18	69585.41	32757.47
二季度	**1430177.47**	**692307.94**	**189492.73**	**91801.13**
4 月	467660.92	234043.57	62026.33	30481.49
5 月	458429.54	224210.04	59916.52	29257.45
6 月	504087.01	234054.32	67549.88	32062.18
三季度	**1868453.92**	**798322.92**	**322825.38**	**136604.16**
7 月	558600.78	264484.38	78726.57	35603.63
8 月	659064.92	295440.54	109148.02	46260.59
9 月	650788.22	238398.00	134950.79	54739.94
四季度	**1588480.57**	**798830.28**	**212082.27**	**98758.15**
10 月	484882.58	243107.03	61330.48	29893.57
11 月	519492.14	271287.22	66211.04	31678.38
12 月	584105.85	284436.02	84540.74	37186.20

主要统计指标解释

自来水生产能力 指城建部门管理的自来水厂和自备水源的社会单位取水、净化、送水、出厂输水干管等环节的实际生产能力。

城市人口用水普及率 指城市用水的人口数(不包括临时人口和流动人口)与城市总人口数之比。计算公式:

用水普及率=(城市用水的人口数÷城市总人口数)×100%

城市用气普及率 指使用煤气(包括人工煤气、液化石油气、天然气)的城市总人口数(不包括临时人口和流动人口)与城市人口总数之比。计算公式:

$$\text{城市煤气普及率}=\frac{\text{城市用气的人口数}}{\text{城市总人口数}}\times 100\%$$

营运线路长度 指设置的固定营运线路长度,包括郊区营运线路长度。不包括临时行驶的线路长度。

城市园林绿地面积 指城市公共绿地、专用绿地、生产绿地、防护绿地、郊区风景名胜区的全部面积。

工业废水排放量 指经过企业厂区所有排放口排到企业外部的工业废水量。包括生产废水、外排的直接冷却水、超标排放的矿井地下水和与工业废水混排的厂区生活污水,不包括外排的间接冷却水(清污不分流的间接冷却水应计算在内)。

工业废水排放达标量 指各项指标都达到国家或地方排放标准的外排工业废水量,包括未经处理外排达标的和经过处理后外排达标的两部分。国家排放标准见GB8978-88。

工业废气排放量 指企业厂区内燃料燃烧和生产工艺过程中产生的各种排入空气的含有污染物的气体的总量,以标准状态[273K,101325Pa]计。

工业粉尘排放量 指企业在生产工艺过程中排放的颗粒物重量。如钢铁企业的耐火材料粉尘、焦化企业的筛焦系统粉尘、烧结机的粉尘、石灰窑的粉尘、建材企业的水泥粉尘等。不包括电厂排入大气的烟尘。

工业固体废物产生量 指企业在生产过程中产生的固体状、半固体状和高浓度液体状废弃物的总量,包括危险废物、冶炼废渣、粉煤灰、炉渣、煤矸石、尾矿、放射性废物和其他废物等;不包括矿山开采的剥离废石和掘进废石(煤矸石和呈酸性或碱性的废石除外)。酸性或碱性废石是指采掘的废石其流经水、雨淋水的pH值小于4或pH值大于10.5者。

工业固体废物综合利用量 指通过回收、加工、循环、交换等方式,从固体废物中提取或者使其转化为可以利用的资源、能源和其他原材料的固体废物量(包括当年利用往年的工业固体废物累计贮存量)。如用作农业肥料、生产建筑材料、筑路等。综合利用量由原产生固体废物的单位统计。

工业固体废物贮存量 指以综合利用或处置为目的,将固体废物暂时贮存或堆存在专设的贮存设施或专设的集中堆存场所内的量。专设的固体废物贮存场所或贮存设施必须有防扩散、防流失、防渗漏、防止污染大气、水体的措施。工业固体废物处置量指将固体废物焚烧或者最终置于符合环境保护规定要求的场所并不再回取的工业固体废物量(包括当年处置往年的工业固体废物累计贮存量)。处置方法如:填埋(其中危险废物应安全填埋)、焚烧、专业贮存场(库)封场处理、深层灌注、回填矿井等。

九 农 业

简 要 说 明

主要内容

本部分资料反映全市农业生产和农村经济的基本情况，主要包括农村基层组织、乡村从业人员和农、林、牧、渔业产值及其主要产品产量、农业机械拥有量、水利设施、林业生产等方面的统计资料。

资料来源

农林牧渔业产值、产量及其有关资料来源于成都市统计局。

农业机械资料来源成都市统筹城乡和农业委员会。

林业生产资源来源于成都市公园城市建设管理局。

其他需要说明的问题

根据四川省统计局，四川省第三次全国农业普查领导小组关于印发《四川省根据第三次全国农业普查结果核定和修订常规年报相关数据方案》的通知要求，成都市统计局于2018年按照四川省统计局的统一部署和安排，根据农业普查数据结果，对2016年常规年报数据进行了核定；依据核定结果对两次农业普查年度之间（2007-2015年）和2017年的常规统计调查数据进行了修订。核定修订内容包括：粮食、经济作物等主要农作物播种面积和产量；茶叶、水果等年末实有面积和产量；主要畜禽存栏出栏肉产量以及其他畜禽产品产量；水产养殖面积、水产品产量；其他与农业普查有关但没有常规年报数据的指标。

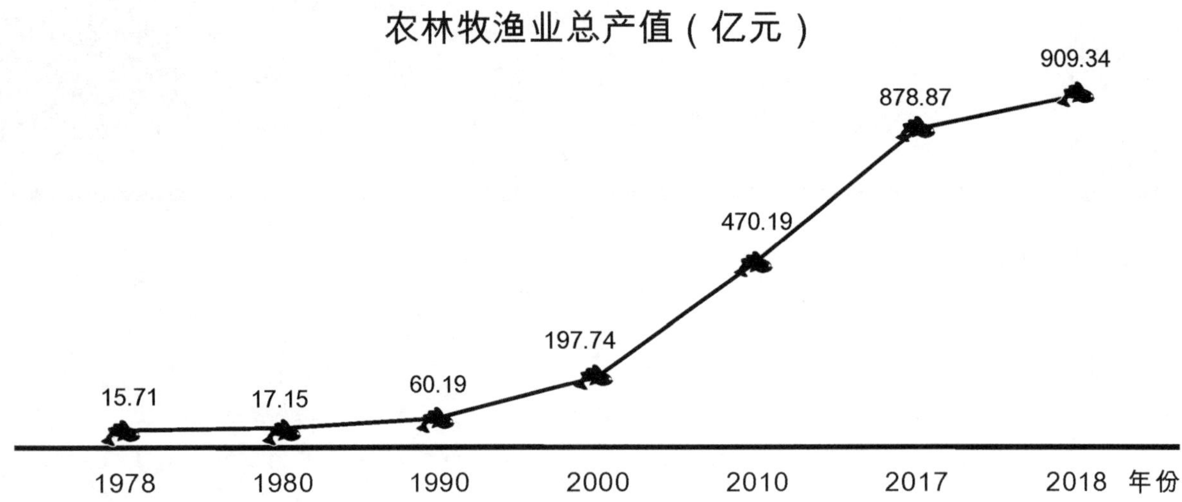
农林牧渔业总产值（亿元）
15.71
17.15
60.19
197.74
470.19
878.87
909.34
1978
1980
1990
2000
2010
2017
2018
年份

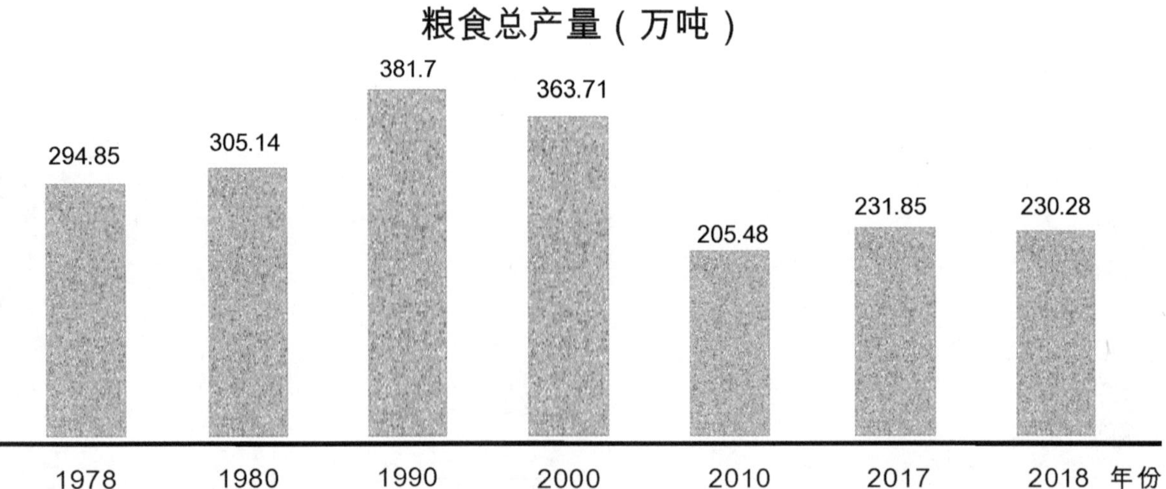
粮食总产量（万吨）
294.85
305.14
381.7
363.71
205.48
231.85
230.28
1978
1980
1990
2000
2010
2017
2018
年份

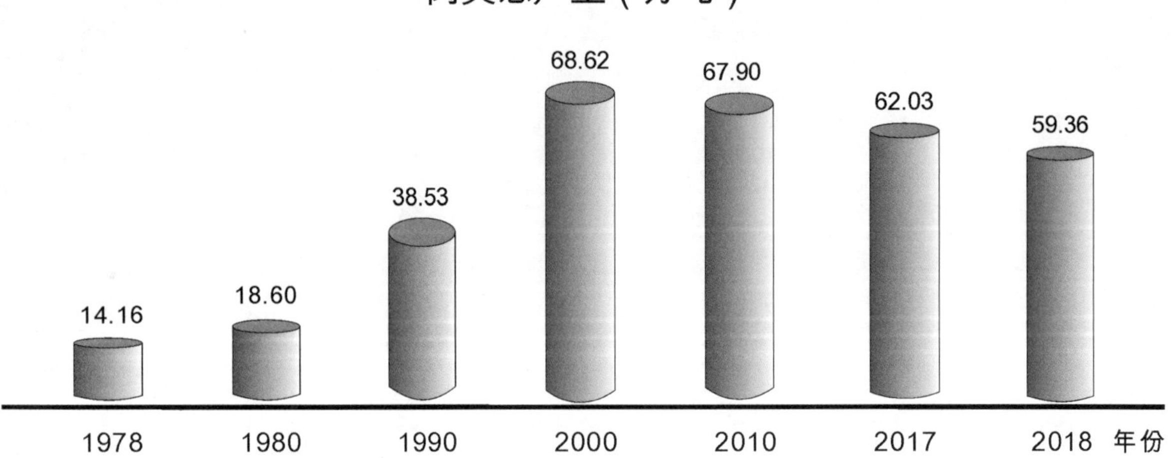
肉类总产量（万吨）
14.16
18.60
38.53
68.62
67.90
62.03
59.36
1978
1980
1990
2000
2010
2017
2018
年份

9-1 农业生产条件

Basic Conditions of Agriculture Production

	单 位	1978 年	1990 年	2000 年	2010 年	2017 年	2018 年
乡村户数、人口与从业人员							
乡村户数	户	1445797	1977835	2081843	2276745	2585138	2589349
乡村人口数	人	6348345	6918256	6841033	6715987	7494984	7520028
#乡村从业人员	人	2635876	3916699	4088305	4063402	4276088	4271610
#转移出省的从业人员	人		13904	126959	272350	355062	342814
按性别分							
男	人	1342399	2028586	2113385	2152128	2274625	2275868
女	人	1293477	1888113	1974920	1911274	2001463	1995742
按行业分							
农、林、牧、渔业	人	2413646	3051316	2440924	1526538	1502105	1485822
工 业	人	87706	348459	412239	647603		
建 筑 业	人	40133	158749	351166	646895		
交通运输仓储业及邮电通讯业	人	6126	52632	101882	180518		
批发、零售贸易业	人	9452	110166	258698	262461		
其他行业	人	78813	195377	523396	799387		

注：①2008 年以来交通运输仓储业及邮电通讯业包含计算机服务和软件业；其他行业包含住宿和餐饮业。②2012 年以来乡镇、村委会个数包含涉农街道、乡镇及村委会。③2011 年起取消分行业人数指标。

9-1 续表

	单 位	1978 年	1990 年	2000 年	2010 年	2017 年	2018 年
农村社会基础设施							
自来水受益村数	个			1897	1670	2391	2437
通有线电视村数	个					3147	3161
通宽带村数	个					3084	3112
农业主要能源及物质消耗							
农村用电量	万千瓦小时	12033	77482	222405	315870	366457	371510
农用化肥施用量(折纯)	万吨	15. 59	15. 78	21. 42	17. 17	18. 36	18. 11
#氮　　肥	万吨	11. 50	11. 67	9. 42	6. 85	7. 05	6. 91
磷　　肥	万吨	4. 09	2. 99	4. 58	3. 77	3. 59	3. 53
钾　　肥	万吨		0. 38	1. 73	1. 95	1. 97	1. 95
复 合 肥	万吨		0. 74	5. 69	4. 60	5. 75	5. 72
农用塑料薄膜使用量	吨		1131	7331	10548	12730	12688
#地膜使用量	吨			4449	7308	8437	8272
地膜覆盖面积	万公顷			4. 67	5. 67	7. 79	7. 70
农用柴油	万吨			2. 42	2. 49	3. 37	3. 33
农药使用量	吨		4080	7146	5897	5378	5152
机耕面积	公顷				839067	507453	466178
机播面积	公顷				41162	214973	228868

9-2 历年农林牧渔业总产值

Gross Output Value of Farming, Forestry, Animal Husbandry and Fishery over the Years

单位:万元

年份	农林牧渔业总产值	其中:			
		农业	林业	牧业	渔业
1950	35140	30850	1070	3192	28
1951	37231	32527	1116	3557	31
1952	40583	35315	1269	3967	32
1953	46049	39992	1526	4489	42
1954	49264	41788	2105	5327	44
1955	50101	42344	2249	5458	50
1956	53498	44926	2428	6089	55
1957	57859	48160	2681	6950	68
1958	67215	54521	5265	7338	91
1959	52465	42641	4281	5471	72
1960	42184	35224	3340	3546	74
1961	36998	31938	1997	2971	92
1962	45840	39385	2041	4345	69
1963	55284	45216	2336	7642	90
1964	65290	51599	3026	10573	92
1965	76227	60247	3053	12829	98
1966	83034	65507	3151	14293	83
1967	84823	66425	3038	15264	96
1968	77963	60731	2856	14293	83
1969	81898	64835	2868	14111	84
1970	90799	73016	2893	14792	98
1971	97206	77463	2989	16658	96
1972	97890	75476	3211	19096	107
1973	105872	81759	3636	20366	111
1974	110799	86075	3801	20795	128
1975	113923	88472	3807	21503	141
1976	113083	87941	3887	21064	191
1977	124834	98381	4059	22121	273
1978	157073	122713	4725	29349	286
1979	173161	132675	5308	34852	326
1980	171518	126158	5175	39849	336
1981	177416	128085	4975	43949	407
1982	219738	166598	5527	47001	612

9-2 续表

单位:万元

年　份	农林牧渔业总产值	其中:			
		农　业	林　业	牧　业	渔　业
1983	237768	176620	5983	54107	1058
1984	262666	193216	8339	59181	1930
1985	291302	203470	8756	75682	3394
1986	324607	219259	8041	92244	5063
1987	395987	255562	7935	125554	6936
1988	479787	284690	9386	176896	8815
1989	520868	312455	9886	188248	10279
1990	601911	375241	11248	204964	10458
1991	639111	401953	11361	214000	11797
1992	739631	462607	14415	249449	13160
1993	884061	544490	14837	307831	16903
1994	1279351	750677	16651	491217	20806
1995	1504482	899164	18877	562630	23811
1996	1683751	1020560	21279	612394	29518
1997	1812981	1073548	20612	685333	33488
1998	1919066	1187104	28482	667369	36111
1999	1935590	1207099	28117	666298	34076
2000	1977360	1210837	28556	700601	37366
2001	2121433	1238181	33819	810704	38729
2002	2256349	1227188	29649	909268	42981
2003	2438091	1303164	33584	990880	51820
2004	2832163	1418945	30644	1258726	59444
2005	3077972	1513190	36452	1391177	69542
2006	3279600	1594729	42177	1489285	78951
2007	4020885	1859410	48855	1937296	92113
2008	4381347	2044872	49909	2095021	99747
2009	4411403	2232924	56335	1908737	109419
2010	4701886	2371434	65671	2031628	117097
2011	5470001	2684971	87514	2423763	137936
2012	5778379	2940361	89356	2446463	148749
2013	5845959	3082059	92432	2351452	153566
2014	6130048	3313932	96585	2370940	165345
2015	6630582	3751421	114626	2375230	192282
2016	8412540	4430867	162180	3323983	267541
2017	8788670	4901751	189417	3156710	297255
2018	9093448	5769912	205656	2541960	319970

注:从2002年起农林牧渔业总产值中增加农林牧渔服务业产值;农民家庭兼营性商品工业产值从农业产值中扣除;林业产值改为全社会口径。

9-3 历年农林牧渔业总产值发展速度

Development Rates of Gross Output Value of Farming, Forestry, Animal Husbandry and Fishery over the Years

单位:%

年 份	农林牧渔业总产值	其中: 农 业	林 业	牧 业	渔 业
1950	100.0	100.0	100.0	100.0	100.0
1951	106.0	105.3	104.2	111.4	109.8
1952	109.0	108.5	113.7	111.5	105.1
1953	106.9	106.0	112.6	111.7	121.8
1954	106.4	104.4	137.8	112.5	104.0
1955	101.7	101.3	106.8	102.5	114.4
1956	106.4	105.6	107.4	111.0	107.9
1957	103.2	102.1	105.1	108.7	118.6
1958	105.8	103.6	178.7	96.6	122.9
1959	82.1	82.3	85.6	78.5	83.5
1960	79.0	81.7	76.1	64.0	101.3
1961	79.0	81.7	53.8	75.4	111.3
1962	119.5	118.4	98.2	140.4	72.3
1963	120.6	113.3	113.0	174.0	129.7
1964	118.1	113.4	128.7	137.6	100.9
1965	116.2	115.9	100.2	120.5	105.4
1966	108.8	108.6	103.0	110.8	101.4
1967	102.2	101.1	96.2	106.9	96.1
1968	91.9	91.3	93.9	93.5	86.6
1969	105.0	107.1	100.7	99.0	102.0
1970	110.9	112.9	101.1	105.1	116.4
1971	104.7	103.5	100.8	109.9	95.8
1972	98.6	94.8	104.5	111.5	108.0
1973	108.1	108.4	113.3	106.7	104.6
1974	101.8	102.6	101.8	99.5	112.0
1975	100.2	100.1	97.6	100.7	107.5
1976	97.6	97.8	100.5	96.4	133.2
1977	108.1	109.8	102.5	103.1	139.6
1978	109.6	108.3	101.1	115.2	91.2
1979	108.2	105.6	109.8	116.1	111.3
1980	100.2	95.9	87.0	114.0	98.9
1981	100.4	97.2	104.9	107.6	124.0
1982	112.7	119.4	102.6	98.4	133.9

注:发展速度以上年为基数,按可比价格计算。

9-3 续表

单位:%

年　　份	农林牧渔业总产值	其中: 农　业	林　业	牧　业	渔　业
1983	110.9	109.3	105.5	115.2	145.3
1984	105.3	103.0	121.3	108.8	166.6
1985	105.1	101.2	105.7	113.3	149.0
1986	105.7	103.5	90.2	110.5	144.1
1987	106.5	105.0	95.7	110.3	108.3
1988	100.6	96.1	103.6	108.6	113.2
1989	105.4	109.1	97.3	99.2	111.6
1990	103.0	103.0	97.9	103.3	99.3
1991	104.8	104.0	95.9	106.6	107.2
1992	105.1	103.5	118.8	107.5	105.5
1993	104.8	103.8	98.8	106.5	116.1
1994	105.5	103.5	99.2	109.1	107.2
1995	105.5	105.1	97.0	106.4	110.2
1996	104.6	103.7	106.7	105.2	116.8
1997	104.7	103.5	93.0	106.7	110.0
1998	104.3	105.1	105.0	102.9	107.5
1999	104.1	104.8	112.4	102.9	99.5
2000	105.0	103.3	97.6	107.4	114.3
2001	105.5	101.9	106.0	110.9	105.0
2002	106.6	103.1	119.7	111.0	107.9
2003	106.2	101.5	115.7	110.2	117.8
2004	107.4	99.4	92.6	116.8	105.1
2005	106.7	104.9	117.7	108.3	111.7
2006	105.4	104.1	113.8	106.1	112.9
2007	105.8	105.9	111.2	105.3	111.8
2008	104.4	105.4	97.4	103.4	98.9
2009	103.7	103.5	112.8	103.0	110.3
2010	104.4	105.0	107.3	103.2	106.9
2011	103.8	107.7	113.1	98.3	107.7
2012	103.5	105.2	101.9	101.1	107.1
2013	103.5	106.9	104.6	99.1	102.3
2014	103.7	105.2	103.2	101.2	106.2
2015	104.4	106.7	115.3	100.2	112.3
2016	103.9	105.8	109.3	100.6	109.0
2017	103.9	105.9	109.3	100.4	110.2
2018	103.4	104.8	106.5	101.0	106.0

9-4 农林牧渔业总产值

Gross Output Value of Farming, Forestry, Animal Husbandry and Fishery

	绝对额(万元)		构 成(%)	
	2017 年	2018 年	2017 年	2018 年
农林牧渔业总产值	**8788670**	**9093448**	**100**	**100**
一、农业产值	5146003	5769912	58.55	63.45
(一)谷物及其它作物	872279	877356	9.93	9.65
#谷　　物	516639	505543	5.88	5.56
薯　　类	98301	99338	1.12	1.09
油　　料	198496	225642	2.26	2.48
豆　　类	46924	36517	0.53	0.40
(二)蔬菜园艺作物	3367434	3829787	38.32	42.12
#蔬　　菜(含菜用瓜)	2056849	2346526	23.40	25.80
花　　卉	510482	648657	5.81	7.13
(三)水果、坚果、饮料和香料作物	817915	968340	9.31	10.65
水果、坚果(含果用瓜)	772596	914738	8.79	10.06
茶及其他饮料	45319	53603	0.52	0.59
香料作物				
(四)中药材	88376	94429	1.01	1.04
二、林业产值	189431	205656	2.16	2.26
(一)林木的培育和种植	132068	144563	1.50	1.59
(二)竹木采运	57363	61093	0.65	0.67
三、牧业产值	2912443	2541960	33.14	27.95
(一)牲畜饲养	338822	297695	3.86	3.27
(二)猪的饲养	1728728	1379307	19.67	15.17
(三)家禽饲养	790475	816532	8.99	8.98
(四)其它畜牧业	54418	48427	0.62	0.53
四、渔业产值	297255	319970	3.38	3.52
#养　　殖	294055	325922	3.35	3.58
五、农林牧渔专业及辅助性活动产值	243537	255950	2.77	2.82

9-5 历年农业机械拥有量

Agricultural Machinery over the Years

年份	农业机械总动力(千瓦)	农用大中型拖拉机		农用排灌动力机械		农用载重汽车(辆)
		台	千瓦	台	千瓦	
1978	401045	3130	86634	9437	90139	150
1979	547861	3830	108568	11903	115810	355
1980	668943	4132	117947	12096	110984	663
1981	751754	4323	144493	12261	120805	864
1982	810771	4337	125921	13921	136008	944
1983	880933	4307	125918	13266	131190	1359
1984	916337	4033	118510	12364	125120	2177
1985	1001914	4162	123521	12091	124118	2821
1986	1060317	4209	125978	12651	122034	3288
1987	1103871	4196	127139	13885	133852	3346
1988	1221017	4115	126475	13397	130678	3925
1989	1251611	3790	117789	13464	133430	4265
1990	1348769	3376	106235	14990	157097	4329
1991	1394756	2730	86817	14090	153435	4517
1992	1451580	2334	74572	14414	156764	4829
1993	1557072	2153	69849	14672	160099	4942
1994	1623060	2100	68988	16234	167906	5459
1995	1759407	1912	63316	16445	174122	6018
1996	1803993	1773	58770	16329	168709	6292
1997	1856009	1831	59375	17003	173272	6485
1998	1920602	2118	65814	17013	177142	6367
1999	2024727	3307	98472	19718	186752	6822
2000	2052884	6415	223449	20173	193664	7056
2001	2113830	7061	240621	20911	185356	6956
2002	2279774	7725	296129	20912	204102	6831
2003	2352992	8396	313535	22528	211477	6819
2004	2359000	9058	327840	22873	215661	6905
2005	2408373	9108	312182	21803	199653	6027
2006	2473248	9119	312041	23078	225018	6267
2007	2555461	9506	324920	30632	227560	5548
2008	2634140	9145	315074	35455	246379	5815
2009	2803328	11138	366972	37180	251738	5792
2010	2881638	12062	410813	37713	247709	5729
2011	3106474	12215	400936	39737	258621	5673
2012	3203188	13744	460530	41110	262566	—
2013	3422104	14990	528080	42660	271535	—
2014	3659536	11182	406814	45239	282653	—
2015	3706601	11695	432500	45890	288000	—
2016	3900000	11838	440000	54565	276000	—
2017	4038572	10845	418746	54818	424907	—
2018	3843648	9769	440736	—	—	—

9-6 历年农村用电量及化肥施用量情况

The Number of Electricity Consumption and Consumption of Chemical Fertilizers in Rural Areas over the Years

	农村用电量 (万千瓦小时)	化肥施用量 (折纯:吨)
1978	12033	155921
1979	21018	149627
1980	17173	132170
1981	22619	145630
1982	25529	145480
1983	28262	147081
1984	34179	132185
1985	38963	119625
1986	50939	143128
1987	55167	134453
1988	59329	136772
1989	68113	152904
1990	77482	157815
1991	79777	176083
1992	91325	168497
1993	104562	165078
1994	117276	172344
1995	148686	184865
1996	161258	191553
1997	180553	191557
1998	195302	199910
1999	206600	216103
2000	222405	214166
2001	240596	214635
2002	253682	207116
2003	261202	195859
2004	280271	200261
2005	292141	197055
2006	290845	192601
2007	294031	199310
2008	295403	197939
2009	301709	185335
2010	315870	171692
2011	316136	173593
2012	319152	158358
2013	324176	156374
2014	316671	156336
2015	321190	154885
2016	363262	185761
2017	366457	183597
2018	371510	181126

9-7 农业机械

Main Indicators of Agricultural Machinery

	单 位	1978 年	1990 年	2000 年	2010 年	2017 年	2018 年
农业机械总动力	万千瓦	40.1	134.88	205.29	288.16	403.9	384.36
农用大中型拖拉机	台	3130	3376	6415	12062	10845	9769
	万千瓦	8.66	10.62	22.34	41.08	41.9	—
小型(手扶)拖拉机	台	8183	42563	33878	25855	22070	22515
	万千瓦	7.12	43.58	36.83	30.23	25.5	27.5
农用排灌动力机械	台	9437	14990	20173	37713	54818	—
	万千瓦	9.01	15.71	19.37	24.77	42.5	—
农用载重汽车	辆	150	4329	7056	5729	—	—
	万千瓦	0.91	31.08	53.13	45.65	—	—
大中型拖拉机配套农具	部	6522	3228	1994	5141	9851	—
小型拖拉机配套农具	部	15859	56787	44854	29686	24659	—
农用水泵	台	8522	14701	19950	45454	59023	94989
节水灌溉机械	套	3033	596	1765	3578	3983	10781
机动喷雾机	台	1176	7672	7693	28614	43969	—
机动脱粒机	台	6065	6243	49617	74346	111918	100731
粮食初加工机械	台	18323	24871	24905	46771	56767	57794
油料初加工机械	台	662	588	1528	1609	3452	2817
拖拉机配套农具	部						33586

注:本表中 2018 年农业机械总动力因农机部统计制度修改,统计口径发生了变化,数据与往年不可比。

9-8 历年粮食、油菜籽、蔬菜产量

Yield of Grains, Rapeseeds and Vegetables over the Years

单位:万吨

年 份	粮 食	#小 麦	#稻 谷	油菜籽	蔬 菜
1949	127. 37	7. 68	98. 11	4. 05	36. 49
1950	137. 02	8. 52	105. 37	4. 47	37. 25
1951	143. 02	9. 84	109. 99	4. 73	42. 86
1952	154. 47	9. 20	119. 70	5. 61	38. 22
1953	163. 26	9. 66	125. 88	5. 48	39. 05
1954	169. 58	9. 27	130. 93	6. 46	44. 87
1955	176. 55	10. 52	134. 34	6. 92	52. 88
1956	188. 06	13. 24	136. 13	6. 56	55. 87
1957	187. 03	13. 96	134. 68	6. 12	54. 92
1958	192. 05	14. 59	130. 91	5. 00	61. 71
1959	150. 14	13. 78	109. 79	4. 81	102. 85
1960	125. 22	13. 39	88. 81	2. 58	116. 12
1961	105. 49	8. 50	78. 08	1. 86	98. 17
1962	137. 28	12. 65	98. 33	2. 11	66. 35
1963	148. 10	10. 19	112. 46	2. 46	59. 71
1964	160. 18	12. 25	122. 27	5. 24	63. 21
1965	191. 78	16. 09	136. 68	7. 07	60. 10
1966	200. 47	23. 35	148. 96	6. 85	63. 79
1967	199. 11	24. 74	146. 11	8. 36	60. 25
1968	176. 86	23. 10	126. 26	7. 18	60. 09
1969	199. 09	20. 79	145. 18	6. 51	62. 76
1970	233. 94	27. 27	161. 31	7. 88	70. 96
1971	231. 23	32. 48	163. 07	8. 88	74. 04
1972	214. 73	35. 78	147. 17	9. 18	75. 53
1973	242. 20	36. 70	167. 15	9. 09	78. 60
1974	237. 68	43. 53	157. 34	9. 67	76. 88
1975	253. 97	40. 27	166. 33	8. 76	76. 68
1976	237. 85	45. 82	148. 39	6. 75	85. 13
1977	266. 63	43. 82	176. 23	6. 78	89. 03
1978	294. 85	60. 64	182. 83	10. 82	87. 61
1979	310. 41	63. 57	188. 80	12. 24	84. 57
1980	305. 14	62. 26	189. 78	13. 70	75. 09

9-8 续表

单位:万吨

年 份	粮 食	#小 麦	#稻 谷	油菜籽	蔬 菜
1981	301.08	63.65	192.35	16.87	82.97
1982	352.66	76.45	228.31	21.52	102.66
1983	371.22	92.20	230.32	18.69	130.62
1984	359.36	84.33	226.70	17.89	132.67
1985	344.74	76.49	219.74	22.96	154.60
1986	357.73	80.65	231.30	22.32	174.10
1987	353.89	85.12	224.30	23.61	192.68
1988	329.57	74.04	211.03	18.46	203.76
1989	356.80	77.75	230.70	18.08	205.76
1990	381.70	90.14	243.10	19.85	222.80
1991	392.26	96.24	248.22	19.92	227.29
1992	399.05	92.21	255.14	17.88	244.93
1993	397.53	93.70	250.99	13.05	258.10
1994	397.30	99.11	245.79	14.38	271.33
1995	398.97	97.54	246.23	18.30	283.87
1996	400.61	92.68	250.88	15.68	292.47
1997	402.10	90.29	252.92	14.11	307.00
1998	403.86	91.71	252.14	15.06	337.77
1999	397.02	88.59	246.89	14.37	361.81
2000	363.71	72.72	234.50	18.59	409.82
2001	310.73	59.27	201.36	18.40	398.40
2002	299.08	55.85	194.85	18.64	425.93
2003	265.12	46.71	174.14	18.16	423.23
2004	276.03	46.14	177.92	18.70	394.58
2005	259.91	47.37	160.42	19.06	410.02
2006	265.10	45.82	170.87	19.89	425.21
2007	225.72	34.16	143.83	19.66	393.5
2008	221.70	29.86	145.02	21.09	403.85
2009	211.93	26.22	140.59	24.04	416.49
2010	205.48	24.63	135.02	24.54	425.61
2011	198.74	23.01	129.61	24.83	462.32
2012	193.43	21.82	126.16	24.95	463.23
2013	189.16	19.95	122.24	25.06	458.75
2014	180.88	18.83	115.85	25.63	464.00
2015	177.44	17.35	113.46	25.41	487.66
2016	230.73	17.02	123.42	31.01	536.4
2017	231.85	16.56	123.48	32.52	543.58
2018	230.28	16.33	123.06	32.95	575.85

注:本表中从2007年起,各指标数据均按农业普查调查结果进行了修订。

9-9 农作物播种面积

Sown Area of Crops

单位:公顷

	1978 年	1990 年	2000 年	2010 年	2017 年	2018 年
农作物总播种面积	**997341**	**990944**	**988093**	**639887**	**730988**	**739314**
粮食作物	735222	702559	616275	344753	385760	383048
谷　物	624324	607380	507259	286338	292330	289020
稻　谷	353555	332677	290118	174578	154267	153969
小　麦	185990	203745	161237	63578	38507	37333
玉　米	77444	65201	54922	48135	99480	97697
高　粱	650	376	78		7	20
其他谷物	6685	5381	904	47	77	20
豆　类	36169	26116	25156	21382	37890	38234
#大　豆	2853	9509	10638	12708	21119	21610
薯　类	74729	69063	83860	37033	55540	55795
#马 铃 薯	29157	13301	27082	20380	23760	23522
油　料	67388	108210	105278	115174	149496	150062
#花　生	2976	5059	9835	9680	16260	15306
油 菜 籽	64408	103146	95430	104833	132148	134170
糖　类	2544	1261	1123	291	300	261
#甘　蔗	2544	1261	1123	291	300	261
烟　叶	3507	2070	1844	224	114	166
药 材 类	3028	3194	9148	9710	13174	13811
蔬菜、瓜果类	34357	79823	159035	144472	166891	176424
蔬　菜	34357	78384	157824	137994	159666	168336
瓜 果 类		1439	1211	6478	7225	8088
其他农作物	151295	93827	95390	25263	15185	15377
#青 饲 料	82425	63383	45520	14011	10021	9802

注:本表中2010年和2017年各指标数据均按农业普查调查结果进行了修订。

9-10 主要农产品产量

Yield of Major Agricultural Products

单位:吨

	1978 年	1990 年	2000 年	2010 年	2017 年	2018 年
主要农产品产量						
粮　　食	2948539	3817016	3637072	2054792	2318536	2302793
谷　　物	2720127	3606758	3332937	1844019	1991072	1970742
稻　　谷	1828295	2430986	2344973	1350189	1234768	1230592
小　　麦	606425	901383	727238	246327	165602	163296
玉　　米	257943	251793	256931	247503	590457	576753
高　　粱	1445	1294	271		35	101
其他谷物	26019	21302	3524		246	101
豆　　类	42580	44997	59757	56082	86221	86745
#大　　豆	6944	18213	24958	33686	50945	52277
薯　　类	185832	165261	244378	154691	241236	245306
#马 铃 薯	47224	28163	84254	82680	101567	101697
油　　料	112545	207283	209143	276198	368852	372942
#花　　生	4306	8784	23250	29233	41871	42434
油 菜 籽	108238	198492	185880	245445	325195	329455
糖　　类	106952	74088	66588	11991	11423	9859
#甘　　蔗	106952	74088	66588	11991	11423	9859
烟　　叶	4276	3791	4097	700	360	525
蔬　　菜	876104	2227982	4098199	4256081	5435841	5758541

注:本表中 2010 年和 2017 年各指标数据均按农业普查调查结果进行了修订。

9-11 历年畜牧业生产情况

Productive Statistics of Animal Husbandry over the Years

年　份	年末牛存栏数（万头）	年末生猪存栏数（万头）	当年生猪出栏数（万头）	猪肉产量（万吨）	牛奶（吨）
1949	17.92	80.22	28.42	1.63	15
1950	18.50	82.23	30.14	1.69	15
1951	19.73	92.63	35.10	1.96	15
1952	21.02	100.45	41.06	2.28	48
1953	21.68	116.30	47.40	2.36	58
1954	21.66	129.85	56.91	2.91	78
1955	22.30	123.72	58.80	3.10	139
1956	22.96	133.16	65.75	3.36	173
1957	23.08	172.84	73.17	4.13	2537
1958	22.01	203.03	60.54	2.88	2988
1959	21.12	155.31	50.24	2.36	3933
1960	19.43	93.32	20.24	0.94	4044
1961	18.27	64.91	10.23	0.46	2912
1962	18.57	97.19	21.72	1.08	4103
1963	19.77	159.98	56.48	2.76	5737
1964	20.98	202.35	91.65	4.75	8575
1965	22.68	265.83	120.28	6.24	10073
1966	24.00	310.79	138.83	6.87	9845
1967	24.55	312.18	147.51	7.76	9555
1968	24.92	293.16	147.25	7.27	7867
1969	25.52	279.79	144.92	7.05	8539
1970	25.94	302.01	145.74	7.52	9498
1971	25.75	410.84	160.41	7.98	10455
1972	24.68	459.93	191.71	9.46	10283
1973	24.54	441.36	198.91	9.89	9121
1974	24.03	432.67	193.09	9.52	8668
1975	23.22	441.99	208.50	10.71	8340
1976	21.73	428.61	195.97	9.52	8276
1977	20.70	416.45	193.84	9.80	9587
1978	20.88	459.01	238.88	12.95	11717
1979	20.09	526.37	292.12	15.35	11698
1980	18.68	542.20	334.40	17.14	12997
1981	17.99	502.62	362.28	18.49	12515

9-11 续表

年份	年末牛存栏数(万头)	年末生猪存栏数(万头)	当年生猪出栏数(万头)	猪肉产量(万吨)	牛奶(吨)
1982	17.73	483.08	349.18	17.98	11707
1983	18.04	488.83	350.59	20.77	14237
1984	17.62	527.43	369.98	22.17	15708
1985	16.48	540.26	436.32	26.74	18492
1986	15.85	543.68	468.99	29.42	21678
1987	16.40	540.67	479.00	30.81	27000
1988	16.52	547.43	520.81	34.27	28610
1989	16.20	525.92	521.32	33.01	31449
1990	16.14	532.93	533.52	33.79	31700
1991	16.47	535.05	552.52	34.76	31995
1992	16.61	529.51	567.12	35.87	35530
1993	20.22	520.52	581.67	37.40	37740
1994	22.80	532.87	617.94	39.49	39420
1995	22.48	525.45	637.94	41.81	37011
1996	20.05	521.58	655.07	43.00	36103
1997	16.03	502.56	670.65	44.19	39568
1998	15.40	490.76	676.03	44.82	42750
1999	15.30	436.83	665.26	45.41	44502
2000	15.45	433.17	680.06	46.52	49753
2001	17.92	438.29	724.25	49.81	62778
2002	18.08	447.97	753.68	52.02	84183
2003	18.13	457.67	792.73	54.63	93343
2004	18.01	492.54	888.95	60.96	100439
2005	18.28	526.14	1007.94	69.13	102151
2006	19.13	531.32	1095.35	75.40	108947
2007	10.66	503.56	626.18	41.89	136523
2008	10.95	502.94	664.41	43.94	129152
2009	12.25	482.24	707.83	46.83	130565
2010	11.50	483.69	731.28	48.79	133748
2011	10.64	450.03	712.89	48.07	124959
2012	9.72	460.81	725.14	50.36	125503
2013	10.11	416.14	695.30	48.85	116807
2014	10.55	413.02	691.27	49.55	111768
2015	10.45	376.13	640.57	46.26	99077
2016	7.94	377.67	673.35	48.56	96266
2017	7.84	402.32	608.53	44.10	86435
2018	7.31	367.62	585.87	42.73	85550

注:本表中从2007年起,各指标数据均按农业普查调查结果进行了修订。

9-12 主要畜牧产品产量

Yield of Main Livestock Products

	单 位	1978 年	1990 年	2000 年	2010 年	2017 年	2018 年
出栏生猪头数	万头	238. 88	533. 52	680. 06	731. 28	608. 53	585. 87
出售和自宰肉用牛	万头	1. 23	1. 20	5. 46	6. 12	4. 01	3. 77
出售和自宰肉用羊	万只	3. 92	5. 81	73. 44	42. 49	104. 44	92. 24
肉类总产量	万吨	14. 16	38. 53	68. 62	67. 90	62. 03	59. 36
#猪　　肉	万吨	12. 95	33. 79	46. 52	48. 79	44. 10	42. 73
牛 羊 肉	万吨	0. 17	0. 22	2. 17	1. 40	2. 09	1. 88
禽　　肉	万吨	1. 04	4. 14	18. 30	13. 37	13. 66	12. 69
奶类产量	吨	11717	31759	49779	133748	86435	85550
#牛　　奶	吨	11717	31700	49753	133748	86435	85550
禽蛋产量	吨	17652	59660	146369	201204	181604	176409
蜂蜜产量	吨		5575	4735	3528	5055	2740

注:①1978 年、1980 年禽肉产量含兔肉。②2010 年和 2017 年各指标数据均按农业普查调查结果进行了修订。

9-13 渔业生产情况

Productive Statistics of Fishery

	单 位	1978 年	1990 年	2000 年	2010 年	2017 年	2018 年
水产品总产量	**吨**	**2300**	**23885**	**49622**	**102400**	**161200**	**142518**
#养殖产量	吨	1926	23253	49032	100981	160138	141573
#池　　塘	吨	1350	16682	43788	90690	129618	111203
稻　　田	吨	469	5797	1775	1351	13021	13670
鱼　　苗	万尾		154286	159136	193241	392410	376632
养殖水面	公顷	4473	8386	9202	8804	14980	11452
#池　　塘	公顷	3413	7099	7698	7323	9467	7818
稻田养鱼	公顷		19516	4186	1062	9446	8718

9-14 蚕茧、茶叶和水果、花卉生产情况

Productive Statistics of Silkworm Cocoons, Tea, Fruits and Flowers

	单 位	1978 年	1990 年	2000 年	2010 年	2017 年	2018 年
蚕茧产量	吨	564	766	1654	5007	1827	757
茶叶产量	吨	1067	1917	2531	11434	19655	21007
水果产量	吨	26644	111714	523978	1225996	1675837	1672740
#苹 果	吨	4013	2606	3303	4905	4096	3884
柑 桔	吨	11136	74473	241252	296162	429693	397238
茶园面积	公顷	4108	5022	3054	11200	10444	10913
果园面积	公顷	6702	23477	38567	61940	89237	86326
#柑 桔 园	公顷	4853	14420	16646	21015	33670	31106
花卉种植面积	公顷		442	4978	22386	35219	35842
花卉当年销售收入	万元		719	30394	251748	510482	648657

注：本表中 2010 年和 2017 年各指标数据均按农业普查调查结果进行了修订。

9-15 林业生产情况

Productive Statistics of Forestry

	单 位	1978 年	1990 年	2000 年	2010 年	2017 年	2018 年
造林面积	公顷	6724	3958	12037	1031	5283	4551
#用 材 林	公顷		2879	3833	365	693	573
经 济 林	公顷		312	5769	274	1927	2062
幼林抚育实际面积	公顷		10205	4752	5104	10581	5306
成林抚育实际面积	公顷		987	5005	5635		
育苗面积	公顷		197	840	838	31451	29887
四旁植树	万株		1935	1122	2903	1007	566
棕片产量	吨		625	601	36	38	40

注：本表从 2017 年起“幼林抚育实际面积”和“成林抚育实际面积”合并为“中幼林抚育面积”。

主要统计指标解释

农林牧渔业总产值 是以货币表现的农林牧渔业的全部产品总量和对农林牧渔业生产活动进行的各种支持性服务活动的价值。它反映一定时期内农林牧渔业生产总规模和总成果,是观察农林牧渔业生产水平和发展速度,研究农林牧渔业内部比例关系、农林牧渔业与工业、农林牧渔业与国家建设、人民生活比例关系的重要指标,同时也是计算农林牧渔业劳动生产率和农林牧渔业增加值的基础资料。

农林牧渔业总产值的核算范围

农林牧渔业总产值的统计范围是辖区内各种经济组织类型、各个系统的全部农林牧渔业生产单位和非农行业单位附属的农林牧渔业生产活动单位。军委系统的农林牧渔业生产(除军马外)也包括在内,但不包括农业科学试验机构进行的农业生产。

农林牧渔业总产值的核算范围也就是本辖区内在一定时期内生产的农业、林业、牧业、渔业产品的价值量和对农林牧渔业生产活动进行的各种支持性服务活动的价值的总和,执行日历年度。对于收获期延长到次年年初的个别农产品(如甘蔗),仍然把延期收获的部分算在本年度内。

农林牧渔业增加值 指农林牧渔及农林牧渔服务业生产货物或提供服务活动而增加的价值,为农林牧渔业现价总产值扣除农林牧渔业现价中间投入后的余额。

增加值也叫附加价值或追加价值,是指各单位生产经营的最终成果,即本单位或本行业对社会所作的贡献。从宏观上来说,增加值是计算国内生产总值的基础,即各部门增加值之和就是国内生产总值;从微观上来说,增加值能客观反映企业单位或行业的投入、产出、效益、速度和收入等情况。因此,计算增加值不仅是国民经济宏观管理的需要,也是微观的企业和行业管理的需要。

农林牧渔业增加值的核算范围:同农林牧渔业总产值核算范围。

农林牧渔业增加值的核算方法:采用“生产法”和“分配法”两种方法计算。

粮食总产量 指全社会的产量。包括国有经济经营的、集体统一经营的和农民家庭经营的粮食产量,还包括工矿企业家属办的农场和其他农业生产单位的产量。粮食除包括稻谷、小麦、玉米、高粱及其他杂粮外,还包括薯类和豆类。其产量计算方法,豆类按去豆荚后的干豆计算;薯类(包括甘薯和马铃薯,不包括芋头和木薯)1963 年以前按每 4 公斤鲜薯折 1 公斤粮食计算,从 1964 年开始及以后改为按 5 公斤鲜薯折 1 公斤粮食计算。城市郊区作为蔬菜的薯类(如:马铃薯、嫩玉米、青豌豆、葫豆)按鲜品计算,并且不作为粮食统计。其他粮食一律按脱粒后的原粮计算。

油料产量 指全部油料作物的生产量。包括花生、油菜籽、芝麻、向日葵籽、胡麻籽(亚麻籽)和其他油料。不包括大豆,也不包括木本油料和野生油料。花生以带壳干花生计算。

肉类总产量 是指当年出栏并已屠宰的畜禽肉产量,即屠宰后除去头蹄下水后带骨肉的重量,也叫酮体重。

农作物播种面积 指实际播种或移植有农作物的面积。凡是实际种植有农作物的面积,不论种植在耕地上还是种植在非耕地上,均包括在农作物播种面积中。在播种季节基本结束后,因遭灾而重新改种和补种的农作物面积,也包括在内。

有效灌溉面积 指具有一定的水源,地块比较平整,灌溉工程或设备已经配套,在一般年景下当年能够进行正常灌溉的耕地面积。

农用化肥施用量 指本年内实际用于农业生产的化肥数量。包括氮肥、磷肥、钾肥和复合肥。化肥施用量要求按折纯量计算数量。折纯法化肥施用量是把氮肥、磷肥和钾肥分别按含氮、含五氧化二磷、含氧化钾的百分之一百成份折算后的数量。复合肥按其所含主要成分折算。

农业机械总动力 指主要用于农、林、牧、渔业生产的各种动力机械的动力总和。包括耕作机械、农用排灌机械、收获机械、农用运输机械、植物保护机械、牧业机械、林业机械、渔业机械和其他农业机械(内燃机按引擎马力折成瓦(特)计算,电动机按功率折成瓦(特)计算)。不包括专门用于乡、镇、村、组办工业、基本建设、非农业运输、科学试验和教学等非农业生产方面用的动力机械与作业机械。

乡村从业人员 是指实际参加生产经营活动并取得实物或货币收入的人员,既包括劳动年龄内实际参加劳动的人员,也包括不在劳动年龄实际参加劳动人员,但不包括户口在家的在外学生、现役军人和丧失劳动能力的人,也不包括待业人员和家务劳动者。从业人员年龄 16 岁以上,从业时间为一个农事季节,一般为 2 个月以上的劳动时间。

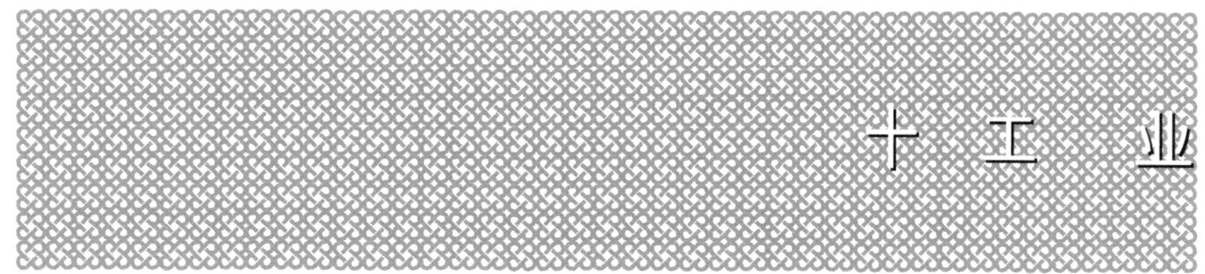

简 要 说 明

主要内容

本部分包括全市规模以上工业企业主要产品产量、主要经济指标、大中型工业企业主要经济指标等资料。

资料来源

本部分资料来源于成都市统计局。

其他需要说明的问题

为保证历史资料的可比性，本资料按1999年计算方法及统计口径对相关资料的历史数据作了调整。

表内规模以上工业企业指主营业务收入2000万元以上的工业企业。

10-1 历年主要工业产品产量

Output of Major Industrial Products over the Years

年 份	合成洗涤剂(万吨)	卷烟(亿支)	饮料酒(混合量)(亿升)	#白酒	#啤酒	软饮料(万吨)	配混合饲料(万吨)	化学药品原药(吨)
1949		0.28	0.40					
1950		0.54	0.35					
1951		0.95	0.54					
1952		0.71	0.46					
1953		0.74	0.55					
1954		0.74	0.59					
1955		0.78	0.50					
1956		1.02	0.64					
1957		1.13	0.67					
1958		1.79	0.92					
1959		2.41	1.17					
1960		1.45	1.39					
1961		1.62	0.83					
1962		1.19	0.44					
1963		1.21	0.61					
1964		3.08	0.75					
1965		3.09	0.70					
1966		4.34	0.50					
1967		3.98	0.54					
1968		2.07	0.55					
1969		3.96	0.57					
1970	0.04	5.31	0.66					229
1971	0.10	7.03	0.66					275
1972	0.12	4.88	0.79					276
1973	0.25	6.3	0.75					290
1974	0.20	7.25	0.94					264
1975	0.35	8.53	0.98					346
1976	0.41	8.61	0.99					309
1977	0.51	10.64	1.15					374
1978	0.81	11.19	1.28					544
1979	1.07	12.10	1.70					517
1980	1.27	12.60	2.77					447

10-1 续表1

年 份	合 成 洗涤剂 (万吨)	卷 烟 (亿支)	饮料酒 (混合量) (亿升)	# 白 酒	# 啤 酒	软饮料 (万吨)	配混合 饲 料 (万吨)	化学药品 原药 (吨)
1981	1.58	12.50	2.89					686
1982	1.88	12.00	2.86					801
1983	2.13	12.50	3.70					1112
1984	2.62	12.50	5.80					837
1985	2.84	13.23	8.00	4.96	2.27	0.70	7.29	614
1986	3.08	15.57	8.52	5.26	2.63	0.75	10.33	930
1987	3.34	16.00	12.31	8.87	2.96	0.77	12.79	1104
1988	3.63	16.05	9.61	6.11	2.97	0.87	16.29	1105
1989	5.15	20.01	9.82	6.43	2.91	1.32	16.37	1120
1990	6.53	22.01	11.00	8.53	2.47	1.26	24.34	1344
1991	5.92	26.00	15.93	12.28	3.65	1.50	33.72	1462
1992	6.33	27.00	24.71	19.91	4.80	1.15	48.95	2271
1993	7.33	28.00	32.93	26.69	6.24	1.30	72.24	2127
1994	8.04	27.00	41.72	34.62	7.10	1.03	112.78	2598
1995	13.01	28.00	54.02	44.76	9.26	3.28	115.47	5098
1996	9.31	30.00	44.28	34.55	8.86	5.30	150.30	2366
1997	10.10	30.00	43.89	30.89	12.99	9.04	103.43	5459
1998	10.92	50.24	47.52	35.99	11.53	10.79	94.65	2964
1999	10.62	49.00	50.90	40.96	9.94	17.52	92.62	2975
2000	6.49	51.10	48.54	36.41	10.65	22.28	88.88	3109
2001	12.27	54.00	55.99	44.79	11.20	30.39	72.26	3174
2002	13.41	53.47	51.03	39.76	11.27	39.45	77.22	3612
2003	16.85	57.79	48.45	39.30	9.15	43.53	85.69	6570
2004	35.79	299.05	6.73	5.46	1.27	54.60	106.95	3630
2005	36.67	461.25	6.64	4.22	2.42	61.70	113.29	5060
2006	33.41	473.93	6.76	4.00	2.76	82.63	135.65	6021
2007	37.06	484.87	7.09	3.85	3.24	100.81	138.43	7299
2008	34.37	704.70	6.75	3.35	3.16	106.51	206.99	8012
2009	34.67	873.95	5.09	0.74	4.33	117.98	193.30	6173
2010	35.00	914.24	6.72	1.03	5.69	164.71	188.29	6123
2011	34.16	944.20	7.25	1.23	5.83	220.50	233.40	12595
2012	35.17	978.85	6.33	1.34	4.94	227.94	264.28	22999
2013	47.36	998.67	7.19	1.28	5.91	370.03	335.09	17961
2014	66.94	1003.69	7.81	1.17	6.63	372.12	353.89	170753
2015	62.29	945.76	7.40	1.18	6.22	324.63	307.94	198162
2016	63.77	668.16	8.70	1.37	7.33	285.12	329.45	168847
2017	61.18	734.10	11.01	1.50	9.51	290.11	326.51	150818
2018	67.75	755.19	13.77	2.12	11.49	284.41	318.39	97378

注:2003年以前(含2003年)卷烟单位为万箱,饮料酒、白酒和啤酒单位万吨。

10-1 续表2

年 份	粗 钢 (万吨)	钢 材 (万吨)	移动通信 手持机(手机) (万台)	发电量 (万千瓦时)	化学纤维 (吨)	布 (万米)	印染布 (万米)
1949				1027		113	276
1950				524		106	281
1951				1533		317	275
1952				1556		413	455
1953				2057		600	568
1954				2522		885	700
1955				2983		763	616
1956				4261		878	710
1957				5215		1932	549
1958	0. 01			10714		2203	707
1959	0. 67	1. 01		26544		2872	924
1960	1. 33	1. 64		57168		3306	1451
1961	1. 43	1. 16		51524		1499	937
1962	0. 19	0. 29		43846		1224	591
1963	0. 08	0. 83		45076		2025	711
1964	0. 37	1. 76		57789		2501	618
1965	1. 10	3. 67		82843	27	2452	763
1966	2. 57	8. 30		111263	1767	9150	1857
1967	4. 40	4. 89		91946	1207	3427	1794
1968	0. 60	0. 31		47354	50	2109	112
1969	6. 33	1. 15		79317	281	6940	1252
1970	9. 35	2. 70		94839	701	8967	4635
1971	18. 80	7. 99		106714	1148	8548	5474
1972	20. 51	10. 76		95574	1307	8099	4661
1973	20. 03	12. 32		125068	1145	6395	5613
1974	11. 01	8. 50		71640	863	3366	2758
1975	16. 59	16. 43		76181	1125	6957	6242
1976	7. 89	11. 74		83051	1266	5370	5594
1977	17. 71	20. 58		81901	1631	10398	8053
1978	32. 73	35. 55		103645	2013	11550	10632
1979	30. 97	40. 04		71429	1622	11658	12383
1980	32. 29	40. 86		70621	2487	12241	11845

10-1 续表3

年 份	粗 钢 (万吨)	钢 材 (万吨)	移动通信 手持机(手机) (万台)	发电量 (万千瓦时)	化学纤维 (吨)	布 (万米)	印染布 (万米)
1981	28.34	34.50		109155	3023	12627	15591
1982	37.06	45.21		120165	2431	12790	17021
1983	43.61	49.42		125000	2654	12604	15338
1984	45.10	50.98		139717	3091	11212	14932
1985	50.00	59.34		160700	3177	11341	15091
1986	53.63	63.29		179300	4048	10568	16159
1987	58.50	69.13		186000	6469	10598	14039
1988	63.24	72.35		197005	6028	10107	13543
1989	77.30	78.53		208310	8258	9534	12042
1990	79.96	86.32		235977	10400	8772	11351
1991	90.53	92.50		379300	11800	8700	11200
1992	112.88	118.06		390100	14400	10400	11400
1993	124.44	183.86		406000	15800	7800	10800
1994	131.59	123.84		435600	17200	8500	7100
1995	129.37	141.67		440200	15700	10200	14400
1996	128.45	108.73		456060	17760	12012	12937
1997	156.37	125.91		501146	21050	8075	13945
1998	144.38	130.95		457098	31239	8756	10392
1999	125.08	127.85		390800	32500	7600	15583
2000	118.75	126.21		531300	33977	5942	6681
2001	165.60	168.13		485258	31160	5732	4322
2002	157.90	173.16		492120	37112	3591	3952
2003	147.39	170.06		631511	37924	2276	3025
2004	176.75	184.15		623595	39846	1747	2997
2005	193.04	221.90		565513	46727	3001	—
2006	191.22	253.16		668222	42776	4223	—
2007	208.18	306.96		944593	48321	1264	1960
2008	173.34	286.81		969849	37941	907	5043
2009	188.12	301.31		1215166	43766	448	3440
2010	193.13	362.80		1307659	53222	262	4281
2011	182.28	409.20		1369551	44928	222	4030
2012	160.57	417.51		1395149	22003	250	3793
2013	332.71	504.90		1356183	39843	6271	3829
2014	288.08	664.18	290.83	1310291	74290	7285	3791
2015	229.13	669.29	1026.63	1310454	78305	6964	5365
2016	209.80	763.16	1391.57	1168406	97162	8680	5296
2017	68.80	337.80	897.97	1176747	127985	6121	2914
2018	249.79	444.56	984.35	1077458	146479	592	105

注:2005年、2006年规模以上工业企业无印染布产品产量;从2014年起新增移动通信手持机(手机)的产品产量数据。

10-1 续表 4

年 份	机制纸及纸板（万吨）	中成药（吨）	电子计算机整 机（万台）	合成氨（万吨）	水 泥（万吨）	汽 车（辆）	金 属切削机床（台）
1949							
1950							
1951	0.04						
1952	0.07						
1953	0.06						
1954	0.07						
1955	0.12						3
1956	0.18						11
1957	0.26						14
1958	0.42				0.64		772
1959	0.67			0.15	0.17		480
1960	1.63			0.56	3.13		1490
1961	0.64			2.56	1.20		465
1962	0.50			3.82	0.05		145
1963	0.72			4.80	0.65		119
1964	0.89			7.54	3.90		138
1965	1.07			10.93	0.14		228
1966	1.35			13.56	2.87		753
1967	1.19			7.92	2.70		577
1968	0.43			1.90	1.02	2	448
1969	0.83			3.82	1.48	33	700
1970	1.29			8.08	3.79	102	1105
1971	1.73			12.53	7.15	181	1472
1972	1.66			14.92	9.46	158	1672
1973	1.61			16.36	10.38	308	1701
1974	1.66			16.35	9.61	315	1728
1975	2.18			20.58	14.86	414	2218
1976	1.83			27.10	13.18	243	1701
1977	2.33			46.23	20.84	614	2231
1978	2.99			61.44	25.37	641	2265
1979	3.74			63.64	30.98	886	2798
1980	4.71			61.99	37.46	966	2845

10-1 续表 5

年 份	机制纸及纸板(万吨)	中成药(吨)	电子计算机整 机(万台)	合成氨(万吨)	水 泥(万吨)	汽 车(辆)	金 属切削机床(台)
1981	4. 56			57. 44	39. 65	681	2368
1982	6. 25			54. 78	50. 49		3696
1983	7. 33			58. 10	60. 13	2312	2533
1984	8. 26			61. 27	72. 89	2055	2253
1985	9. 13	1533		57. 21	83. 05	4065	2500
1986	9. 59	1422		53. 87	92. 24	3763	2642
1987	11. 05	1712		49. 78	104. 32	5082	2106
1988	11. 44	1690		55. 49	121. 26	9422	2115
1989	12. 22	1819		54. 57	118. 99	5924	1840
1990	12. 70	2137		55. 58	112. 87	5230	1033
1991	12. 00	3592		48. 40	145. 89	9113	1300
1992	15. 00	3695		53. 97	177. 78	18834	1700
1993	18. 00	13100		52. 37	210. 06	23951	1300
1994	24. 00	12843		60. 37	214. 75	19298	900
1995	23. 00	22144		64. 04	226. 23	43912	3700
1996	18. 03	8022		107. 09	253. 73	23513	1300
1997	21. 48	9801		63. 69	235. 41	22629	348
1998	15. 13	12662		64. 71	277. 43	19701	371
1999	12. 70	14838		73. 44	301. 00	19040	499
2000	9. 60	15827		74. 40	324. 00	20124	1378
2001	15. 47	15162		73. 22	338. 82	21897	1717
2002	13. 99	17441		70. 69	370. 69	33500	1960
2003	11. 73	20623		69. 83	492. 81	33109	3292
2004	12. 44	19047		57. 36	498. 79	53415	3525
2005	18. 44	22570		78. 85	559. 33	54702	3764
2006	12. 99	19697		78. 28	574. 78	60270	2995
2007	23. 40	48911		73. 26	1044. 44	69205	3590
2008	18. 67	60692		69. 71	444. 00	71120	1666
2009	16. 70	46187		69. 18	830. 20	65082	1232
2010	22. 77	16956		51. 75	1039. 05	93819	2546
2011	16. 69	27714		38. 42	1328. 80	181809	2762
2012	24. 08	27267		48. 03	1468. 13	392374	832
2013	29. 24	88518		65. 49	1488. 51	758934	1102
2014	29. 77	164603	7619. 05	33. 48	1516. 83	933993	14688
2015	34. 80	154831	6319. 48	19. 78	1423. 64	927990	982
2016	28. 98	184470	5936. 55	19. 76	1712. 39	1153802	1757
2017	26. 53	154068	6966. 09	18. 43	1658. 35	1329927	1591
2018	24. 19	15632	6107. 09	18. 53	1651. 64	1287923	1074

注:从 2014 年起新增电子计算机(整机)的产品产量数据。

10-2 工业企业数及营业收入(2018年)

(年主营业务收入2000万元及以上企业)

Number of Industrial Enterprises and Gross Industrial Output Value(2018)

	企 业 数		营业收入	
	个 数 (个)	构 成 (%)	绝对额 (万元)	构 成 (%)
总 计	**3438**	**100.00**	**114728174**	**100.00**
按登记注册类型分组				
#国有企业	14	0.41	642373	0.56
集体企业	9	0.26	154709	0.13
股份合作企业	15	0.44	241332	0.21
联营企业	1	0.03	5266	
有限责任公司	1100	32.00	41120300	35.84
股份有限公司	154	4.48	6890955	6.01
私营企业	1862	54.16	26588372	23.18
港澳台商投资企业	92	2.68	14846147	12.94
外商投资企业	191	5.56	24238721	21.13
按经济组织类型分组				
#独资企业	209	6.08	16543528	14.42
合作合伙企业	22	0.64	505818	0.44
股份有限公司	233	6.78	8641884	7.53
有限责任公司	2974	86.50	89036945	77.61
按轻重工业分				
轻 工 业	1378	40.08	26820169	23.38
重 工 业	2060	59.92	87908005	76.62
按企业规模分				
大型企业	101	2.94	52793472	46.02
中型企业	428	12.45	28148091	24.53
小型企业	2794	81.27	33026246	28.79
微型企业	115	3.34	760365	0.66
按工业行业大类分				
煤炭开采和洗选业				
石油和天然气开采业	2	0.06	18967	0.02
黑色金属矿采选业				
有色金属矿采选业				
非金属矿采选业	2	0.06	37081	0.03
开采专业及辅助性活动	1	0.03	2020	
其他采矿业				
农副食品加工业	196	5.70	3473427	3.02
食品制造业	156	4.54	2818006	2.46

10-2 续表

	企业数		营业收入	
	个数（个）	构成（%）	绝对额（万元）	构成（%）
酒、饮料和精制茶制造业	65	1.89	2217535	1.80
烟草制品业	2	0.06	2627397	2.14
纺织业	23	0.67	156692	0.13
纺织服装、服饰业	29	0.84	378987	0.31
皮革、毛皮、羽毛及其制品和制鞋业	46	1.34	331406	0.27
木材加工和木、竹、藤、棕、草制品业	37	1.08	630357	0.51
家具制造业	144	4.19	1792280	1.46
造纸和纸制品业	78	2.27	1126362	0.92
印刷和记录媒介复制业	79	2.30	1172567	0.95
文教、工美、体育和娱乐用品制造业	13	0.38	410175	0.33
石油、煤炭及其他燃料加工业	11	0.32	4068847	3.31
化学原料和化学制品制造业	172	5.00	2778769	2.26
医药制造业	190	5.53	5764783	4.69
化学纤维制造业	4	0.12	183945	0.15
橡胶和塑料制品业	169	4.92	2508596	2.04
非金属矿物制品业	295	8.58	5991107	4.88
黑色金属冶炼和压延加工业	41	1.19	1812394	1.48
有色金属冶炼和压延加工业	39	1.13	1118026	0.91
金属制品业	268	7.80	4219600	3.43
通用设备制造业	255	7.42	4066061	3.31
专用设备制造业	217	6.31	2852153	2.32
汽车制造业	214	6.22	19864140	16.17
铁路、船舶、航空航天和其他运输设备制造业	68	1.98	4624138	3.76
电气机械和器材制造业	243	7.07	4380448	3.57
计算机、通信和其他电子设备制造业	216	6.28	37751343	30.73
仪器仪表制造业	54	1.57	1043093	0.85
其他制造业	7	0.20	61788	0.05
废弃资源综合利用业	7	0.20	106778	0.09
金属制品、机械和设备修理业	7	0.20	620424	0.50
电力、热力生产和供应业	25	0.73	444573	0.36
燃气生产和供应业	41	1.19	1080949	0.88
水的生产和供应业	22	0.64	437409	0.36

10-3 全部独立核算工业企业主要经济指标(2018年)

(年主营业务收入2000万元及以上企业)

Main Indicators of Corporate Industrial Enterprises with Independent Accounting System(2018)

单位:万元

	企业数(个)	#亏损企业
总　计	**3438**	**504**
按登记注册类型分组		
#国有企业	14	3
集体企业	9	1
股份合作企业	15	1
联营企业	1	
有限责任公司	1100	187
股份有限公司	154	30
私营企业	1862	223
港澳台商投资企业	92	20
外商投资企业	191	39
按经济组织类型分组		
#独资企业	209	43
合作合伙企业	22	2
股份有限公司	233	40
有限责任公司	2974	419
按轻重工业分		
轻 工 业	1378	207
重 工 业	2060	297
按企业规模分		
大型企业	101	12
中型企业	428	59
小型企业	2794	405
微型企业	115	28
按工业行业大类分		
煤炭开采和洗选业		
石油和天然气开采业	2	
黑色金属矿采选业		
有色金属矿采选业		
非金属矿采选业	2	
开采专业及辅助性活动	1	
其他采矿业		
农副食品加工业	196	28
食品制造业	156	20

10-3 续表1

单位:万元

	企业数(个)	#亏损企业
酒、饮料和精制茶制造业	65	6
烟草制品业	2	
纺织业	23	3
纺织服装、服饰业	29	5
皮革、毛皮、羽毛及其制品和制鞋业	46	13
木材加工和木、竹、藤、棕、草制品业	37	7
家具制造业	144	15
造纸和纸制品业	78	17
印刷和记录媒介复制业	79	13
文教、工美、体育和娱乐用品制造业	13	1
石油、煤炭及其他燃料加工业	11	3
化学原料和化学制品制造业	172	30
医药制造业	190	32
化学纤维制造业	4	1
橡胶和塑料制品业	169	15
非金属矿物制品业	295	20
黑色金属冶炼和压延加工业	41	7
有色金属冶炼和压延加工业	39	10
金属制品业	268	32
通用设备制造业	255	32
专用设备制造业	217	34
汽车制造业	214	42
铁路、船舶、航空航天和其他运输设备制造业	68	11
电气机械和器材制造业	243	50
计算机、通信和其他电子设备制造业	216	38
仪器仪表制造业	54	8
其他制造业	7	
废弃资源综合利用业	7	1
金属制品、机械和设备修理业	7	
电力、热力生产和供应业	25	3
燃气生产和供应业	41	2
水的生产和供应业	22	5

10-3 续表 2

单位:万元

	资产合计	流动资产合计	负债合计	所有者权益合计
总计	**136796028**	**79391044**	**76477256**	**60318772**
按登记注册类型分组				
#国有企业	3192095	1727899	1878583	1313512
集体企业	54968	43401	28429	26538
股份合作企业	132556	112473	75206	57350
联营企业	4814	3723	2244	2570
有限责任公司	57371049	29589534	32807892	24563157
股份有限公司	15979483	9111423	6811661	9167821
私营企业	22848167	14111849	12036837	10811330
港澳台商投资企业	18589840	11962798	11914804	6675037
外商投资企业	18623056	12727945	10921600	7701457
按经济组织类型分组				
#独资企业	17827530	9234940	8691069	9136461
合作合伙企业	279528	204769	167277	112251
股份有限公司	19179208	10914511	7858536	11320672
有限责任公司	99509762	59036824	59760374	39749388
按轻重工业分				
轻工业	29842633	18110741	14108820	15733813
重工业	106953395	61280303	62368436	44584959
按企业规模分				
大型企业	67087749	37612290	39214333	27873416
中型企业	32366522	19914129	16518182	15848340
小型企业	36099295	21063293	19978589	16120706
微型企业	1242462	801332	766152	476310
按工业行业大类分				
煤炭开采和洗选业				
石油和天然气开采业	41210	6503	19809	21401
黑色金属矿采选业				
有色金属矿采选业				
非金属矿采选业	22017	5073	699	21318
开采专业及辅助性活动	7601	6246	573	7027
其他采矿业				
农副食品加工业	2262671	1459520	1387001	875670
食品制造业	2403807	1375557	1060304	1343503

10-3 续表 3

单位:万元

	资　　产 合　　计	流动资产 合　　计	负　　债 合　　计	所有者权益 合　　计
酒、饮料和精制茶制造业	2151412	956071	977196	1174216
烟草制品业	2671084	2222507	1213865	1457219
纺 织 业	232358	114369	109807	122551
纺织服装、服饰业	298800	182521	165065	133736
皮革、毛皮、羽毛及其制品和制鞋业	263353	181673	166702	96651
木材加工和木、竹、藤、棕、草制品业	837404	365597	363632	473772
家具制造业	1617908	839912	879396	738512
造纸和纸制品业	765602	424521	425443	340160
印刷和记录媒介复制业	1234043	744504	450419	783623
文教、工美、体育和娱乐用品制造业	223011	186746	160514	62498
石油、煤炭及其他燃料加工业	3172758	728598	689459	2483299
化学原料和化学制品制造业	4070044	1854612	1757457	2312586
医药制造业	9890978	6190378	4148698	5742280
化学纤维制造业	163910	74727	105457	58453
橡胶和塑料制品业	2369254	1381254	1175866	1193388
非金属矿物制品业	5768057	3191742	2589869	3178188
黑色金属冶炼和压延加工业	1678787	760321	1781303	-102516
有色金属冶炼和压延加工业	1141069	836818	926217	214852
金属制品业	3925193	2246677	2353671	1571522
通用设备制造业	4450368	3142880	2434628	2015740
专用设备制造业	5620721	3390057	2748327	2872395
汽车制造业	14778893	10586462	9444944	5333949
铁路、船舶、航空航天和其他运输设备制造业	8193933	5706329	5424176	2769757
电气机械和器材制造业	4698952	2905874	2262554	2436398
计算机、通信和其他电子设备制造业	41229274	23358810	25564544	15664728
仪器仪表制造业	1461993	1088478	853487	608506
其他制造业	82730	61162	35045	47685
废弃资源综合利用业	120062	72374	77854	42208
金属制品、机械和设备修理业	1430013	731059	602936	827077
电力、热力生产和供应业	1557772	309876	855859	701914
燃气生产和供应业	2619556	617581	1571761	1047795
水的生产和供应业	3339430	1083655	1692719	1646711

10-3 续表 4

单位:万元

	营业收入	营业成本	利润总额	利税总额	本年应交增值税
总　计	**114728174**	**94734560**	**6719220**	**12924668**	**2924446**
按登记注册类型分组					
#国有企业	642373	538175	22444	33266	6973
集体企业	154709	138351	7139	12445	4822
股份合作企业	241332	209426	10058	19486	7931
联营企业	5266	4877	2	225	175
有限责任公司	41120300	32698113	1936771	5190451	1221128
股份有限公司	6890955	4525217	820811	1203026	283531
私营企业	26588372	22079775	1612131	2526669	656864
港澳台商投资企业	14846147	14052940	352152	463987	81959
外商投资企业	24238721	20487685	1957712	3475113	661064
按经济组织类型分组					
#独资企业	16543528	14825552	923347	1175114	194063
合作合伙企业	505818	373165	68390	97656	25102
股份有限公司	8641884	5714325	1004418	1476131	359219
有限责任公司	89036944	73821518	4723065	10175767	2346062
按轻重工业分					
轻 工 业	26820169	18720816	2152669	4716287	1105422
重 工 业	87908005	76013744	4566551	8208381	1819024
按企业规模分					
大型企业	52793472	43517151	3134787	7327606	1369294
中型企业	28148091	23175347	1768697	2764028	767591
小型企业	33026246	27342512	1830876	2831176	775142
微型企业	760365	699550	-15140	1858	12419
按工业行业大类分					
煤炭开采和洗选业					
石油和天然气开采业	18967	14446	1183	3192	1078
黑色金属矿采选业					
有色金属矿采选业					
非金属矿采选业	37081	25677	2309	3943	1113
开采专业及辅助性活动	2020	1473	139	131	-38
其他采矿业					
农副食品加工业	3473427	3063075	157177	203187	34431
食品制造业	2818006	2079162	350498	480106	110262

10-3 续表 5

单位:万元

	营业收入	营业成本	利润总额	利税总额	本年应交增值税
酒、饮料和精制茶制造业	1963747	1422230	146131	323561	69659
烟草制品业	2245302	801874	69528	1477445	230934
纺 织 业	143530	118786	7275	11915	3755
纺织服装、服饰业	389990	302313	3759	18878	12374
皮革、毛皮、羽毛及其制品和制鞋业	318850	285306	3585	9970	4408
木材加工和木、竹、藤、棕、草制品业	584559	499994	22506	38725	12704
家具制造业	1680275	1365423	68259	135983	53266
造纸和纸制品业	1126059	975199	49497	81998	26397
印刷和记录媒介复制业	1123328	908157	109285	166413	47524
文教、工美、体育和娱乐用品制造业	414262	328294	16527	30233	12013
石油、煤炭及其他燃料加工业	4129454	3209466	95081	882961	144459
化学原料和化学制品制造业	3003067	2361520	290796	389282	76440
医药制造业	5593503	2504548	852839	1287423	368241
化学纤维制造业	208152	195488	5541	7115	943
橡胶和塑料制品业	2658407	2287820	100316	169545	55153
非金属矿物制品业	6073173	4984846	532005	782314	207115
黑色金属冶炼和压延加工业	1806030	1682717	-295252	-222067	57165
有色金属冶炼和压延加工业	1287232	1212087	10112	26797	12516
金属制品业	4103575	3582067	96574	204473	84925
通用设备制造业	3958877	3282677	212132	337895	101651
专用设备制造业	3097779	2296416	290290	418799	101972
汽车制造业	19216763	16072410	1595697	3084864	600702
铁路、船舶、航空航天和其他运输设备制造业	4492966	3963314	160670	225694	50833
电气机械和器材制造业	4306874	3515085	315571	460508	103345
计算机、通信和其他电子设备制造业	30454595	28331365	942791	1214152	210589
仪器仪表制造业	1065131	802119	127618	159500	25337
其他制造业	57846	40310	5786	6623	663
废弃资源综合利用业	93654	67245	12848	20727	6811
金属制品、机械和设备修理业	619064	528109	43117	61249	13349
电力、热力生产和供应业	466072	370263	32812	68359	28597
燃气生产和供应业	1186458	922563	174829	211134	30224
水的生产和供应业	510099	330716	109389	141641	23536

10-3 续表6

	亏损面(%)	产销率(%)	资 产 贡献率(%)	负债率(%)	流动资产周转次数(次)
总 计	**14.66**	**99.09**	**9.92**	**55.91**	**1.45**
按登记注册类型分组					
#国有企业	21.43	100.78	1.22	58.85	0.37
集体企业	11.11	99.47	23.37	51.72	3.56
股份合作企业	6.67	99.69	15.66	56.74	2.15
联营企业		100.00	4.67	46.61	1.41
有限责任公司	17.00	98.43	9.54	57.19	1.39
股份有限公司	19.48	99.05	8.40	42.63	0.76
私营企业	11.98	97.19	11.73	52.68	1.88
港、澳、台商投资企业	21.74	101.73	2.58	64.09	1.24
外商投资企业	20.42	100.43	18.88	58.65	1.90
按经济组织类型分组					
#独资企业	20.57	101.21	6.99	48.75	1.79
合作合伙企业	9.09	100.62	35.53	59.84	2.47
股份有限公司	17.17	99.00	8.45	40.97	0.79
有限责任公司	14.09	98.55	10.65	60.05	1.51
按轻重工业分					
轻 工 业	15.02	98.48	16.55	47.28	1.48
重 工 业	14.42	99.27	8.07	58.31	1.43
按企业规模分					
大型企业	11.88	99.95	11.18	58.45	1.40
中型企业	13.79	98.37	9.16	51.03	1.41
小型企业	14.50	98.09	8.58	55.34	1.57
微型企业	24.35	100.45	0.63	61.66	0.95
按工业行业大类分					
煤炭开采和洗选业					
石油和天然气开采业		100.00	9.27	48.07	2.92
黑色金属矿采选业					
有色金属矿采选业					
非金属矿采选业		100.19	18.48	3.18	7.31
开采专业及辅助性活动		100.00	1.29	7.54	0.32
其他采矿业					
农副食品加工业	14.29	101.30	9.85	61.30	2.38
食品制造业	12.82	100.94	20.65	44.11	2.05

10-3 续表 7

	亏损面 (%)	产销率 (%)	资产贡献率 (%)	负债率 (%)	流动资产周转次数 (次)
酒、饮料和精制茶制造业	9.23	97.67	15.55	45.42	2.05
烟草制品业		107.67	55.34	45.44	1.01
纺织业	13.04	94.73	6.00	47.26	1.25
纺织服装、服饰业	17.24	98.05	6.95	55.24	2.14
皮革、毛皮、羽毛及其制品和制鞋业	28.26	99.82	4.58	63.30	1.76
木材加工和木、竹、藤、棕、草制品业	18.92	98.50	5.58	43.42	1.60
家具制造业	10.42	97.77	9.11	54.35	2.00
造纸和纸制品业	21.79	98.94	11.46	55.57	2.65
印刷和记录媒介复制业	16.46	97.67	14.24	36.50	1.51
文教、工美、体育和娱乐用品制造业	7.69	99.51	13.95	71.98	2.22
石油、煤炭及其他燃料加工业	27.27	99.62	28.24	21.73	5.67
化学原料和化学制品制造业	17.44	97.05	10.18	43.18	1.62
医药制造业	16.84	94.20	14.07	41.94	0.90
化学纤维制造业	25.00	103.42	5.91	64.34	2.79
橡胶和塑料制品业	8.88	98.13	7.95	49.63	1.92
非金属矿物制品业	6.78	98.57	14.23	44.90	1.90
黑色金属冶炼和压延加工业	17.07	97.54	-10.22	106.11	2.38
有色金属冶炼和压延加工业	25.64	100.45	3.20	81.17	1.54
金属制品业	11.94	96.96	6.42	59.96	1.83
通用设备制造业	12.55	95.73	8.06	54.71	1.26
专用设备制造业	15.67	95.02	8.20	48.90	0.91
汽车制造业	19.63	99.17	21.04	63.91	1.82
铁路、船舶、航空航天和其他运输设备制造业	16.18	96.33	3.04	66.20	0.79
电气机械和器材制造业	20.58	100.56	10.31	48.15	1.48
计算机、通信和其他电子设备制造业	17.59	100.43	3.08	62.01	1.30
仪器仪表制造业	14.81	98.67	11.12	58.38	0.98
其他制造业		100.16	8.44	42.36	0.95
废弃资源综合利用业	14.29	94.32	16.12	64.84	1.29
金属制品、机械和设备修理业		100.12	4.33	42.16	0.85
电力、热力生产和供应业	12.00	99.89	6.32	54.94	1.50
燃气生产和供应业	4.88	98.73	7.91	60.00	1.92
水的生产和供应业	22.73	98.57	4.99	50.69	0.47

10-4 独立核算国有控股企业主要经济指标(2018年)

(年主营业务收入2000万元及以上企业)

Main Indicators of State Holding Majority Shares Industrial Enterprises with Independent Accounting System(2018)

单位:万元

	企业数(个)	#亏损企业
总　　计	**255**	**51**
在总计中:亏损企业	51	51
按隶属关系分		
中央企业	44	7
地方企业	211	44
按轻重工业分		
轻 工 业	47	9
重 工 业	208	42
按企业规模分		
大型企业	29	5
中型企业	69	12
小型企业	145	30
微型企业	12	4
按工业行业大类分		
石油和天然气开采业	2	
非金属矿采选业		
农副食品加工业	5	2
食品制造业	3	
酒、饮料和精制茶制造业	2	
烟草制品业	2	
纺 织 业	1	
纺织服装、服饰业	5	2
印刷和记录媒介复制业	2	
石油、煤炭及其他燃料加工业	1	
化学原料和化学制品制造业	11	2

10-4 续表 1

单元:万元

	企业数（个）	#亏损企业
医药制造业	9	
化学纤维制造业	1	
橡胶和塑料制品业	3	1
非金属矿物制品业	31	2
黑色金属冶炼和压延加工业	2	1
有色金属冶炼和压延加工业	4	2
金属制品业	11	3
通用设备制造业	12	3
专用设备制造业	15	4
汽车制造业	23	4
铁路、船舶、航空航天和其他运输设备制造业	18	5
电气机械和器材制造业	18	6
计算机、通信和其他电子设备制造业	32	7
仪器仪表制造业	5	2
其他制造业	1	
废弃资源综合利用业	2	
金属制品、机械和设备修理业	3	
电力、热力生产和供应业	6	1
燃气生产和供应业	13	
水的生产和供应业	12	4

10-4 续表2

单位:万元

	资产合计	流动资产合计	负债合计	所有者权益合计
总计	**43340271**	**21918627**	**24235530**	**19104741**
在总计中:亏损企业	4527598	2154600	3603326	924272
按隶属关系分				
中央企业	14233868	10229380	8989437	5244430
地方企业	29106403	11689247	15246093	13860311
按轻重工业分				
轻 工 业	5170274	3584307	2211919	2958354
重 工 业	38169997	18334320	22023611	16146387
按企业规模分				
大型企业	28248990	14042273	14903586	13345404
中型企业	8805851	4453468	5454196	3351655
小型企业	5708972	3037580	3526011	2182961
微型企业	576458	385306	351737	224721
按工业行业大类分				
石油和天然气开采业	41210	6503	19809	21401
非金属矿采选业				
农副食品加工业	108470	69008	92603	15868
食品制造业	64229	44052	33037	31192
酒、饮料和精制茶制造业	117501	65116	73583	43918
烟草制品业	2671084	2222507	1213865	1457219
纺织业	39058	20461	2854	36204
纺织服装、服饰业	102378	55847	65621	36756
印刷和记录媒介复制业	415229	252492	39541	375689
石油、煤炭及其他燃料加工业	3028928	633993	624601	2404327
化学原料和化学制品制造业	860818	229939	300594	560224

10-4 续表 3

单元:万元

	资　　产 合　　计	流动资产 合　　计	负　　债 合　　计	所有者权益 合　　计
医药制造业	882611	491741	293565	589046
化学纤维制造业	140902	63750	92660	48242
橡胶和塑料制品业	277223	135291	160831	116392
非金属矿物制品业	1543531	801291	838132	705399
黑色金属冶炼和压延加工业	619528	97350	1049372	-429844
有色金属冶炼和压延加工业	159648	50487	87602	72046
金属制品业	469399	254424	315960	153439
通用设备制造业	740509	496442	420717	319792
专用设备制造业	502861	196644	333121	169740
汽车制造业	5787375	4222562	4039774	1747601
铁路、船舶、航空航天和其他运输设备制造业	6941596	4748121	4796815	2144781
电气机械和器材制造业	860147	575169	341441	518705
计算机、通信和其他电子设备制造业	10935069	3889685	5728904	5206164
仪器仪表制造业	313183	281657	229697	83486
其他制造业	52332	43113	23698	28634
废弃资源综合利用业	93722	61262	61257	32465
金属制品、机械和设备修理业	645711	440832	327307	318405
电力、热力生产和供应业	1005486	121276	663626	341859
燃气生产和供应业	807428	333398	424366	383063
水的生产和供应业	3113105	1014214	1540577	1572528

10-4 续表4

单位:万元

	营业收入	利润总额	利税总额
总　计	**26276471**	**1135865**	**4235973**
在总计中:亏损企业	1460659	-545103	-499023
按隶属关系分			
中央企业	11468363	712191	2592095
地方企业	14808108	423674	1643878
按轻重工业分			
轻 工 业	4266844	292440	1797706
重 工 业	22009627	843425	2438267
按企业规模分			
大型企业	18181176	1048423	3803808
中型企业	4833426	-64540	148753
小型企业	2963228	162855	286201
微型企业	298641	-10873	-2789
按工业行业大类分			
石油和天然气开采业	18967	1183	3192
非金属矿采选业			
农副食品加工业	226345	4224	4248
食品制造业	79897	8949	13548
酒、饮料和精制茶制造业	147671	5454	15145
烟草制品业	2245302	69528	1477445
纺织业	15209	1026	2163
纺织服装、服饰业	65578	-1819	3618
印刷和记录媒介复制业	241653	52840	75788
石油、煤炭及其他燃料加工业	3988680	99577	885285
化学原料和化学制品制造业	284819	2312	10599

10-4 续表 5

单元:万元

	营业收入	利润总额	利税总额
医药制造业	550884	125982	160273
化学纤维制造业	190993	5785	6139
橡胶和塑料制品业	396003	4094	7432
非金属矿物制品业	1274790	88318	139151
黑色金属冶炼和压延加工业	244938	-315845	-304678
有色金属冶炼和压延加工业	118745	-10063	-8988
金属制品业	335872	-4738	3737
通用设备制造业	346281	18682	31617
专用设备制造业	194340	-1330	8263
汽车制造业	6712717	509886	1016344
铁路、船舶、航空航天和其他运输设备制造业	3860808	69853	110500
电气机械和器材制造业	599108	55094	73295
计算机、通信和其他电子设备制造业	1995620	115146	170157
仪器仪表制造业	165458	-1489	8147
其他制造业	20119	3357	3385
废弃资源综合利用业	54596	12326	19035
金属制品、机械和设备修理业	532807	30061	40231
电力、热力生产和供应业	231541	-4125	20228
燃气生产和供应业	698421	94929	115837
水的生产和供应业	438309	96668	124837

10-4 续表6

	亏损面（%）	产销率（%）	资产贡献率（%）	负债率（%）	流动资产周转次数（次）
总　　计	**20.00**	**100.15**	**10.21**	**55.92**	**1.20**
在总计中：亏损企业	100.00	96.21	-9.06	79.59	0.68
按隶属关系分					
中央企业	15.91	102.42	18.37	63.16	1.12
地方企业	20.85	98.32	6.22	52.38	1.27
按轻重工业分					
轻 工 业	19.15	105.48	35.12	42.78	1.19
重 工 业	20.19	99.10	6.84	57.70	1.20
按企业规模分					
大型企业	17.24	99.66	13.64	52.76	1.29
中型企业	17.39	103.12	2.64	61.94	1.09
小型企业	20.69	98.64	6.04	61.76	0.98
微型企业	33.33	101.05	-0.49	61.02	0.78
按工业行业大类分					
石油和天然气开采业		100.00	9.27	48.07	2.92
非金属矿采选业					
农副食品加工业	40.00	120.31	4.37	85.37	3.28
食品制造业		98.20	23.87	51.44	1.81
酒、饮料和精制茶制造业		93.90	13.45	62.62	2.27
烟草制品业		107.67	55.34	45.44	1.01
纺 织 业		88.46	5.59	7.31	0.74
纺织服装、服饰业	40.00	94.75	3.53	64.10	1.17
印刷和记录媒介复制业		98.88	19.35	9.52	0.96
石油、煤炭及其他燃料加工业		99.74	29.63	20.62	6.29
化学原料和化学制品制造业	18.18	102.89	1.79	34.92	1.24

10-4 续表 7

	亏损面（%）	产销率（%）	资产贡献率（%）	负债率（%）	流动资产周转次数（次）
医药制造业		98.72	18.45	33.26	1.12
化学纤维制造业		103.79	5.99	65.76	3.00
橡胶和塑料制品业	33.33	98.22	4.13	58.02	2.93
非金属矿物制品业	6.45	99.00	9.84	54.30	1.59
黑色金属冶炼和压延加工业	50.00	98.17	-41.90	169.38	2.52
有色金属冶炼和压延加工业	50.00	108.05	-5.38	54.87	2.35
金属制品业	27.27	102.84	1.75	67.31	1.32
通用设备制造业	25.00	92.66	4.53	56.81	0.70
专用设备制造业	26.67	100.42	2.94	66.25	0.99
汽车制造业	17.39	101.22	17.65	69.80	1.59
铁路、船舶、航空航天和其他运输设备制造业	27.78	96.28	1.89	69.10	0.81
电气机械和器材制造业	33.33	119.15	8.78	39.70	1.04
计算机、通信和其他电子设备制造业	21.88	93.37	1.68	52.39	0.51
仪器仪表制造业	40.00	90.92	2.80	73.34	0.59
其他制造业		97.27	7.04	45.28	0.47
废弃资源综合利用业		97.89	18.78	65.36	0.89
金属制品、机械和设备修理业		100.01	6.17	50.69	1.21
电力、热力生产和供应业	16.67	99.93	4.53	66.00	1.91
燃气生产和供应业		98.05	14.02	52.56	2.09
水的生产和供应业	33.33	99.33	4.71	49.49	0.43

10-5 独立核算集体工业企业主要经济指标(2018年)

(年主营业务收入2000万元及以上企业)

Main Indicators of Collective- owned Industrial Enterprises with Independent Accounting System(2018)

单位:万元

	企业数(个)	#亏损企业
总　　计	**9**	**1**
在总计中:亏损企业	1	1
按轻重工业分		
轻 工 业		
重 工 业	9	1
按企业规模分		
#中型企业	1	
小型企业	7	1
微型企业	1	
按工业行业大类分		
印刷和记录媒介复制业		
化学原料和化学制品制造业		
非金属矿物制品业	1	
黑色金属冶炼和压延加工业		
金属制品业	1	
通用设备制造业	1	
专用设备制造业	1	
汽车制造业	2	1
铁路、船舶、航空航天和其他运输设备制造业	1	
电气机械和器材制造业	1	
燃气生产和供应业	1	

10-5 续表 1

单位:万元

	资产合计	流动资产合计	负债合计	所有者权益
总计	**54968**	**43401**	**28429**	**26538**
在总计中:亏损企业	6198	5352	6502	-304
按轻重工业分				
轻工业				
重工业	54968	43401	28429	26538
按企业规模分				
#中型企业	12674	9945	5935	6738
小型企业	42294	33456	22494	19800
微型企业	2033	937	877	1156
按工业行业大类分				
印刷和记录媒介复制业				
化学原料和化学制品制造业				
非金属矿物制品业	1185	613	264	921
黑色金属冶炼和压延加工业				
金属制品业	6954	3986	2309	4645
通用设备制造业	5262	5017	2196	3066
专用设备制造业	2839	2072	1322	1517
汽车制造业	8230	6289	7379	852
铁路、船舶、航空航天和其他运输设备制造业	10641	9008	5059	5583
电气机械和器材制造业	3215	2872	2786	429
燃气生产和供应业	16642	13544	7114	9525

10-5 续表2

单位:万元

	营业收入	利润总额	利税总额
总计	**154709**	**7139**	**12445**
在总计中:亏损企业	10204	-711	-453
按轻重工业分			
轻工业			
重工业	154709	7139	12445
按企业规模分			
#中型企业	25315	434	1748
小型企业	129394	6705	10697
微型企业	12957	221	323
按工业行业大类分			
印刷和记录媒介复制业			
化学原料和化学制品制造业			
非金属矿物制品业	12160	691	927
黑色金属冶炼和压延加工业			
金属制品业	75715	5047	7402
通用设备制造业	9890	480	796
专用设备制造业	3952	73	132
汽车制造业	23161	-490	-130
铁路、船舶、航空航天和其他运输设备制造业	12358	213	1426
电气机械和器材制造业	5788	7	208
燃气生产和供应业	11685	1118	1684

10-5 续表3

	亏损面 (%)	产销率 (%)	资　产 贡献率 (%)	负债率 (%)	流动资产 周转次数 (次)
总　　计	**11.11**	**99.47**	**23.37**	**51.72**	**3.56**
在总计中:亏损企业	100.00	114.39	-7.31	104.91	1.91
按轻重工业分					
轻 工 业					
重 工 业	11.11	99.47	23.37	51.72	3.56
按企业规模分					
#中型企业		108.98	13.92	47.54	1.37
小型企业	14.29	98.90	26.00	53.19	3.87
微型企业		97.09	18.07	43.13	13.83
按工业行业大类分					
印刷和记录媒介复制业					
化学原料和化学制品制造业					
非金属矿物制品业		100.00	79.76	22.27	19.85
黑色金属冶炼和压延加工业					
金属制品业		98.75	107.28	33.20	19.00
通用设备制造业		98.04	15.30	41.73	1.97
专用设备制造业		94.68	4.64	46.57	1.91
汽车制造业	50.00	103.99	-1.04	89.65	3.68
铁路、船舶、航空航天和其他运输设备制造业		108.98	13.92	47.54	1.37
电气机械和器材制造业		85.99	7.16	86.65	2.02
燃气生产和供应业		100.00	11.27	42.76	0.86

10-6 独立核算"三资"工业企业主要经济指标(2018 年)

(年主营业务收入 2000 万元及以上企业)

Main Indicators of Overseas-funded Industrial Enterprises with Independent Accounting System(2018)

单位:万元

	企业数(个)	#亏损企业
总计	**283**	**59**
按登记注册类型分		
港、澳、台商投资企业	92	20
合资经营企业(港、澳、台资)	31	6
合作经营企业(港、澳、台资)	1	1
港澳台商独资企业	56	13
港澳台投资股份有限公司	3	
外商投资企业	191	39
中外合资经营企业	96	18
中外合作经营企业	1	
外资企业	92	21
外商投资股份有限公司		
其他外商投资企业	2	
按轻重工业分		
轻工业	116	31
重工业	167	28
按企业规模分		
大型企业	19	1
中型企业	69	11
小型企业	192	46
微型企业	3	1
按工业行业大类分		
#农副食品加工业	15	2
食品制造业	20	4
酒、饮料和精制茶制造业	7	2
纺织业		

10-6 续表 1

单元:万元

	企业数(个)	#亏损企业
纺织服装、服饰业	3	
皮革、毛皮、羽毛及其制品和制鞋业	5	4
木材加工和木、竹、藤、棕、草制品业	1	
家具制造业	2	
造纸和纸制品业	8	1
印刷和记录媒介复制业	7	3
文教、工美、体育和娱乐用品制造业	2	
石油、煤炭及其他燃料加工业	1	1
化学原料和化学制品制造业	21	5
医药制造业	22	8
化学纤维制造业	1	1
橡胶和塑料制品业	9	3
非金属矿物制品业	14	1
黑色金属冶炼和压延加工业	1	1
有色金属冶炼和压延加工业	2	
金属制品业	10	2
通用设备制造业	17	2
专用设备制造业	21	2
汽车制造业	32	5
铁路、船舶、航空航天和其他运输设备制造业	6	2
电气机械和器材制造业	11	4
计算机、通信和其他电子设备制造业	26	5
仪器仪表制造业	9	
其他制造业		
金属制品、机械和设备修理业	2	
电力、热力生产和供应业	3	1
燃气生产和供应业	4	
水的生产和供应业	1	

10-6 续表2

单位:万元

	资产总计	流动资产合计	负债总计	所有者权益
总计	**37212897**	**24690744**	**22836403**	**14376493**
按登记注册类型分				
港、澳、台商投资企业	18589840	11962798	11914804	6675037
合资经营企业(港、澳、台资)	12636301	9980355	10363918	2272384
合作经营企业(港、澳、台资)	6150	6128	4814	1336
港澳台商独资企业	5791553	1882505	1490396	4301157
港澳台投资股份有限公司	155837	93810	55676	100160
外商投资企业	18623056	12727945	10921600	7701457
中外合资经营企业	9903099	7183421	5663967	4239132
中外合作经营企业	13659	6354	6941	6718
外资企业	8670626	5505885	5234298	3436328
外商投资股份有限公司				
其他外商投资企业	35672	32285	16395	19278
按轻重工业分				
轻工业	3645799	1985717	1588877	2056922
重工业	33567097	22705027	21247526	12319571
按企业规模分				
大型企业	24918510	17435900	16108816	8809694
中型企业	7541910	5066742	4065498	3476412
小型企业	4702824	2147742	2626430	2076394
微型企业	49653	40360	35659	13994
按工业行业大类分				
#农副食品加工业	402333	270854	167842	234491
食品制造业	701100	396558	340587	360514
酒、饮料和精制茶制造业	677919	208192	382123	295796
纺织业				

10-6 续表 3

单元:万元

	资产总计	流动资产合计	负债总计	所有者权益
纺织服装、服饰业	11426	9074	3880	7546
皮革、毛皮、羽毛及其制品和制鞋业	40375	29090	20088	20287
木材加工和木、竹、藤、棕、草制品业	2918	2918		2918
家具制造业	19191	13386	8194	10996
造纸和纸制品业	126858	74010	49483	77375
印刷和记录媒介复制业	177738	106426	70992	106746
文教、工美、体育和娱乐用品制造业	3225	2459	2009	1216
石油、煤炭及其他燃料加工业	12525	5870	7910	4615
化学原料和化学制品制造业	579180	363673	296504	282676
医药制造业	704256	419010	197316	506940
化学纤维制造业	15663	6179	9065	6599
橡胶和塑料制品业	337217	237001	176026	161191
非金属矿物制品业	1491115	577127	457230	1033885
黑色金属冶炼和压延加工业	32145	21938	20080	12066
有色金属冶炼和压延加工业	27154	15812	3390	23764
金属制品业	136102	71782	64858	71244
通用设备制造业	326279	210094	197915	128364
专用设备制造业	711991	494833	401111	310880
汽车制造业	6954530	5261268	4378411	2576119
铁路、船舶、航空航天和其他运输设备制造业	118240	63875	65981	52258
电气机械和器材制造业	779956	463672	349683	430273
计算机、通信和其他电子设备制造业	20763867	14782699	13810049	6953818
仪器仪表制造业	410359	312568	237927	172431
其他制造业				
金属制品、机械和设备修理业	214542	159674	82966	131577
电力、热力生产和供应业	79455	15216	62661	16794
燃气生产和供应业	1346034	89876	967419	378615
水的生产和供应业	9206	5613	4705	4501

10-6 续表4

单位：万元

	营业收入	利税总额	本年应交增值税
总计	**39084867**	**3939101**	**743022**
按登记注册类型分			
港、澳、台商投资企业	14846147	463987	81959
合资经营企业（港、澳、台资）	10462180	251818	46830
合作经营企业（港、澳、台资）	993	-31	13
港澳台商独资企业	4234007	196057	33633
港澳台投资股份有限公司	148966	16144	1482
外商投资企业	24238721	3475113	661064
中外合资经营企业	12924050	2543463	516797
中外合作经营企业	7680	2557	-220
外资企业	11252605	913282	141685
外商投资股份有限公司			
其他外商投资企业	54385	15812	2802
按轻重工业分			
轻工业	3462338	527055	124258
重工业	35622529	3412046	618765
按企业规模分			
大型企业	25422662	2725876	517634
中型企业	10413782	909370	159867
小型企业	3222101	301776	65165
微型企业	26322	2079	356
按工业行业大类分			
#农副食品加工业	619532	76139	3982
食品制造业	861465	175187	43621
酒、饮料和精制茶制造业	580835	85253	29200
纺织业			

10-6 续表 5

单元:万元

	营　业 收　入	利　税 总　额	本年应交 增 值 税
纺织服装、服饰业	20056	1091	804
皮革、毛皮、羽毛及其制品和制鞋业	47835	-1131	250
木材加工和木、竹、藤、棕、草制品业	3296	33	
家具制造业	10424	2723	616
造纸和纸制品业	173964	25960	2664
印刷和记录媒介复制业	144277	17128	3945
文教、工美、体育和娱乐用品制造业	7061	444	285
石油、煤炭及其他燃料加工业	15188	-6352	121
化学原料和化学制品制造业	624890	79512	16858
医药制造业	349020	95902	24917
化学纤维制造业	10912	-560	244
橡胶和塑料制品业	247584	25113	8230
非金属矿物制品业	914834	226501	49623
黑色金属冶炼和压延加工业	13839	-2857	-1482
有色金属冶炼和压延加工业	78011	3184	1153
金属制品业	123828	6730	2906
通用设备制造业	356426	35227	7964
专用设备制造业	761223	96096	12747
汽车制造业	10267509	2167243	435368
铁路、船舶、航空航天和其他运输设备制造业	95337	2358	1010
电气机械和器材制造业	673149	148997	25892
计算机、通信和其他电子设备制造业	21273501	546028	61070
仪器仪表制造业	428002	94212	6983
其他制造业			
金属制品、机械和设备修理业	265523	20771	1276
电力、热力生产和供应业	33185	4048	523
燃气生产和供应业	76654	13898	2197
水的生产和供应业	7505	223	58

10-6 续表6

	亏损面(%)	产销率(%)	资产贡献率(%)	负债率(%)	流动资产周转次数(次)
总　　计	**20.85**	**100.84**	**10.74**	**61.37**	**1.58**
按登记注册类型分					
港、澳、台商投资企业	21.74	101.73	2.58	64.09	1.24
合资经营企业(港、澳、台资)	19.35	101.36	1.52	82.09	1.03
合作经营企业(港、澳、台资)	100.00	49.77	2.11	78.28	0.16
港澳台商独资企业	23.21	101.78	3.65	25.73	2.25
港澳台投资股份有限公司		139.72	11.06	35.73	1.59
外商投资企业	20.42	100.43	18.88	58.65	1.90
中外合资经营企业	18.75	99.35	25.61	57.19	1.80
中外合作经营企业		100.00	18.71	50.82	1.21
外资企业	22.83	101.16	11.09	60.37	2.04
外商投资股份有限公司					
其他外商投资企业		114.34	44.79	45.96	1.68
按轻重工业分					
轻 工 业	26.72	97.54	15.00	43.58	1.74
重 工 业	16.77	101.10	10.27	63.30	1.57
按企业规模分					
大型企业	5.26	101.39	11.02	64.65	1.46
中型企业	15.94	99.20	12.38	53.91	2.06
小型企业	23.96	100.93	6.69	55.85	1.50
微型企业	33.33	96.22	4.32	71.82	0.65
按工业行业大类分					
#农副食品加工业	13.33	98.73	19.13	41.72	2.29
食品制造业	20.00	107.28	25.38	48.58	2.17
酒、饮料和精制茶制造业	28.57	98.99	13.41	56.37	2.79
纺 织 业					

10-6 续表7

	亏损面 (%)	产销率 (%)	资　产 贡献率 (%)	负债率 (%)	流动资产 周转次数 (次)
纺织服装、服饰业		97.66	10.29	33.96	2.21
皮革、毛皮、羽毛及其制品和制鞋业	80.00	95.71	-2.34	49.75	1.64
木材加工和木、竹、藤、棕、草制品业		100.00	1.13		1.13
家具制造业		102.07	13.79	42.70	0.78
造纸和纸制品业	12.50	92.09	20.62	39.01	2.35
印刷和记录媒介复制业	42.86	98.30	10.40	39.94	1.36
文教、工美、体育和娱乐用品制造业		99.54	14.93	62.29	2.87
石油、煤炭及其他燃料加工业	100.00	99.61	-50.66	63.15	2.59
化学原料和化学制品制造业	23.81	106.71	14.42	51.19	1.72
医药制造业	36.36	77.25	13.98	28.02	0.83
化学纤维制造业	100.00	106.47	-1.82	57.87	1.77
橡胶和塑料制品业	33.33	96.96	8.54	52.20	1.04
非金属矿物制品业	7.14	100.34	15.95	30.66	1.59
黑色金属冶炼和压延加工业	100.00	89.53	-8.83	62.47	0.63
有色金属冶炼和压延加工业		102.32	12.64	12.48	4.93
金属制品业	20.00	101.05	5.43	47.65	1.73
通用设备制造业	11.76	101.10	11.40	60.66	1.70
专用设备制造业	9.52	89.58	14.88	56.34	1.54
汽车制造业	15.63	100.74	30.99	62.96	1.95
铁路、船舶、航空航天和其他运输设备制造业	33.33	107.61	2.19	55.80	1.49
电气机械和器材制造业	36.36	101.66	19.36	44.83	1.45
计算机、通信和其他电子设备制造业	19.23	101.37	2.74	66.51	1.44
仪器仪表制造业		102.36	23.20	57.98	1.37
其他制造业					
金属制品、机械和设备修理业		100.00	9.76	38.67	1.66
电力、热力生产和供应业	33.33	100.00	5.07	78.86	2.18
燃气生产和供应业		83.72	0.78	71.87	0.85
水的生产和供应业		93.91	3.94	51.11	1.34

10-7 大中型工业企业主要经济指标

Main Indicators of Large-scale and Medium-scale Industrial Enterprises

单位:万元

合　　计	2016 年		2017 年		2018 年	
	合　　计	占全市工业的比重(%)	合　　计	占全市工业的比重(%)	合　　计	占全市工业的比重(%)
企业单位数(个)	640	17.8	615	16.9	529	15.4
#亏损企业	75	17.0	47	11.6	71	14.1
流动资产合计	42583086	67.2	50001730	69.8	57526419	72.5
资产总计	77840190	68.4	83690842	69.1	99454270	72.7
负债总计	40114481	65.4	44161045	66.6	55732514	72.9
营业收入	80326845	67.7	84462736	67.6	80941563	70.6
#税金及附加	2791811	93.7	3029834	93.1	3051266	93.0
盈利企业的利润总额	7037660	74.6	7971825	75.9	5505472	70.8
亏损企业的亏损总额	617885	62.7	244700	43.3	601988	57.2
盈亏相抵的利润总额	6419775	76.0	7727125	77.7	4903484	73.0
利税总额	12673054	79.5	13004292	78.8	10091635	78.1

注:“占全市工业的比重(%)”为大中型工业企业占年主营业务收入 2000 万元及以上的独立核算工业企业比重。

10-8 全部独立核算工业企业主要经济效益指标

（年主营业务收入2000万元及以上企业）

Main Indicators on Economic Benefit of Industrial Enterprises with Independent Accounting System

	单位	2017年	2018年		单位	2017年	2018年
总资产贡献率	%	**14.3**	**9.9**	**流动资产周转次数**	次	**1.8**	**1.5**
#国有控股经济	%	14.2	10.2	#国有控股经济	次	1.5	1.2
集体经济	%	29.6	23.4	集体经济	次	6.3	3.6
三资企业	%	21.2	10.7	三资企业	次	2.2	1.6
资本保值率	%	**104.4**	**110.1**	**成本费用利润率**	%	**8.7**	**6.4**
#国有控股经济	%	105.8	122.2	#国有控股经济	%	8.3	4.9
集体经济	%	54.0	63.5	集体经济	%	5.6	4.9
三资企业	%	94.5	107.3	三资企业	%	11.5	6.4
资产负债率	%	**54.8**	**55.9**	**产销率**	%	**96.6**	**99.1**
#国有控股经济	%	57.4	55.9	#国有控股经济	%	98.3	100.2
集体经济	%	47.2	51.7	集体经济	%	98.2	99.5
三资企业	%	56.8	61.4	三资企业	%	95.6	100.8

10-9 全市工业企业特色优势产业主要经济指标(2018 年)

Main Indicators of Characteristic and Advantageous Industries(2018)

单位:万元

	资产合计	应收帐款	产成品
特色优势产业合计	**116585634**	**25354843**	**4729431**
占全市比重(%)	85.23	91.67	88.90
按工业行业分			
电子信息产品制造业	46936702	11551990	1453946
占全市比重(%)	34.31	41.78	27.33
占特色优势产业合计比重(%)	40.26	45.57	30.74
机械工业	23564388	4751842	1093622
占全市比重(%)	17.23	17.18	20.56
占特色优势产业合计比重(%)	20.21	18.74	23.12
汽车工业	15098836	5570946	583782
占全市比重(%)	11.04	20.14	10.97
占特色优势产业合计比重(%)	12.95	21.97	12.34
石油化学工业	7284011	554553	238617
占全市比重(%)	5.32	2.00	4.49
占特色优势产业合计比重(%)	6.25	2.19	5.05
食品、饮料及烟草工业	9488974	649762	670602
占全市比重(%)	6.94	2.35	12.60
占特色优势产业合计比重(%)	8.14	2.56	14.18
冶金工业	3009271	335213	176178
占全市比重(%)	2.2	1.21	3.31
占特色优势产业合计比重(%)	2.58	1.32	3.73
建材工业	5790074	1306859	230911
占全市比重(%)	4.23	4.72	4.34
占特色优势产业合计比重(%)	4.97	5.15	4.88
轻工行业	5413378	633678	281773
占全市比重(%)	3.96	2.29	5.30
占特色优势产业合计比重(%)	4.64	2.50	5.96

注:“占全市比重(%)”指特色优势产业占年主营业务收入2000万元及以上的企业比重。

10-9 续表 1

单位:万元

	负债合计	营业收入	管理费用
特色优势产业合计	**66758368**	**103745854**	**4609036**
占全市比重(%)	87.29	90.43	84.64
按工业行业分			
电子信息产品制造业	28436387	35442637	1361346
占全市比重(%)	37.16	30.89	24.99
占特色优势产业合计比重(%)	42.59	34.17	29.53
机械工业	13532680	15942792	1134075
占全市比重(%)	17.7	13.9	20.83
占特色优势产业合计比重(%)	20.27	15.37	24.61
汽车工业	9640533	19513003	552538
占全市比重(%)	12.61	17.01	10.15
占特色优势产业合计比重(%)	14.44	18.81	11.99
石油化学工业	2466725	7151488	336623
占全市比重(%)	3.23	6.23	6.18
占特色优势产业合计比重(%)	3.7	6.89	7.3
食品、饮料及烟草工业	4638367	10500481	497181
占全市比重(%)	6.07	9.15	9.13
占特色优势产业合计比重(%)	6.95	10.12	10.79
冶金工业	2787188	3510456	123685
占全市比重(%)	3.64	3.06	2.27
占特色优势产业合计比重(%)	4.18	3.38	2.68
建材工业	2590568	6110254	257453
占全市比重(%)	3.39	5.33	4.73
占特色优势产业合计比重(%)	3.88	5.89	5.59
轻工行业	2665920	5574743	346135
占全市比重(%)	3.49	4.86	6.36
占特色优势产业合计比重(%)	3.99	5.37	7.51

10-9　续表2

单位:万元

	利　　息 支　　出	利　　润 总　　额	利　　税 总　　额	从业人员 平均人数 (人)
特色优势产业合计	**716891**	**5413735**	**10988851**	**774120**
占全市比重(%)	75.74	80.57	85.02	88.67
按工业行业分				
电子信息产品制造业	248760	1350169	1783509	255480
占全市比重(%)	26.30	20.09	13.80	29.26
占特色优势产业合计比重(%)	34.71	24.94	16.22	32.98
机械工业	169063	794655	1231681	160677
占全市比重(%)	17.86	11.83	9.53	18.41
占特色优势产业合计比重(%)	23.58	14.68	11.21	20.76
汽车工业	54715	1622429	3121052	80320
占全市比重(%)	5.78	24.15	24.15	9.20
占特色优势产业合计比重(%)	7.63	29.97	28.40	10.38
石油化学工业	44610	387060	1275435	25587
占全市比重(%)	4.71	5.76	9.87	2.93
占特色优势产业合计比重(%)	6.22	7.15	11.61	3.31
食品、饮料及烟草工业	47277	723334	2484299	82328
占全市比重(%)	4.99	10.77	19.22	9.43
占特色优势产业合计比重(%)	6.59	13.36	22.61	10.64
冶金工业	62986	-267933	-164379	15910
占全市比重(%)	6.65	-3.99	-1.27	1.82
占特色优势产业合计比重(%)	8.79	-4.95	-1.50	2.06
建材工业	48756	534314	786257	41376
占全市比重(%)	5.15	7.95	6.08	4.74
占特色优势产业合计比重(%)	6.80	9.87	7.16	5.34
轻工行业	40724	269707	470997	112442
占全市比重(%)	4.30	4.01	3.64	12.88
占特色优势产业合计比重(%)	5.68	4.98	4.29	14.53

10-10 分月规模以上工业企业主要经济指标(2018 年)

Main Indicators of Industrial Enterprises above Designated Size of Each Month(2018)

单位:亿元

	营业收入	利润总额	利税总额
1-2 月	1638.5	83.4	176.8
1-3 月	2588.1	149.7	297.5
1-4 月	3491.8	195.3	390.3
1-5 月	4398.0	249.6	489.5
1-6 月	5417.6	318.8	600.3
1-7 月	6342.9	371.0	699.7
1-8 月	7339.1	423.5	806.2
1-9 月	7996.9	480.9	901.4
1-10 月	8755.2	514.8	983.2
1-11 月	9856.2	582.8	1107.6
1-12 月	11056.1	648.8	1211.5

注:此表数据为快报数

主要统计指标解释

实收资本 是指企业实际收到投资者投入企业的可作为长期周转使用的经营资金。实收资本按投资主体可分为国家资本、法人资本、个人资本金、港澳台资本和外商资本、集体资本等。

总资产 指企业拥有或控制的全部资产。包括流动资产、长期投资、固定资产、无形及递延资产、其他长期资产、递延税项等即为企业资产负债表的资产总计项。

(1)流动资产指企业可以在一年内或者超过一年的一个生产周期内变现或耗用的资产合计。包括现金及各种存款、短期投资、应收及预付款项、存货等。

(2)固定资产指企业固定资产净值、固定资产清理、在建工程、待处理固定资产损失所占用的资金合计。

(3)无形资产指企业长期使用而没有实物形态的资产。包括专利权、非专利技术、商标权、著作权、土地使用权、商誉等。

总负债 指企业承担并需要偿还的全部债务。包括流动负债、递延税项等即为企业资产负债表的负债合计项。

(1)流动负债指企业在一年内或者超过一年的一个营业周期内需要偿还的债务合计其中包括短期借款、应付及预收款项、应付工资、应交税金和应交利润等。

(2)长期负债指企业在一年以上或者超过一年的一个生产周期以上需要偿还的债务合计其中包括长期借款、应付债务、长期应付款项等。

所有者权益合计 指企业投资人对企业净资产的所有权。企业净资产等于企业全部资产减去全部负债后的余额,包括实收资本、资本公积、盈余公积、未分配利润等。

利税总额 指企业利润总额、产品销售税金及附加和应交增值税之和。

资金利税率 指在一定时期内已实现的利润、税金总额与同期的资产(固定资产净值和流动资产)之比。计算公式为:

$$资产利税率(\%)=\frac{报告期累计实现利税总额}{固定资产净值平均余额+流动资产平均余额}\times100\%$$

工业成本费用利润率 指在一定时期内实现的利润与成本费用之比反映工业生产的成本及费用投入的经济效益同时也反映企业降低成本所取得的经济效益。计算公式为:

$$工业成本费用利润率(\%)=\frac{利润总额}{成本费用总额}\times100\%$$

工业成本费用总额包括营业成本、销售费用、管理费用、财务费用之和。

流动资产周转次数 指在一定时期内流动资产完成的周转次数,反映流动资产的周转速度。计算公式为:

$$流动资产周转次数=\frac{营业收入}{全部流动资产平均余额}\times100\%$$

产品销售率 指一定时期内销售产值与同期全部工业总产值之比反映工业产品已实现销售的程度。计算公式为:

$$工业产品销售率(\%)=\frac{工业销售产值}{现价工业总产值}\times100\%$$

资产负债率 指报告期流动负债和长期负债之和与同期的流动资产、长期资产、固定资产、无形及递延资产和其他长期资产之和之比是反映企业偿债能力的主要指标。计算公式为:

$$资产负债率(\%)=\frac{负债总额}{资产总额}\times100\%$$

资本保值增值率 反映企业净资产的变动状况是企业发展能力的集中体现。计算公式为：

$$资本保值增值率(\%)=\frac{报告期期末所有者权益}{上年同期期末所有者权益}\times 100\%$$

总资产贡献率 反映企业全部资产的获利能力是企业经营业绩和管理水平的集中体现是评价和考核企业盈利能力的核心指标。计算公式为：

$$总资产贡献率(\%)=\frac{利润总额+税金总额+利息支出-利息收入}{平均资产总额}\times 100\%$$

其中:税金总额为产品销售税金及附加与应交增值税之和。

十一　运输、邮电

简 要 说 明

主要内容

本部分资料反映货物和旅客运输、邮电通信发展基础情况。

资料来源

铁路客、货运资料来源于成都铁路局分局和四川省地方铁路局。

民用航空资料来源于中国国际航空股份有限公司、四川航空公司、成都航空有限公司、双流国际机场。

水运和公路运输资料来源于成都市交通运输局。

邮政通信资料来源于成都市邮政管理局、中国电信成都市分公司、中国移动成都市分公司、中国联通四川分公司。

其他需要说明的问题

铁路运输按成都铁路局和四川省地方铁路局成都辖区部分发出量统计；民用航空运输按成都港发出量统计；水运、公路运输按辖区全社会口径统计。

11-1 历年货物运输量

Freight Traffic over the Years

单位:万吨

年份	总计	铁路	民用航空	水运	公路
1949	0. 6				0. 6
1950	1. 6				1. 6
1951	25. 0				25. 0
1952	76. 0			8. 4	67. 6
1953	276. 8	106. 2		8. 0	162. 6
1954	242. 6	83. 9		9. 8	148. 9
1955	209. 5	31. 8		9. 8	167. 9
1956	513. 9	200. 4		24. 3	289. 2
1957	718. 4	301. 8		48. 3	368. 3
1958	690. 9	184. 5	0. 1	49. 6	456. 7
1959	1370. 7	586. 7	0. 2	50. 9	732. 9
1960	1178. 4	269. 1	0. 3	61. 3	847. 7
1961	808. 2	358. 2	0. 2	26. 7	423. 1
1962	915. 9	472. 8	0. 1	23. 5	419. 5
1963	789. 3	388. 9	0. 1	27. 9	372. 4
1964	992. 2	507. 2	0. 1	29. 6	455. 3
1965	1248. 9	682. 2	0. 2	44. 2	522. 3
1966	1422. 5	758. 7	0. 2	44. 6	619. 0
1967	1113. 4	552. 4	0. 2	55. 0	505. 8
1968	813. 2	400. 9	0. 2	25. 9	386. 2
1969	1143. 3	609. 5	0. 2	26. 4	507. 2
1970	1622. 1	864. 4	0. 2	30. 8	726. 7
1971	1874. 7	989. 0	0. 2	38. 8	846. 7
1972	1934. 5	995. 7	0. 2	43. 2	895. 4
1973	1905. 0	967. 7	0. 2	33. 6	903. 5
1974	1793. 9	846. 2	0. 1	26. 5	921. 1
1975	2126. 2	1060. 6	0. 2	30. 8	1034. 6
1976	1985. 3	899. 1	0. 2	33. 5	1052. 5
1977	2494. 9	1134. 5	0. 2	34. 0	1326. 2
1978	2873. 6	1319. 1	0. 3	31. 4	1522. 8
1979	3723. 7	1395. 2	0. 3	24. 8	2303. 4
1980	4295. 0	1395. 7	0. 4	23. 5	2875. 4
1981	4546. 2	1317. 4	0. 4	19. 1	3209. 3
1982	4813. 0	1360. 9	0. 4	16. 4	3435. 3
1983	6013. 4	1414. 7	0. 4	19. 9	4578. 4
1984	6732. 3	1494. 2	0. 7	11. 9	5225. 5
1985	7467. 8	1484. 3	1. 0	15. 9	5966. 6

11-1 续表

单位:万吨

年　　份	总　　计	铁　　路	民用航空	水　　运	公　　路
1986	7810.6	1536.0	1.0	31.8	6241.8
1987	8437.4	1574.8	1.5	34.1	6827.0
1988	9308.4	1622.0	1.5	45.0	7639.9
1989	10006.0	1669.0	2.0	45.0	8290.0
1990	10139.0	1594.0	2.0	43.0	8500.0
1991	10719.0	1608.0	2.0	43.0	9066.0
1992	10505.2	1715.0	2.2	44.0	8744.0
1993	11073.8	1801.0	2.8	45.0	9225.0
1994	11191.5	1764.0	3.5	46.0	9378.0
1995	11659.3	1714.0	4.3	48.0	9893.0
1996	13073.9	1861.0	4.9	75.0	11133.0
1997	14341.9	1753.0	5.9	32.0	12551.0
1998	18598.4	3906.0	5.4	210.0	14477.0
1999	19632.5	3913.0	6.5	20.0	15693.0
2000	21489.2	4081.7	8.5	20.0	17379.0
2001	23718.5	4402.0	9.5	103.0	19204.0
2002	15309.5	4565.0	10.5	54.0	10680.0
2003	17117.9	4977.0	12.2	84.7	12044.0
2004	25686.0	13050.0	15.3	82.7	12538.0
2005	26696.0	13309.0	18.0	54.0	13315.0
2006	28143.0	14007.0	20.0	42.0	14074.0
2007	30025.4	14693.9	22.3	14.5	15294.7
2008	35456.1	14099.0	17.1		21340.0
2009	39540.2	14119.9	18.5		25401.8
2010	44086.8	15385.8	22.0		28679.0
2011	34368.2	773.2	24.9		33570.1
2012	39569.1	764.8	27.4		38776.9
2013	30318.6	764.4	26.7		29527.5
2014	28051.2	931.6	27.3		27092.3
2015	27758.9	1036.6	67.3		26655.0
2016	26351.2	933.4	59.8	195.0	25163.0
2017	27120.8	796.4	61.4	17.8	26245.2
2018	28953.9	663.0	64.3	19.4	28207.2

注:①从 2002 年起交通部门的口径作了调整,公路客、货运输量不含人力车、出租车和私家车数据,下同;②2005 年成铁分局撤销,2004 年以后数据为西南三省合并后的铁路局数据;2011 年起为成都地区铁路与地铁数据之和;③从 2016 年 3 月起,航空货运量由机场出港量改为八家航空公司上报货运量;从 2017 年 7 月起,机场数据仅有吞吐量、未单独核算进港和出港,航空客运量由机场出港量改为四家基地航空公司上报客运量;④因统计口径调整,铁路客运量、客运周转量数据均作了相应调整。(下同)

11-2 历年货物周转量

Freight Ton-Kilometers over the Years

单位:万吨公里

年 份	总 计	铁 路	民用航空	水 运	公 路
1949	26				26
1950	259				259
1951	1249			144	1105
1952	2164			489	1675
1953	62652	59366		357	2929
1954	52948	46900		570	5478
1955	24491	17776		536	6179
1956	122732	112024		889	9819
1957	180608	168706		988	10914
1958	112023	103136	181	1304	7402
1959	243218	227965	336	1742	13175
1960	168470	150427	466	2452	15125
1961	209017	200234	430	1481	6872
1962	279720	264295	191	970	14264
1963	227139	217395	193	683	8868
1964	293117	283525	202	758	8632
1965	396158	381350	279	932	13597
1966	445525	424113	402	786	20224
1967	328912	308792	430	777	18913
1968	237527	224103	325	592	12507
1969	358461	340711	372	598	16780
1970	530710	505686	391	689	23944
1971	579008	551386	338	546	26738
1972	580811	553059	449	581	26722
1973	560459	532104	330	619	27406
1974	491860	462396	387	483	28594
1975	632240	597437	544	379	33880
1976	534872	501721	691	486	31974
1977	693385	652497	750	449	39689
1978	812941	765995	793	496	45657
1979	818572	736246	910	294	81122
1980	866799	782111	897	259	83532
1981	775434	678534	978	223	95699
1982	811892	704655	1049	195	105993
1983	897339	751125	1004	123	145087
1984	1059673	891346	1864	59	166404
1985	1164952	973843	2844	55	188210

11-2 续表

单位:万吨公里

年 份	总 计	铁 路	民用航空	水 运	公 路
1986	1269569	1063715	4669	111	201074
1987	1436309	1185030	5797	119	245363
1988	1556123	1245801	4538	157	305627
1989	1562690	1247164	5480	158	309888
1990	1478332	1183150	6459	149	288574
1991	1579549	1240720	6049	150	332630
1992	1616289	1256236	7545	153	352355
1993	1690540	1317584	10561	160	362235
1994	1815262	1394032	13518	162	407550
1995	1824422	1377400	16147	170	430705
1996	1918702	1459543	18747	231	440181
1997	1993532	1474000	19698	64	499770
1998	3398369	2793895	18816	140	585518
1999	3405441	2740700	17700	50	646991
2000	3626456	2893000	21172	41	712243
2001	4140255	3336200	20200	103	783752
2002	4264690	3835800	25100	60	403730
2003	4459619	3992220	22200	164	445035
2004	11619900	11118000	27400	100	474400
2005	11869780	11327800	32900	80	509000
2006	12050427	11440000	42900	27	567500
2007	13259008	12553000	52000	8	654000
2008	13944063	12869900	62171		1011992
2009	15272385	13731100	69718		1471567
2010	16577062	14749700	77975		1749387
2011	2883673	752136	80585		2050952
2012	3251812	784374	99974		2367464
2013	2876368	798509	102904		1974955
2014	3220855	785917	112689		2322249
2015	3237896	714550	116854		2406492
2016	3342354	695132	126888	1377	2518957
2017	3558283	752883	135175	130	2670095
2018	3817744	835562	141856	97	2840229

11-3 历年旅客运输量

Passenger Traffic over the Years

单位：万人

年份	总计	铁路	民用航空	水运	公路
1949	7.9				7.9
1950	9.9				9.9
1951	14.9				14.9
1952	29.2				29.2
1953	95.9	45.3			50.6
1954	107.1	41.1			66.0
1955	145.0	64.9			80.1
1956	231.6	113.4	0.2		118.0
1957	300.0	149.3	0.3		150.4
1958	254.7	158.8	0.8		95.1
1959	366.4	200.4	1.0		165.0
1960	414.9	276.6	1.3		137.0
1961	505.7	414.4	1.5		89.8
1962	777.3	455.3	1.1		320.9
1963	548.3	274.0	1.0		273.3
1964	604.1	218.1	1.7		384.3
1965	1001.5	578.7	2.3		420.5
1966	1244.9	723.5	1.9		519.5
1967	1510.2	1020.6	2.3		487.3
1968	1530.2	1133.9	2.3		394.0
1969	1919.7	1400.0	2.2		517.5
1970	1960.7	1432.8	2.2	4.8	520.9
1971	2009.3	1367.4	2.6	5.0	634.3
1972	2405.6	1560.6	3.3	7.4	834.3
1973	2489.5	1700.4	3.4	7.4	778.3
1974	2255.8	1493.3	4.1	9.3	749.1
1975	2155.7	1415.5	5.8	8.9	725.5
1976	2114.0	1413.9	7.3	9.7	683.1
1977	2281.0	1495.8	8.5	5.3	771.4
1978	2634.6	1541.4	11.3	3.9	1078.0
1979	3224.8	1740.7	14.2	3.5	1466.4
1980	4586.4	1894.3	14.6	1.2	2676.3

11-3 续表

单位:万人

年 份	总 计	铁 路	民用航空	水 运	公 路
1981	5122. 2	1785. 9	16. 3	2. 0	3318. 0
1982	5793. 8	1830. 7	16. 0	1. 4	3945. 7
1983	6682. 5	1916. 2	11. 8	5. 0	4749. 5
1984	8149. 5	2112. 6	22. 5	12. 0	6002. 4
1985	9384. 2	2141. 6	31. 4	10. 2	7201. 0
1986	9861. 7	2119. 0	43. 3	12. 3	7687. 1
1987	11088. 8	2303. 0	55. 2	34. 2	8696. 4
1988	11512. 4	2476. 0	52. 8	42. 5	8941. 1
1989	12484. 0	2208. 0	61. 0	44. 0	10171. 0
1990	12894. 0	1729. 0	71. 0	46. 0	11048. 0
1991	14003. 0	1838. 0	96. 0	49. 0	12020. 0
1992	14728. 0	1968. 0	110. 0	50. 0	12600. 0
1993	13942. 0	2028. 0	139. 0	51. 0	11724. 0
1994	14769. 0	1998. 0	169. 0	57. 0	12545. 0
1995	19931. 0	1703. 0	200. 0	60. 0	17968. 0
1996	24668. 0	1408. 0	205. 0	55. 0	23000. 0
1997	29092. 0	1473. 0	207. 0	151. 0	27261. 0
1998	36248. 1	2126. 0	213. 1	157. 0	33752. 0
1999	40140. 4	2423. 0	242. 4	10. 0	37465. 0
2000	46459. 0	2685. 8	269. 2	23. 0	43481. 0
2001	52432. 7	2925. 0	304. 7	103. 0	49100. 0
2002	28884. 6	2896. 0	379. 3	142. 3	25467. 0
2003	28234. 4	2601. 0	410. 0	158. 4	25065. 0
2004	35511. 0	7323. 0	581. 0	161. 0	27446. 0
2005	38086. 0	7931. 0	693. 0	123. 0	29339. 0
2006	39742. 2	8837. 0	808. 0	120. 0	29977. 2
2007	43313. 9	10125. 4	911. 5	99. 5	32177. 5
2008	79016. 3	10948. 2	844. 1	82. 0	67142. 0
2009	94083. 7	11060. 8	1121. 8	72. 0	81829. 1
2010	99811. 3	12488. 0	1287. 9	37. 4	85998. 0
2011	99070. 0	9299. 9	1446. 6	41. 0	88282. 5
2012	106873. 8	14270. 6	1577. 0	46. 2	90980. 0
2013	45091. 3	28169. 3	1656. 7	45. 1	15220. 2
2014	49891. 6	32787. 9	1876. 9	47. 4	15179. 4
2015	55581. 8	38312. 2	2103. 9	56. 7	15109. 0
2016	79359. 9	61587. 2	4609. 3	90. 6	13072. 8
2017	99359. 9	84267. 5	4975. 2	64. 3	10052. 9
2018	138356. 9	123394. 7	5484. 3	44. 4	9433. 5

注:从 2015 年 6 月起,铁路客运量、客运周转量口径从原来的售票日期改为乘车日期。

11-4 历年旅客周转量

Passenger-Kilometers over the Years

单位:万人公里

年 份	总 计	铁 路	民用航空	水 运	公 路
1949	14220				14220
1950	15689				15689
1951	16346				16346
1952	23990				23990
1953	38444	6116			32328
1954	42608	5549			37059
1955	55573	8762			46811
1956	22561	15309	166		7086
1957	29895	20156	305		9434
1958	27294	21438	913		4943
1959	39479	27054	1119		11306
1960	47142	37341	1470		8331
1961	63589	55944	1952		5693
1962	79986	61466	1150		17370
1963	51745	36990	1142		13613
1964	53540	29444	1895		22201
1965	108661	78125	2478		28058
1966	131822	97673	2116		32033
1967	167960	137781	2547		27632
1968	176058	153076	2504		20478
1969	224763	189000	2476		33287
1970	227179	193424	2150	89	31516
1971	217262	184604	3136	94	29428
1972	252518	210681	8705	151	32981
1973	273320	229551	8624	169	34976
1974	247593	201598	11466	213	34316
1975	239669	191087	15516	198	32868
1976	240981	190871	17724	199	32187
1977	255573	201930	19822	75	33746
1978	271649	206262	23826	55	41506
1979	316515	236050	30612	46	49807
1980	384271	267253	32251	25	84742

11-4 续表

单位:万人公里

年份	总计	铁路	民用航空	水运	公路
1981	383510	245020	34060	42	104388
1982	431061	269390	36262	29	125380
1983	477603	291645	31226	40	154692
1984	590417	335040	58460	52	196865
1985	738637	409835	92383	50	236369
1986	794146	443206	101884	31	249025
1987	949921	526262	134960	86	288613
1988	1021681	579028	126224	106	316323
1989	1041080	529545	141300	110	370125
1990	984166	436419	173439	116	374192
1991	1180397	472902	288575	123	418797
1992	1318135	506818	379124	135	432058
1993	1485535	544638	545355	126	395416
1994	1688276	569102	683796	140	435238
1995	1874098	530012	835187	147	508752
1996	1981118	460279	885593	134	635112
1997	1946330	433000	755486	254	757590
1998	2465078	793188	743575	248	928067
1999	2703787	848100	822200	23	1033464
2000	2889525	858900	882448	49	1148128
2001	3156153	898900	963900	232	1293121
2002	2918837	884000	1144900	373	889564
2003	2686781	831139	1041500	486	813656
2004	5343000	2909200	1428300	600	1004900
2005	6049029	3239300	1728100	329	1081300
2006	6771492	3549600	2074600	292	1147000
2007	7531209	3821000	2481000	209	1229000
2008	8104261	4245700	2450544	220	1407797
2009	10359608	4363400	3141004	234	2854970
2010	11190620	4895000	3657167	158	2638295
2011	7697050	344946	4416623	194	2935287
2012	8275398	386352	4769544	262	3119240
2013	7124232	496635	5434074	309	1193214
2014	8095989	585335	6279259	311	1231084
2015	9212324	663954	7169891	295	1378184
2016	9897124	787697	7838338	454	1270635
2017	10568262	1058190	8561842	321	947909
2018	12054089	1621749	9546596	254	885490

注:从2015年6月起,铁路客运量、客运周转量口径从原来的售票日期改为乘车日期。

11-5 航空及公路运输情况

Basic Statistics of Civil Aviation and Highways Transportation

	单 位	2014 年	2015 年	2016 年	2017 年	2018 年
航空运输						
民用航空线路条数	条	207	252	270	315	335
飞机架数	架	196	218	242	271	294
旅客吞吐量	万人	3771.2	4224.5	4603.9	4980.2	5295.1
货邮吞吐量	万吨	54.77	55.67	61.16	64.29	66.50
公路运输						
公路通车里程	公里	22789	22972	26037	26294	27731
#高级次高级	公里	20320	20542	23805	24811	26515
全社会各种机动车辆	**万辆**	**385.69**	**428.61**	**466.74**	**494.18**	**548.44**
#载货汽车	万辆	20.51	21.12	22.97	24.86	28.64
载客汽车	万辆	290.91	343.73	388.23	425.10	457.33
摩 托 车	万辆	71.24	60.32	51.13	59.09	56.67
#私人汽车	万辆	277.70	328.50	369.87	398.24	420.28
电动自行车	**万辆**	**130.87**	**440.19**	**442.63**	**450.67**	**457.78**

11-6 历年邮电业务基本情况

Basic Conditions of Postal and Telecommunications Services

年 份	邮电业务总量(万元)	函件(万件)	移动电话用户(万户)	市内电话用户(户)
1952	381	351		1906
1957	1233	1480		3027
1962	2963	2312		5668
1965	1827	1999		6626
1970	1723	1833		6738
1975	2412	2004		8301
1978	2768	2140		9396
1979	2948	2371		9997
1980	3066	2655		11140
1981	3537	2794		12261
1982	3818	2876		13473
1983	4743	3307		14844
1984	5136	4173		17273
1985	6057	4681		19584
1986	6791	6353		21955
1987	8384	7450		27940
1988	10340	8358		34056
1989	13152	7873		42642
1990	15520	7538		50562
1991	20137	7415		67287
1992	31160	8483		105098
1993	48535	10070		144867
1994	72166	11430		246681
1995	110949	11939		353470
1996	161132	11480		477250
1997	196888	9256		663758
1998	292225	9970		813411
1999	464628	8983	76.65	1054019
2000	716428	9481	99.10	1481152
2001	731300	9565	230.10	1684436
2002	756000	11400	306.30	2216899
2003	808000	12428	441.94	2959814
2004	866000	8467	658.10	3837826
2005	933000	6877	789.90	4283974
2006	1023000	5548	988.80	4390186
2007	2381000	5325	1163.40	4189268
2008	2794200	4851	1274.12	4000644
2009	3726274	5585	1449.00	4373587
2010	4412654	7980	1732.00	3959092
2011	1708161	6131	2022.99	3881200
2012	2131480	5562	2187.22	3752046
2013	2510695	4932	2274.84	4119500
2014	3791200	4362	2203.00	4383627
2015	4771600	3235	2221.09	4869977
2016	6094759	2267	2406.71	5437303
2017	6064583	2132	2672.83	5899788
2018	13102893	1925	2867.02	6436862

注:①从 2011 年起,电信相关资料均按国家新政策进行统计;②从 2016 年起,邮电业务总量中电信业务总量按 15 年不变价计算。

主 要 统 计 指 标 解 释

货物(旅客)运输量 指在一定时期内,各种运输工具实际运送的货物(旅客)数量。是反映运输业为国民经济和人民生活服务的数量指标,也是制定和检查运输生产计划,研究运输发展规模和速度的重要指标。货运量按吨计算,客运量按人计算。货物不论运输距离长短,货物类别,均按实际重量统计;旅客不论行程远近或票价多少,均按一人一次作为客运量统计。半价票、小孩票也按一人统计。

货物(旅客)周转量 指在一定时期内,由各种运输工具运送的货物(旅客)数量与其相应运输距离的乘积之总和,是反映运输业生产总成果的重要指标,也是编制和检查运输生产计划,计算运输效率、劳动生产率以及核算运输单位成本的主要基础资料。通常以吨公里和人公里为计算单位。计算货物周转量通常按发出站与到达站之间的最短距离,也就是计费距离计算。

邮电业务总量 指以货币表现的邮电部门用于传递信息和提供其他邮电服务的总数量。它综合反映了一定时期邮电工作的总成果,是研究邮电业务量构成和发展趋势的重要指标。根据邮电管理体制不同,分为中央国营业务总量和地方国营业务总量。它用各种邮电分类业务量,如函件件数、电报份数、长话张数、市内电话和农村电话的年均户数、订销报刊累计份数等,分别乘以相应的平均单价(不变价),加总后再加上出租电路和设备的收入、代用户维护电话交换机和线路等设备的收入、其他业务收入求得。

市内电话 指接入县城(包括个别城镇)及县以上城市的市内电话网上,并按市内电话进行经营管理的电话。按计费办法分为包月制和计次制两种。

(1)住宅电话指话机装在居民住宅里的电话。它包括私人付费、公费和免费三部分。

(2)私人付费电话指住宅居民自费安装并自己缴纳通话费的电话。

移动电话用户 指在邮电部门登记,通过移动电话交换机进入移动电话网、占有移动电话号码的电话用户。用户数量以实际办理登记手续进入邮电部门移动电话网的户数进行计算,一部或一台移动电话统计为一户。

十二 国内贸易、外经、旅游

简 要 说 明

主要内容

本部分资料反映国内市场和外资、旅游发展及进出口情况。

国内贸易：包括全市范围内历年社会消费品零售总额及分类；限额以上批发零售贸易业分类销售总额；限额以上批发零售贸易业商品销售、库存总额等。

旅游：包括成都旅游基本情况；与国外结成的友好城市；“黄金周”旅游接待情况。

资料来源

国内贸易资料来自于成都市统计局。

外资资料来源于成都市投资促进局。

旅游资料来源于成都市文化广电旅游局。

进出口资料来源于成都海关。

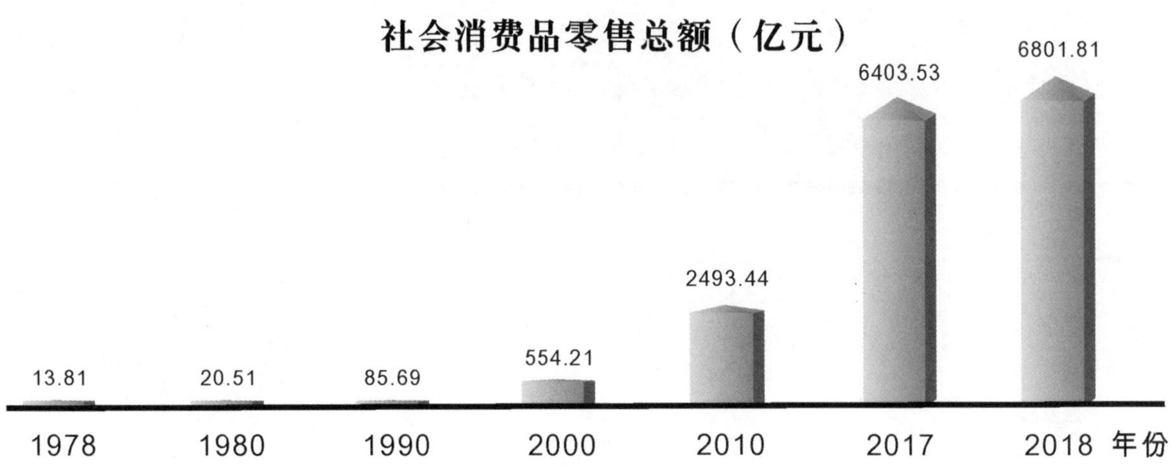
社会消费品零售总额（亿元）
13.81
20.51
85.69
554.21
2493.44
6403.53
6801.81
1978
1980
1990
2000
2010
2017
2018
年份

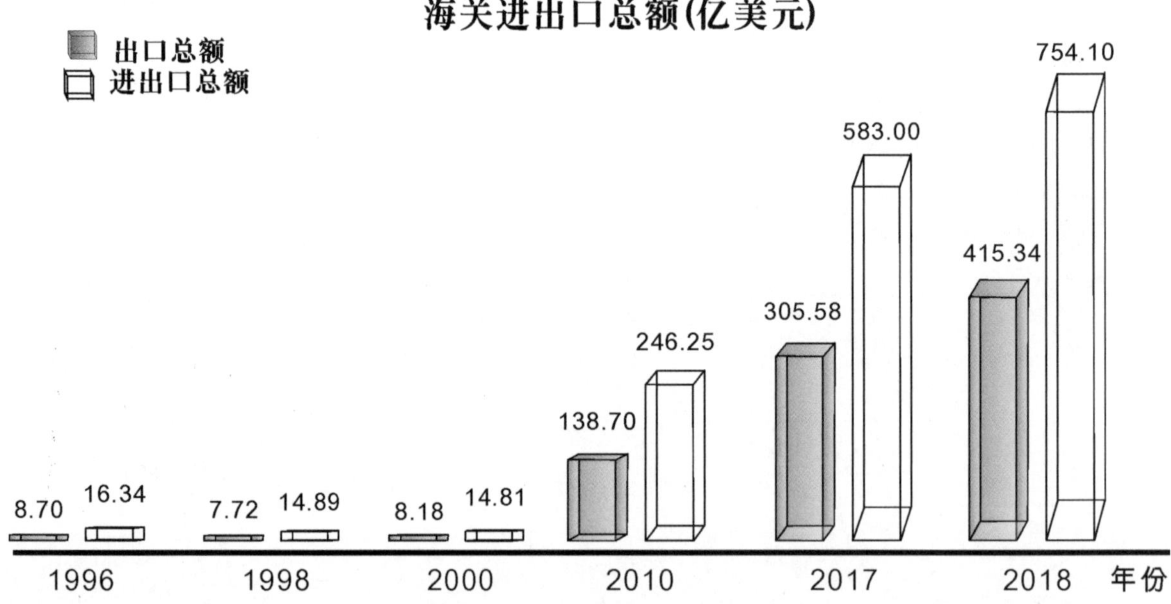
海关进出口总额(亿美元)
出口总额
进出口总额
8.70
16.34
7.72
14.89
8.18
14.81
138.70
246.25
305.58
583.00
415.34
754.10
1996
1998
2000
2010
2017
2018
年份

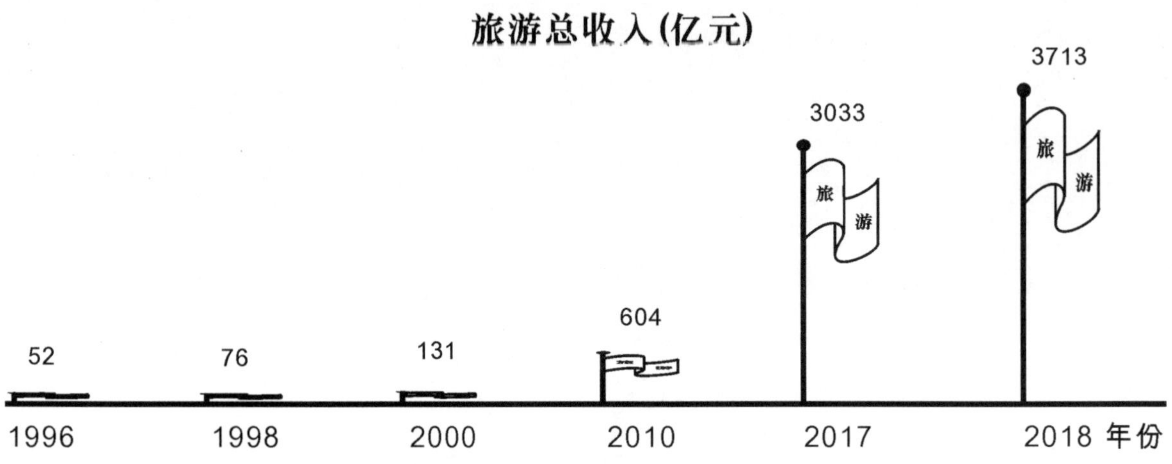
旅游总收入(亿元)
52
76
131
604
3033
旅游
3713
旅游
1996
1998
2000
2010
2017
2018
年份

12-1 历年社会消费品零售总额及发展速度

Total Retail Sale of Consumer Goods and Development Rates of Consumer Goods over the Years

年 份	社会消费品零售总额（万元）	社会消费品零售总额发展速度（%）	年 份	社会消费品零售总额（万元）	社会消费品零售总额发展速度（%）
1954	36113	104.5	1987	556536	119.6
1955	37545	103.9	1988	754398	135.6
1956	46902	124.9	1989	800147	106.1
1957	52521	111.9	1990	856919	107.1
1958	57508	109.4	1991	1022264	119.3
1959	70510	122.6	1992	1188406	116.3
1960	74193	105.2	1993	1601707	134.8
1961	64280	86.6	1994	2204903	137.7
1962	66705	103.7	1995	2859688	129.7
1963	62154	93.1	1996	3470809	121.4
1964	67159	108.0	1997	4099934	118.1
1965	72601	108.1	1998	4511917	110.0
1966	78777	108.5	1999	5000817	110.8
1967	85721	108.8	2000	5542123	110.8
1968	70838	82.6	2001	6275187	113.2
1969	81556	115.1	2002	7095076	113.1
1970	86349	105.8	2003	7759984	109.4
1971	92003	106.5	2004	9260282	113.5
1972	101458	110.2	2005	10602540	114.2
1973	106568	105.0	2006	12235105	114.9
1974	110287	103.4	2007	14460214	117.5
1975	117196	106.2	2008	17549199	119.5
1976	112498	95.9	2009	20939438	116.7
1977	121196	107.7	2010	24934379	118.8
1978	138147	113.9	2011	30197889	118.4
1979	167159	121.0	2012	35087160	116.0
1980	205140	122.7	2013	39911842	113.1
1981	234329	114.2	2014	46925855	112.1
1982	242251	103.3	2015	52017311	110.9
1983	265505	109.5	2016	57423661	110.4
1984	318393	119.9	2017	64035285	111.5
1985	401200	126.0	2018	68018100	110.0
1986	465422	116.0			

注：①1995 年社会消费品零售总额含居民购房；②发展速度以上年为基数；③2003 年及以后社会消费品零售总额不含制造业和农业生产者零售；④2004-2014 年数据为经普调整后数据。

12-2 历年社会消费品零售总额分类情况

Basic Statistics of Total Retail Sale of Consumer Goods by Sorts

单位:万元

年 份	社会消费品零售总额	在总额中:			在总额中:	
		批发零售贸易业	餐饮业	其 他	市	县及县以下
1978	138147	142345	9327	1194	75005	83137
1979	167159	167621	11335	1916	90293	99287
1980	205140	192121	13104	4620	108391	117249
1981	234329	202051	14236	6095	127805	123122
1982	242251	214024	14654	7630	131438	127728
1983	265505	229606	15749	10332	140054	141218
1984	318393	269233	17837	14487	162051	172419
1985	401200	312890	23625	20239	199554	208732
1986	465422	379872	29614	7719	232919	239671
1987	556536	444796	42119	12427	326201	235803
1988	754398	584342	60225	21321	466684	289939
1989	800147	626841	66214	34140	520203	290967
1990	856919	647934	70563	49527	565717	293299
1991	1022264	781647	82306	50283	690714	338004
1992	1188406	886478	93188	77238	799573	388833
1993	1601707	1075156	151252	224621	1081611	520096
1994	2204903	1360081	216486	380112	1633802	571101
1995	2859688	1618234	261646	694854	2159480	700208
1996	3470809	2054537	364366	721592	2308553	1162256
1997	4099934	2333547	546797	879904	2678785	1421149
1998	4511917	2538598	671567	998566	2919555	1592362
1999	5000817	2832153	831075	1055669	3216789	1784028
2000	5542123	3265303	1022633	976214	3554447	1987676
2001	6275187	3703392	1212790	1066014	4005583	2269604
2002	7095076	4361093	1373968	1060480	4594867	2500209
2003	7759984	6110052	1543727	106205	5092824	2667160
2004	9260282	7554669	1653043	52570	6113652	3146630
2005	10602540	8638334	1908051	56155	7176985	3425555
2006	12235105	9953656	2218172	63276	8313961	3921144
2007	14460214	11740680	2666722	52812	10045524	4414690
2008	17549199	14203806	3282032	63361	12477231	5071967
2009	20939438	18092256	2730842	116340	16230760	4708678
2010	24934379	21632383	3026076	275920	24622246	312133
2011	30197889	26182292	3654543	361054	29817367	380522
2012	35087160	30334497	4328630	424033	34641702	445458
2013	39911842	34841398	4609928	460516	38722871	1188971
2014	46925855	41209463	5196110	520282	45087575	1838280
2015	52017311	45709944	5656347	651020	49952156	2065155
2016	57423661	50359806	7063855	-	55133445	2290216
2017	64035285	56095448	7939837	-	61483727	2551558
2018	68018100	59017614	9000486	-	65149634	2868466

注:①2004 年 - 2009 年餐饮业数据包括住宿业,其他行业为除批发零售业、住宿餐饮业以外的行业。2010 年其他行业为住宿业。②从2010 年起,市、县及县以下数据为城镇、乡村口径。③1992 年之前的地域分组资料为社会商品零售总额的分组。④2004-2014 年分行业数据为经普调整后数据⑤2016 年起"批发零售贸易业"调整为"商品零售"数据;"住宿餐饮业"调整为"餐饮收入"数据且无"其他"类。

12-3 限额以上批发零售贸易业商品销售、库存总额

Total Sales and Inventory of Enterprises above Designated Size in Wholesale and Retail Sale Trade

单位：万元

	2014 年	2015 年	2016 年	2017 年	2018 年
商品销售总额	**72701113**	**66856268**	**73647281**	**82669812**	**92161487**
批 发 额	45193103	39051857	43243331	52432877	59283411
对居民和社会集团消费品零售额	27508010	27804411	30403950	30236935	32878076
年末库存总额	**4913041**	**4985037**	**4556988**	**4937632**	**5248516**

12-4 分月社会消费品零售总额(2018 年)

Monthly Total Retail Sale of Consumer Goods(2018)

单位：万元

	全 市	市 区
总 计	**68018100**	**58810495**
一季度	**16692155**	**14338397**
二季度	**16571780**	**14359300**
4 月	5270563	4517325
5 月	5669077	4884333
6 月	5632140	4957642
三季度	**16205884**	**14087871**
7 月	5459928	4734618
8 月	5333334	4643218
9 月	5412622	4710035
四季度	**18548281**	**16024927**
10 月	6244241	5449752
11 月	5999670	5241138
12 月	6304370	5334037

12-5 限额以上批发零售贸易业分类销售总额(2018 年)

Enterprises above Designated Size in Wholesale and Retail Sale Trade(2018)

	法人企业（个）	产业活动和个体户单位数（个）	从业人数（人）
批发零售贸易业	**1621**	**328**	**225962**
一、批发贸易业	**887**	**37**	**65249**
(一)按登记注册类型分			
内资企业	869	2	63275
国有企业	6	1	2804
集体企业	2		159
股份合作企业	1		105
联营企业			
有限责任公司	345	1	29677
股份有限公司	12		4012
私营企业	502		26506
其他企业	1		12
港、澳、台商投资企业	5		397
外商投资企业	13		1070
个体经营		35	507
(二)按国民经济行业分			
农、林、牧产品批发	15		636
食品、饮料及烟草制品批发	108	21	9478
纺织、服装及家庭用品批发	80	2	6124
文化、体育用品及器材批发	30		1646
医药及医疗器材批发	217		19157
矿产品、建材及化工产品批发	264	14	13389
机械设备、五金产品及电子产品批发	158		14037
贸易经纪与代理	2		142
其他批发	13		640
二、零售贸易业	**734**	**291**	**160713**
(一)按登记注册类型分			
内资企业	678	5	123740
国有企业	1		33
集体企业	7		163

12-5 续表1

	法人企业（个）	产业活动和个体户单位数（个）	从业人数（人）
股份合作企业	10	1	264
联营企业	1		19
有限责任公司	286	1	56020
股份有限公司	11		20022
私营企业	362	2	47207
其他企业		1	12
港、澳、台商投资企业	25		12691
外商投资企业	31	1	22114
个体经营		285	2168
（二）按国民经济行业分			
综合零售	87	31	61563
食品、饮料及烟草制品专门零售	34	7	5879
纺织、服装及日用品专门零售	54	9	16602
文化、体育用品及器材专门零售	30	2	10091
医药及医疗器材专门零售	40	5	10123
汽车、摩托车、燃料及零配件专门零售	384	4	38477
家用电器及电子产品专门零售	53	21	7639
五金、家具及室内装修材料专门零售	13	212	2938
货摊、无店铺及其他零售	39		7401
（三）按经营方式分			
独立门店	534	290	60461
连锁商店总店	70		61576
连锁商店分店	29		19172
其　　他	101	1	19504
（四）按业态分			
#百　货　店	42	3	11011
#超市及大型超市	58	29	31748
#专　业　店	201	25	41582
#专　卖　店	288	20	34300
#网上商店	36		7078

12-5 续表2

单位:万元

	商品销售总额	批发	零售
批发零售贸易业	**92161487.5**	**59283411.2**	**32878076.3**
一、批发贸易业	**57603808.3**	**56386753.8**	**1217054.5**
(一)按登记注册类型分			
内资企业	56592510.2	55385365.0	1207145.2
国有企业	3728715.0	3728715.0	
集体企业	483184.4	483184.4	
股份合作企业	11606.8	11606.8	
联营企业			
有限责任公司	36570496.2	35767294.9	803201.3
股份有限公司	1970802.2	1970792.8	9.4
私营企业	13822612.4	13420855.0	401757.4
其他企业	5093.2	2916.1	2177.1
港、澳、台商投资企业	283508.2	279409.3	4098.9
外商投资企业	442387.3	441531.9	855.4
个体经营	285402.6	280447.6	4955.0
(二)按国民经济行业分			
农、林、牧产品批发	903560.1	901052.7	2507.4
食品、饮料及烟草制品批发	5926932.8	5846206.8	80726.0
纺织、服装及家庭用品批发	1767327.4	1715684.6	51642.8
文化、体育用品及器材批发	2926335.7	2907353.1	18982.6
医药及医疗器材批发	8055227.1	7863930.0	191297.1
矿产品、建材及化工产品批发	31725418.3	31137175.6	588242.7
机械设备、五金产品及电子产品批发	5778003.8	5494347.9	283655.9
贸易经纪与代理	40126.5	40126.5	
其他批发	480876.6	480876.6	
二、零售贸易业	**34557679.2**	**2896657.4**	**31661021.8**
(一)按登记注册类型分			
内资企业	29322058.7	2821620.5	26500438.2
国有企业	7318.8	2262.5	5056.3
集体企业	37853.7	678.8	37174.9

12-5 续表 3

单位：万元

	商品销售总额	批发	零售
股份合作企业	41175.1	4183.6	36991.5
联营企业	7077.4	1574.5	5502.9
有限责任公司	15712568.2	1900502.3	13812065.9
股份有限公司	2761657.9	520698.3	2240959.6
私营企业	10753653.8	391720.5	10361933.3
其他企业	753.8		753.8
港、澳、台商投资企业	1614245.5	21920.6	1592324.9
外商投资企业	3229603.2	34540.5	3195062.7
个体经营	391771.8	18575.8	373196.0
(二)按国民经济行业分			
综合零售	5379809.7	2912.2	5376897.5
食品、饮料及烟草制品专门零售	752041.4	112092.7	639948.7
纺织、服装及日用品专门零售	1217945.8	159342.3	1058603.5
文化、体育用品及器材专门零售	830426.5	103126.2	727300.3
医药及医疗器材专门零售	481267.8	35668.5	445599.3
汽车、摩托车、燃料及零配件专门零售	17460652.2	2279981.8	15180670.4
家用电器及电子产品专门零售	1344826.0	93964.4	1250861.6
五金、家具及室内装修材料专门零售	771320.2	16419.1	754901.1
货摊、无店铺及其他零售业	6319389.6	93150.2	6226239.4
(三)按经营方式分			
独立商店	17115459.8	1417089.6	15698370.2
连锁商店总店	5349514.3	199990.7	5149523.6
连锁商店分店	1460142.7	54312.4	1405830.3
其他	10632562.4	1225264.7	9407297.7
(四)按业态分			
#百货店	2145871.2	2078.4	2143792.8
#超市及大型超市	2391559.3	3890.6	2387668.7
#专业店	10948814.2	2060957.3	8887856.9
#专卖店	8841196.8	456757.7	8384439.1
#网上商店	6386512.1	83829.5	6302682.6

12-6 外商投资情况(2018 年)

Foreign Investment(2018 年)

	项目个数 (个)	合同外资金额 (万美元)	实际利用外资金额 (万美元)
总　　计	**494**	**488418**	**1227500**
按利用外资方式分			
中外合资企业	158	136338	257161
中外合作企业		-530	
外资企业	334	259017	534945
外商投资股份制	2	93593	435394
按国民经济行业分			
#农　　业	7	12328	5123
制 造 业	36	181306	382524
服 务 业	451	294784	839853
按国别、地区分			
#香　　港	143	246474	706946
台　　湾	103	6605	24828
新 加 坡	16	-585	71584
日　　本	11	16195	38578
韩　　国	39	3376	2229
英　　国	20	91681	41159
加 拿 大	4	694	4912
美　　国	50	7323	145091

12-7 旅游基本情况

Basic Conditions of Tourism

	2016年		2017年		2018年	
	绝对数	构成(%)	绝对数	构成(%)	绝对数	构成(%)
旅游总收入(亿元)	**2502**		**3033**		**3713**	
国内旅游收入(亿元)	**2426**		**2946**		**3617**	
国内旅游人数(万人次)	**19757**		**20704**		**23977**	
涉外旅游人数(人次)	**2723102**	**100**	**3013364**	**100**	**3406112**	**100**
外 国 人	2050845	75.3	2258882	75.0	2575433	75.6
#日　本	177937	8.7	190361	6.3	226697	6.7
菲 律 宾	15680	0.8	16749	0.6	5510	0.2
新 加 坡	125548	6.1	139331	4.6	174525	5.1
泰　国	64736	3.2	73045	2.4	166907	4.9
印度尼西亚	23747	1.2	25838	0.9	41864	1.2
美　国	316478	15.4	363773	12.1	321482	9.4
加 拿 大	79711	3.9	92134	3.1	82989	2.4
英　国	194268	9.5	220113	7.3	262177	7.7
法　国	79321	3.9	220113	7.3	66065	1.9
德　国	107259	5.2	127171	4.2	148411	4.4
意 大 利	26924	1.3	31709	1.1	38226	1.1
俄罗斯联邦	18435	0.9	21430	0.7	40372	1.2
港澳台同胞	672257	24.7	754482	25.0	830679	24.4
旅游创汇收入(万美元)	**124193**		**130656**		**144662**	

12-8 成都与国外结成的友好城市

Friendly Municipalities Joined be Chengdu and Overseas Countries

国　　别	城　　市	缔结日期
法　　国	蒙彼利埃市	1981 年
斯洛文尼亚	卢布尔雅那市	1981 年
奥 地 利	林 茨 市	1983 年
日　　本	甲 府 市	1984 年
美　　国	菲尼克斯市	1987 年
加 拿 大	温尼伯市	1988 年
比 利 时	马 林 市	1993 年
意 大 利	巴勒莫市	1999 年
韩　　国	金 泉 市	2000 年
印度尼西亚	棉 兰 市	2002 年
瑞　　典	达拉那省	2004 年
德　　国	波 恩 市	2009 年
英　　国	谢菲尔德市	2010 年
俄 罗 斯	伏尔加格勒市	2011 年
比 利 时	弗拉芒·布拉邦省	2011 年
美　　国	檀香山市	2011 年
澳大利亚	珀 斯 市	2012 年
荷　　兰	马斯特里赫特市	2012 年
以 色 列	海 法 市	2013 年
丹　　麦	霍森斯市	2013 年
印　　度	班加罗尔市	2013 年
泰　　国	清 迈 市	2013 年
爱 尔 兰	芬 戈 郡	2014 年
巴基斯坦	拉 合 尔	2014 年
新 西 兰	哈密尔顿	2015 年
波　　兰	罗 兹 市	2015 年
墨 西 哥	萨博潘市	2015 年
韩　　国	大 邱 市	2015 年
摩 洛 哥	非斯市	2016 年
巴　　西	累西腓市	2016 年
尼 泊 尔	加德满都市	2016 年
老　　挝	琅勃拉邦省	2017 年
阿 根 廷	拉普拉塔市	2018 年
莫桑比克	马普托市	2018 年
白俄罗斯	戈梅利市	2018 年

12-9 "黄金周"旅游接待情况

Main Tourism Indicators in Golden Weeks

	单　位	2018 年春节	2018 年国庆节
旅游住宿设施			
累计接待人天数	万人天	819.72	1863.60
平均停留天数	天	2.7	4.1
饭店宾馆出租率	%	56.91	64.23
旅行社			
累计接团数	个	6902	10091
累计接待人数	万人次	17.28	28.31
景区(点)			
统计的景区(点)	个	98	85
黄金周累计接待人数	万人次	930.74	846.70
一日游游客所占比重	%	80.7	70.0
门票收入	万元	13593.22	11997.40
交通客运			
累计抵达班车次	班、车次	17934	19131
#公　　路	班、车次	12107	13823
累计抵达旅客量	万人次	215.38	279.00
#公　　路	万人次	27.18	34.80
接待综合情况			
接待人数	万人次	1575.50	1520.43
旅游收入	万元	1402962	2288006
人均天花费			
#过夜旅游者	元/天	1051.6	963.9
#一日游游客	元/天	425.3	463.8

12-10 进出口总值及构成(1993—2018 年)

Total Value and Composition of Import and Export through Customs(1993—2018)

	进出口总值(万美元)	进口	出口	构成	进口	出口
1993	24088	17595	6493	100	73.0	27.0
1994	137190	53236	83954	100	38.8	61.2
1995	151079	41592	109487	100	27.5	72.5
1996	163422	76469	86953	100	46.8	53.2
1997	123237	36357	86880	100	29.5	70.5
1998	148885	71640	77245	100	48.1	51.9
1999	161301	87147	74154	100	54.0	46.0
2000	148111	66290	81821	100	44.8	55.2
2001	189510	100160	89350	100	52.9	47.1
2002	207691	85790	121901	100	41.3	58.7
2003	251719	116254	135465	100	46.2	53.8
2004	336543	149707	186836	100	44.5	55.5
2005	453624	185701	267923	100	40.9	59.1
2006	695299	281183	414116	100	40.4	59.6
2007	951580	380331	571249	100	40.0	60.0
2008	1533586	627486	906100	100	40.9	59.1
2009	1786253	736417	1049836	100	41.2	58.8
2010	2462469	1075504	1386965	100	43.7	56.3
2011	3790633	1495037	2295596	100	39.4	60.6
2012	4755707	1718731	3036976	100	36.1	63.9
2013	5058047	1869817	3188230	100	37.0	63.0
2014	5579694	2198697	3380997	100	39.4	60.6
2015	3927488	1549415	2378073	100	39.5	60.5
2016	4098515	1904559	2193956	100	46.5	53.5
2017	5830043	2774209	3055834	100	47.6	52.4
2018	7541002	3387603	4153399	100	44.9	55.1

12-11 海关进出口商品总值

Total Value of Import and Export Commodities through Customs

指　　标	2017 年			2018 年		
	进出口总额	进　口	出　口	进出口总额	进　口	出　口
总　　值(万美元)	**5830043**	**2774209**	**3055834**	**7541002**	**3387603**	**4153399**
按贸易方式分						
一般贸易	1203310	676603	526707	1474370	787298	687072
其他捐赠物资	10	10		10	10	
来料加工贸易	1828471	1179398	649073	2330511	1419546	910965
进料加工贸易	1915107	681721	1233386	2611836	861431	1750405
对外承包工程出口货物	49581		49581	85650		85650
租赁贸易	157	157		20522	20522	
外商投资企业作为投资进口的设备、物品	3615	3615		394	394	
出料加工贸易	7643	3989	3654	900	491	409
保税监管场所进出境货物	98472	55576	42896	97648	48674	48974
海关特殊监管区域物流货物	656675	109811	546864	828233	161944	666289
海关特殊监管区域进口设备	59430	59430		82140	82140	
免 税 品	38	38		31	31	
其他贸易	7534	3861	3673	8755	5121	3634
按运输方式分						
水路运输	1272817	517225	755592	1814111	618339	1195772
铁路运输	250617	11926	238691	316559	19621	296938
公路运输	191775	81313	110462	354466	195846	158620
航空运输	4114637	2163570	1951067	5054057	2552005	2502052
邮件运输	45	32	13	67	59	8
其　　他	152	143	9	1742	1733	9
按企业性质分						
国有企业	531286	355864	175422	731999	477096	254903
民营企业	910112	302076	608036	1230076	391657	838419
外商投资企业	4386943	2114685	2272258	5573815	2513844	3059971
中外合资	213029	137073	75956	177167	113150	64017
中外合作	1079	1023	56	37	29	8
外商独资	4172835	1976589	2196246	5396611	2400665	2995946
临时企业	1701	1583	118	5113	5006	107

12-12 主要国别(地区)海关进出口商品总值

Total Value of Import and Export Commodities through Customs in Main Countries or Territories

国别(地区)	2017年			2018年		
	进出口总额	进口	出口	进出口总额	进口	出口
总值(万美元)	**5830043**	**2774209**	**3055834**	**7541002**	**3387603**	**4153399**
亚洲	**2916050**	**1410659**	**1505391**	**3628889**	**1667098**	**1961791**
#香港	196913	2868	194045	238481	954	237527
印度	83192	1845	81347	103718	4673	99045
印度尼西亚	24023	3927	20096	72281	7164	65117
日本	464788	310006	154782	521046	316799	204247
马来西亚	404666	146859	257807	475214	136310	338904
巴基斯坦	11487	482	11005	18454	580	17874
菲律宾	41400	24562	16838	53539	36560	16979
卡塔尔	772	277	495	1040	338	702
沙特阿拉伯	6717	744	5973	22707	1547	21160
新加坡	74102	18966	55136	112508	28307	84201
韩国	361711	299889	61822	371714	309790	61924
泰国	125635	40473	85162	100399	40147	60252
土耳其	17236	3817	13419	17549	3421	14128
阿联酋	38377	1442	36935	47350	2079	45271
越南	500429	73755	426674	712561	111790	600771
台湾省	255939	227500	28439	408469	370586	37883
非洲	**81337**	**11899**	**69438**	**67548**	**8903**	**58645**
#埃及	23260	114	23146	8019	24	7995
南非	19599	9907	9692	20824	6539	14285
埃塞俄比亚	3859	23	3836	7652	21	7631
欧洲	**1098662**	**474339**	**624323**	**1443969**	**671357**	**772612**
#比利时	6120	1381	4739	8784	1764	7020
英国	84394	14882	69512	101768	18428	83340
德国	158850	56911	101939	162215	59482	102733
法国	44607	26132	18475	67315	49759	17556
意大利	50213	11222	38991	57317	13503	43814
荷兰	263842	4655	259187	337791	4183	333608
西班牙	17357	5312	12045	18892	6908	11984
芬兰	1640	1158	482	2539	1014	1525
瑞典	13954	11261	2693	32208	28294	3914
瑞士	4997	3430	1567	5191	3823	1368
俄罗斯联邦	51079	2620	48459	71401	6255	65146
拉丁美洲	**74116**	**21172**	**52944**	**116240**	**29318**	**86922**
#阿根廷	3178	762	2416	5824	2215	3609
巴西	14609	2268	12341	35210	6967	28243
智利	4237	1166	3071	9087	4652	4435
墨西哥	28428	7000	21428	31264	5265	25999
北美洲	**1526681**	**782972**	**743709**	**2092019**	**922623**	**1169396**
#加拿大	17859	5185	12674	30831	10680	20151
美国	1508822	777787	731035	2061188	911943	1149245
大洋洲	**117899**	**57871**	**60028**	**183333**	**79300**	**104033**
#澳大利亚	101205	44117	57088	163837	63193	100644
新西兰	15868	13754	2114	18662	16105	2557

主要统计指标解释

社会消费品零售总额 社会消费品零售总额:指批发和零售业、住宿和餐饮业以及其他行业直接售给城乡居民和社会集团的消费品零售额。其中,对居民的消费品零售额,是指售予城乡居民用于生活消费的商品金额;对社会集团的消费品零售额,是指售给机关、社会团体、部队、学校、企事业单位、居委会或村委会等,公款购买的用作非生产、非经营使用与公共消费的商品金额。社会消费品零售总额包括:售给城乡居民作为生活消费用的商品和修建房屋用的建筑材料的金额,以及售给来华的外国人、华侨、港澳台同胞的消费品金额;售给社会集团用作非生产、非经营使用与公共消费的商品金额。

不包括:——城市居民间或居民委托信托商店卖出的商品;

——售给农业、工业、建筑业等行业用于生产的商品。

对外借款 是我国利用外资的主要部分。包括我国通过外国政府贷款,国际金融组织贷款,外国银行商业贷款,出口信贷以及对外发行债券,股票等方式,从境外筹措的资金。

外商直接投资 是指外国企业和经济组织或个人(包括华侨、港澳台胞以及我国在境外注册的企业)按我国有关政策、法规,用现汇、实物、技术等在我国境内开办外商独资企业、与我国境内的企业或经济组织共同举办中外合资经营企业、合作经营企业或合作开发资源的投资(包括外商投资收益的再投资)以及经政府有关部门批准的项目投资总额内,企业从境外借入的资金。

入境游客 指报告期内来中国(大陆)观光、度假、探亲访友、就医疗养、购物、参加会议和从事经济、文化、体育、宗教等活动的外国人、港澳台同胞等海外游客(即旅游入境人数)。统计时,海外游客按每人入境一次统计1人次。

国际旅游(外汇)收入 入境游客在中国(大陆)境内旅行、游览过程中用于交通、参观游览、住宿、餐饮、购物、娱乐等全部花费。

进出口总额 海关进出口总额指实际进出我国国境的货物总金额。包括对外贸易实际进出口货物,来料加工装配进出口货物,国家间、联合国及国际组织无偿援助物资和赠送品,华侨、港澳台同胞和外籍华人捐赠品,租赁期满归承租人所有的租赁货物,进料加工进出口货物,边境地方贸易及边境地区小额贸易进出口货物(边民互市贸易除外),中外合资经营企业、中外合作经营企业、外商独资经营企业进出口货物和公用物品,到、离岸价格在规定限额以上的进出口货样和广告品(无商业价值、无使用价值和免费提供出口的除外),从保税仓库提取在中国境内销售的进口货物,以及其他进出口货物。我国规定出口货物按离岸价格统计,进口货物按到岸价格统计。

利用外资 指我国各级政府、部门、企业和其他经济组织通过对外借款,吸收外商直接投资以及用其他方式筹措的境外现汇、设备、技术等。

十三 科技、教育和文化

简 要 说 明

主要内容

本部分资料包括科学技术活动、科技人员、教育、文化、艺术事业等基本情况。

资料来源

科技资料分别来源于成都市科技局。

教育资料分别来源于成都市教育局。

文化、广播、电视资料分别来源于成都市文化广电旅游局。

其他需要说明的问题

本部分资料除科技外，其余部分资料均为全社会统计口径。

普通高等学校数（所）

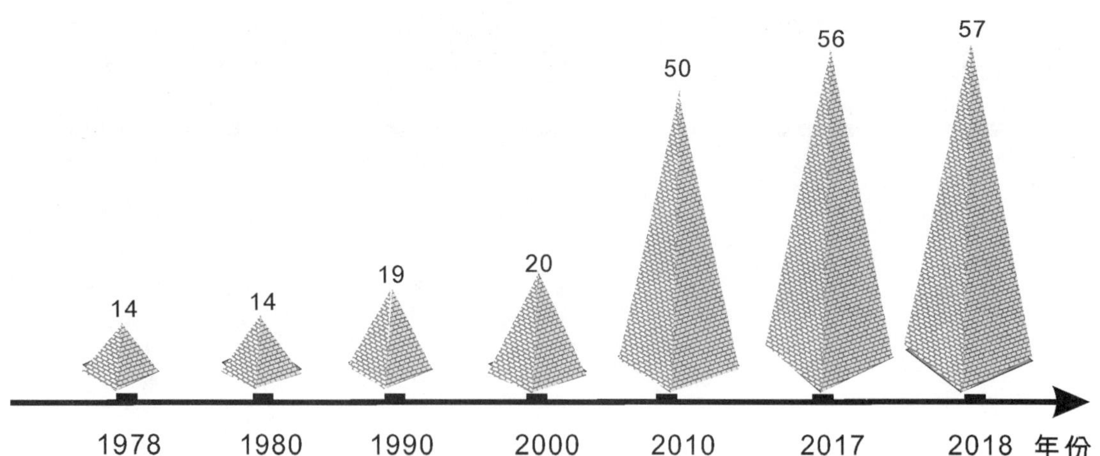

普通高等学校在校生人数（万人）

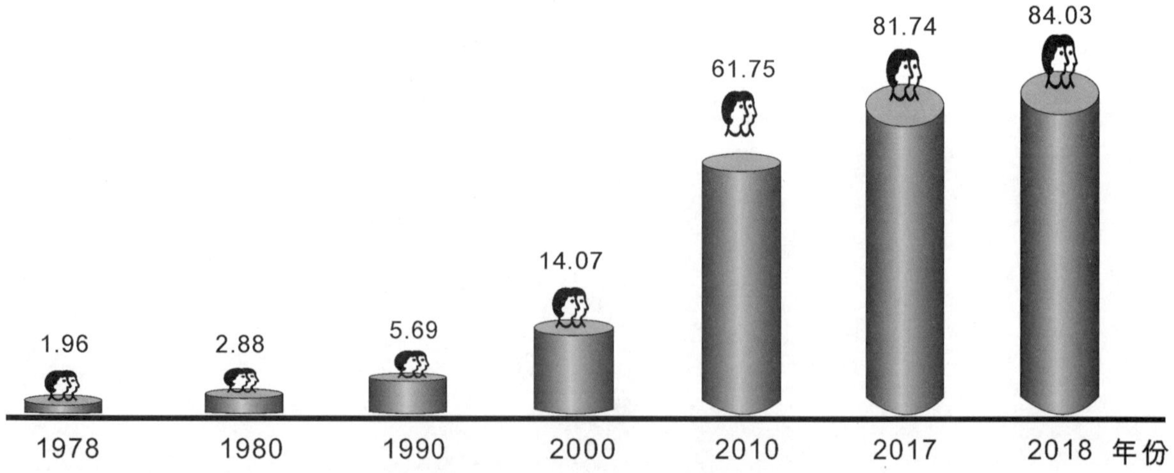

普通高等学校专任教师数（万人）

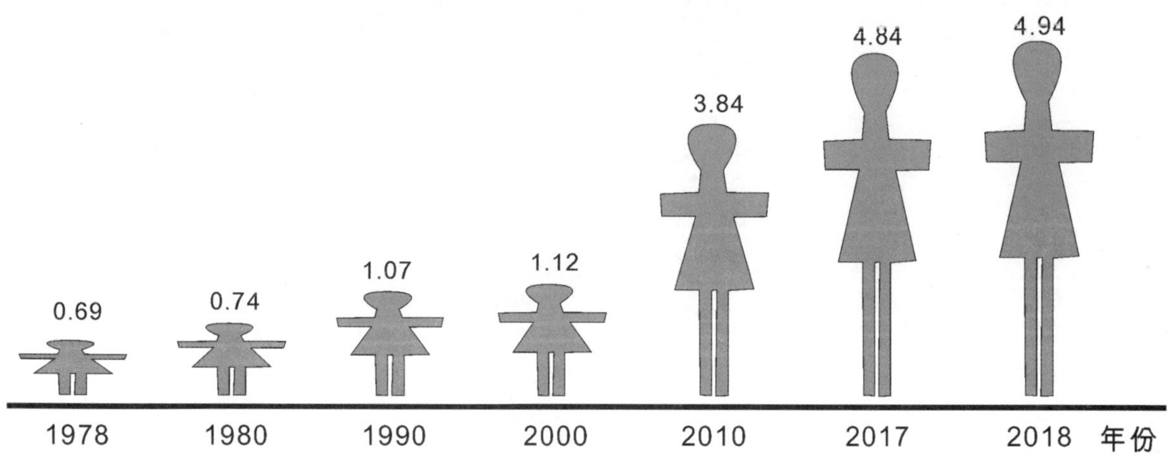

13-1 科研机构、人员、经费及活动情况(2018年)

Basic Statistics on Agencies, Personnel, Expenditures and Activities of Scientific Technological Research Institutions(2018)

	单位	合计	自然科学领域	农业科学领域	医学科学领域	工程科学与技术领域	社会、人文科学领域
单位数	个	98	17	17	5	34	25
#地市属	个	18	2	4	1	8	3
从业人员	人	18822	4021	1824	1693	9455	1829
#从事科技活动人员	人	11029	1945	1358	923	5191	1612
#大学本科及以上学历	人	9219	1716	1073	790	4265	1375
科技活动收入	万元	499110	110977	62798	23297	239947	62093
#政府资金	万元	346872	87121	53296	20576	133612	52268
经费内部支出总额(不含基建)	万元	811500	164004	74448	68016	435907	69125
#科技活动支出	万元	468282	98402	55291	28308	226360	59922
基本建设投资实际完成额	万元	50428	7270	3693	1621	36251	1593
年末固定资产原价	万元	787694	132867	72238	83480	455220	43891
课题情况:课题数	个	4241	1549	989	254	797	652
内部经费支出	万元	204444	61788	33747	8886	88503	11520
课题人员折合全时工作量	人年	7331	1760	1168	504	2905	995
发表科技论文	篇	3777	1069	589	210	946	963
#国外发表	篇	768	350	54	44	303	17
出版科技著作	种	153	18	17	14	13	91
专利申请受理数	件	844	147	194	20	480	3
专利授权数	件	611	102	130	16	363	
#发明专利	件	286	56	40	13	177	

13-2 国家级高新技术产业企业主要经济指标(2018年)

Main Economic Indicators of State- Level High-Tech Enterprises(2018)

	单 位	合 计	区内企业	区外企业
企业数	个	3053	1578	1475
总产值	亿元	2871. 78	1009. 49	1862. 29
总收入	亿元	5267. 72	1801. 67	3466. 05
#技术收入	亿元	1565. 78	522. 86	1042. 92
产品销售收入	亿元	3507. 49	1205. 36	2302. 13
#高新技术产品收入	亿元	2759. 22	1068. 94	1690. 28
出口创汇总额	亿元	397. 26	162. 33	234. 93
净利润	亿元	293. 35	152. 77	140. 59
实际上缴税费总额	亿元	240. 91	93. 80	147. 11
年末资产总计	亿元	9683. 50	4300. 37	5383. 12
#流动资产	亿元	6077. 25	5383. 12	694. 12
固定资产合计	亿元	1109. 68	459. 77	649. 91
无形资产	亿元	237. 27	103. 06	134. 21
年末负债合计	亿元	5504. 20	2387. 14	3117. 06
年末所有者权益	亿元	4179. 30	1913. 23	2266. 06
全部科技项目经费内部支出	亿元	297. 35	138. 11	159. 24
科技活动经费内部支出(非政府)	亿元	298. 94	128. 40	170. 54
科技活动经费内部支出(来自政府)	亿元	22. 07	14. 91	7. 16
年末从业人员	人	537643	202254	335389

注:区内、区外企业指高新技术产业开发区集中区范围内、外的企业。

13-3 技术市场交易情况(2018年)

Statistics on Transactions in Technological Market(2018)

项　　目	合同数(个)	金额(亿元)
输出技术合计	**12887**	**946.66**
技术开发	8855	168.05
技术转让	3359	742.59
技术咨询	444	22.72
技术服务	229	13.30
吸纳技术合计	**9660**	**408.42**
技术开发	5422	81.35
技术转让	3718	281.21
技术咨询	264	42.33
技术服务	256	3.53

13-4 教育事业基本情况

Basic Statistics on Education

	单 位	1978 年	1980 年	1990 年	2000 年	2010 年	2017 年	2018 年
学校数								
普通高等学校	所	14	14	19	20	50	56	57
中等职业技术学校	所	40	44	50	51	95	88	86
普通中学	所	791	625	580	548	487	601	609
小 学	所	4669	4860	3580	2467	504	569	590
在校生数								
普通高等学校	人	19632	28790	56874	140661	617482	817432	840297
中等职业技术学校	人	14967	17306	27972	64969	214674	219074	199494
普通中学	人	574039	438221	347004	482494	635099	584375	600175
小 学	人	1202491	1234444	670718	771582	682423	941774	991803
毕业生数								
普通高等学校	人	4411	4216	16777	23624	156646	206954	212486
中等职业技术学校	人	3470	4293	8401	20148	63318	77182	75254
普通中学	人	224994	169679	87343	106203	201516	193928	189115
小 学	人	227553	193944	139585	147700	133462	132026	141437
招生数								
普通高等学校	人	7973	6603	16087	55131	190078	245756	250680
中等职业技术学校	人	6676	5153	9703	17697	81338	70786	65414
普通中学	人	254708	171351	115835	182487	213144	66342	208728
小 学	人	279079	230882	91258	129966	108810	167815	188396
专任教师数								
普通高等学校	人	6940	7366	10699	11246	38404	48449	49448
中等职业技术学校	人	2206	2622	3262	3175	7498	9556	9453
普通中学	人	27423	25636	24947	30655	42429	51111	51766
小 学	人	41040	42617	40492	37618	38250	51118	53673
每一教师负担学生数								
普通高等学校	人	2.8	3.9	5.3	12.5	16.1	16.9	17.0
中等职业技术学校	人	6.8	6.6	8.6	20.5	28.6	22.9	21.1
普通中学	人	20.9	17.1	13.9	15.7	15.0	11.4	11.6
小 学	人	29.3	29.0	16.6	20.5	17.8	18.4	18.5

13-5 各类学校基本情况(2018 年)

Basic Statistics on Various Schools(2018 年)

	学校数 (所)	毕业生 (人)	招生数 (人)	在校生 (人)	专任教师 (人)
普通高等学校	**57**	**212486**	**250680**	**840297**	**49448**
#研　究　生	33	23021	32956	95337	
中等技术学校	**86**	**75254**	**65414**	**199494**	**9453**
#职业中学	29	26199	26830	77363	4681
普通中学	**609**	**189115**	**208728**	**600175**	**51766**
高　　中	149	70203	67726	200476	18744
初　　中	460	118912	141002	399699	33032
小　　学	**590**	**141437**	**188396**	**991803**	**53673**
特殊教育学校	**22**	**1131**	**1059**	**6750**	**582**

注:1. 普通中学高中学校数中含完全中学。2. 普通中学初中校数中含 9 年制学校 156 所。3. 研究生数包含科研院校的研究生人数。4. 研究生专任教师数无法从普通高等学校专任教师数中拆分。

13-6 普通中学基本情况(2018年)

Basic Statistics on Regular Secondary Schools(2018)

	学校数 (所)	毕业生 (人)	招生数 (人)	在校生 (人)	专任教师 (人)
总　计	**609**	**189115**	**208728**	**600175**	**51776**
城　市	290	122470	132520	385126	32934
县　镇	223	54742	60829	174347	15398
农　村	96	11903	15379	40702	3444
高　中	**149**	**70203**	**67726**	**200476**	**18744**
城　市	107	48572	46538	137260	13220
县　镇	35	18531	17927	54011	4669
农　村	7	3100	3261	9205	855
初　中	**460**	**118912**	**141002**	**399699**	**33032**
城　市	183	73898	85982	247866	19714
县　镇	188	36211	42902	120336	10729
农　村	89	8803	12118	31497	2589

13-7 小学基本情况(2018年)

Basic Statistics on Primary Schools(2018)

	学校数 (所)	毕业生 (人)	招生数 (人)	在校生 (人)	专任教师 (人)
总　计	**590**	**141437**	**188396**	**991803**	**53673**
城　市	340	88020	131381	654397	34704
县　镇	168	38806	46046	261622	14357
农　村	82	14611	10969	75784	4612

13-8 成人高等学校教育基本情况

Basic Statistics on Education in Institutions of Higher Learning for Adults

	单 位	2015 年	2016 年	2017 年	2018 年
成人高等院校					
学 校 数	所	68	68	68	68
毕业生数	人	85809	93983	89948	71294
在校生数	人	240982	216812	191264	191761
招 生 数	人	89876	74081	71607	77274

注:2011 年以后成人高校数据包含普通高等学校中的成人教育数据。

13-9 幼儿园基本情况

Basic Statistics on Kindergartens

	单 位	2015 年	2016 年	2017 年	2018 年
幼儿园数	所	2003	2228	2366	2528
幼儿园班数	班	14152	16174	17477	18604
在园幼儿数	人	455587	514451	543564	565180
教职员工数	人	55019	61093	72864	79715
#教 师	人	27099	30349	36466	39198
保 育 员	人	11979	13122	16251	17950

注:2013 年起保育员包含民办幼儿园的数据。

13-10 艺术表演团体及场所演出情况

Basic Statistics on Performance of Art Troupes and Sites

	单 位	2015 年	2016 年	2017 年	2018 年
艺术表演团体	个	**6**	**6**	**6**	**7**
国内演出场次	千场	0.96	1.13	0.75	0.99
国内观众人次	万人次	71-	62.45	33.90	51.31
出访演出场次	场	23	11	2	78
艺术表演场所	个	**9**	**10**	**10**	**8**
座 席 数	千个	2.99	3.35	4.32	2.86
演映出场数	千场	0.26	0.38	0.41	0.12
#艺术场数	千场	0.015	0.36	0.38	0.11
观众人次	万人次	6.9	12.1	13.33	7.05
#艺术场数	万人次	1.2	11.0	11.7	5.5

13-11 群众文化事业(2018 年)

Main Indicators on Mass Culture(2018)

	单 位	总 计	文化馆	文化站
机 构 数	个	394	22	372
人 员 数	人	1906	460	1446
举办展览	个	1925	202	1723
举办训练班	次	14360	2934	11426
组织文艺活动	次	20228	2854	17374
藏 书	万册	262.54		262.54
总 收 入	万元	34537	16934	17603
总 支 出	万元	35746	17009	18737

13-12 公共图书馆基本情况

Basic Statistics on Public Libraries

	单 位	2015 年	2016 年	2017 年	2018 年
图书馆数	个	21	22	22	22
阅览室座席数	个	9413	10259	10611	11076
总藏量	万册(件)	1577	1708.7	1997.52	2293.42
图书流通人数	万人次	641	750.32	789.94	770.46
公共房屋建筑面积	万平方米	12.32	13.52	13.97	13.98
#书 库	万平方米	2.49	2.84	2.56	2.63
阅 览 室	万平方米	4.36	4.88	5.39	5.40
经费支出	万元	12126.9	12684.7	14379.3	18386
#购书费	万元	1720.5	1090.3	3033.9	1632

13-13 博物馆基本情况

Basic Statistics on Museums

	单 位	2015 年	2016 年	2017 年	2018 年
博物馆数	个	33	33	33	34
综 合 馆	个	9	9	10	11
专 业 馆	个	24	24	23	23
文物藏品	件	452577	455199	485269	389504
#一 级 品	件	857	857	819	833
展 览	个	74	82	88	92
参观人数	万人次	1230	1403	1174	1681
公用房屋建筑面积	万平方米	27.6	30.3	27.8	27.5

注:本表数据来源于国有博物馆 2018 年文化和旅游部文化文物年报表统计数据。

13-14 广播、电视事业基本情况(2018 年)

Basic Statistics on Broadcasting and Television(2018)

	单 位	广播事业	# 市 级	# 县 级	电视事业	# 市 级	# 县 级
基本情况							
广播电视台	座	15	1	13	15	1	13
发 射 台	座	42	1		83	1	24
节目套数	套	27	5	13	29	7	13
全年节目播音时间	小时	175820	36581	75181	200086	57866	68419
人口覆盖率	%	100	99.97	63.3	100	96.91	61.18
全年节目制作情况	**小时**	**117810**	**35904**	**19402**	**64923**	**19313**	**5157**
新闻咨询节目	小时	26408	12453	2481	22775	4831	2351
综艺益智	小时	26967	4471	6024	7899	2086	293
专题服务节目	小时	37483	14924	6527	16468	9643	1165
广告节目	小时	5276	1389	325	2313	2	915

主要统计指标解释

普通高等学校 指按照国家规定的设置标准和审批程序批准举办，通过国家统一招生考试，招收高中毕业生为主要培养对象，实施高等教育的全日制大学、独立设置的学院和高等专科学校、短期职业大学。

成人高等学校 指按照国家有关规定审批，招收通过全国成人高教统一招生考试的具有高中毕业或同等学历的在职从业人员利用脱产、半脱产、业余或函授等多种形式对其实施高等学历教育培养高等教育专科或本科毕业水平的专门人才，修业年限、课程设置和总学时数均按高等学历教育要求付诸实施的学校。包括广播电视大学、职工高等学校、农民高等学校、管理干部学院、教育学院、独立设置的函授学院等。

小学学龄儿童入学率 指调查范围内已入小学学习的学龄儿童占学龄儿童总数(包括弱智儿童在内，但不包括盲聋哑儿童)的比重。计算公式：

$$小学学龄儿童入学率=\frac{已入学的小学学龄儿童数}{校内外小学学龄儿童总数}\times100\%$$

独立研究与开发机构 指有明确的任务和研究方向，有一定学术水平的业务骨干和一定数量的研究人员，具有研究、开发、开展学术工作的基本条件，主要进行科学研究与技术开发活动，并且在行政上有独立的组织形式，财务上独立核算盈亏，有权与其他单位签订合同，在银行有单独户头的单位。包括国务院各部门、中国科学院、中国社会科学院和各省、自治区、直辖市以及地(市)以上〔含地(市)〕各部门所属的国有独立的科学研究与技术开发机构。

独立研究与开发机构职工 指在科学研究与技术开发机构工作，并由其支付工资的各种人员。包括长期职工和临时职工，不包括编制以外的离休、退休人员和停薪留职人员，但包括招聘人员。

研究与发展经费支出 指报告期内用于研究与实验发展课题活动(基础研究、应用研究、实验发展)的全部实际支出。包括用于研究与发展课题活动的直接支出，还包括间接用于研究与发展活动的一切支出(院、所管理费、维持院、所正常运转的必需费用和与研究发展有关的基本建设支出)。

科学家和工程师 指具有大学本科及以上学历的和不具备上述学历但有高、中级职称的人员。

专业技术人员 指已取得科学技术职称，或大学、中专的理、工、农、医科系毕业，以及国民经济各部门从工作实践中提拔，从事理、工、农、医等自学科学技术的研究、教学、生产的专业人员和在机关、企业、事业中从事科学技术业务管理工作的专业人员。

工程技术人员 指在国民经济各行业从事工程技术工作的自然科学技术专业人员，包括：高级工程师、工程师、助理工程师、技术员和未评定职称的技术人员。

农业技术人员 指在国民经济各行业从事农业技术工作的自然科学技术专业人员，包括：高级农艺师、农艺师、助理农艺师、技术员和未评定职称的技术人员。

卫生技术人员 指在国民经济各行业从事卫生医务工作的自然科学技术专业人员，包括：正副主任医师、主治医师、医师、医(护)士和未评定职称的技术人员。

科学研究人员 指在国民经济各行业从事科学技术活动的自然科学技术专业人员，包括：正副研究员、助理研究员、研究实习员、技术员和未评定职称的技术人员。

自然科学教学人员 指在国民经济各行业从事自然科学技术方面教学活动的专业人员，包括：正副教授、讲师、助教、教师和在中学从事自然科学技术方面教学活动的人员。

文化事业机构 指从事专业文化工作和为专业文化工作服务的独立建制的单独核算的单位。不包括这些单位另外举办独立核算的其他机构和各部门的业余文化组织。

十四 体育、卫生、福利及其他

简 要 说 明

主要内容

本部分反映体育、卫生、社会福利及其他事业发展情况。

体育：包括体育竞赛、体育竞技和全民健身的群众体育，以及相关的体育信息。

卫生：包括各类医疗卫生机构、床位、工作人员及病床使用率等指标。

民政：包括社会福利院、儿童福利院、精神病人福利院、社会办敬老院等各级福利院个数、床位及收养人数；优抚、救济情况。

其他事业：包括全市范围内司法、社会治安情况等。

资料来源

体育资料来源于成都市体育局。

卫生资料来源于成都市卫生健康委员会。

社会福利资料来源于成都市民政局。

律师、公证文书等资料来源于成都市司法局。

劳动仲裁资料来源于成都市人力资源和社会保障局。

社会治安资料来源于成都市公安局。

其他需要说明的问题

体育资料为全市统计口径。

卫生资料为全社会统计口径。

福利机构相应指标为市及市以下统计口径。

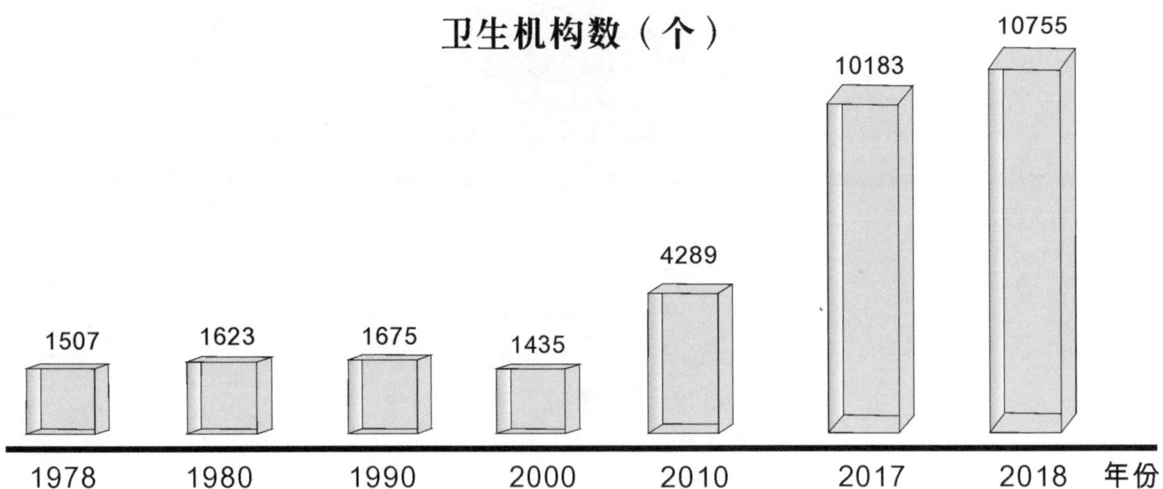
卫生机构数（个）
1507
1623
1675
1435
4289
10183
10755
1978
1980
1990
2000
2010
2017
2018
年份

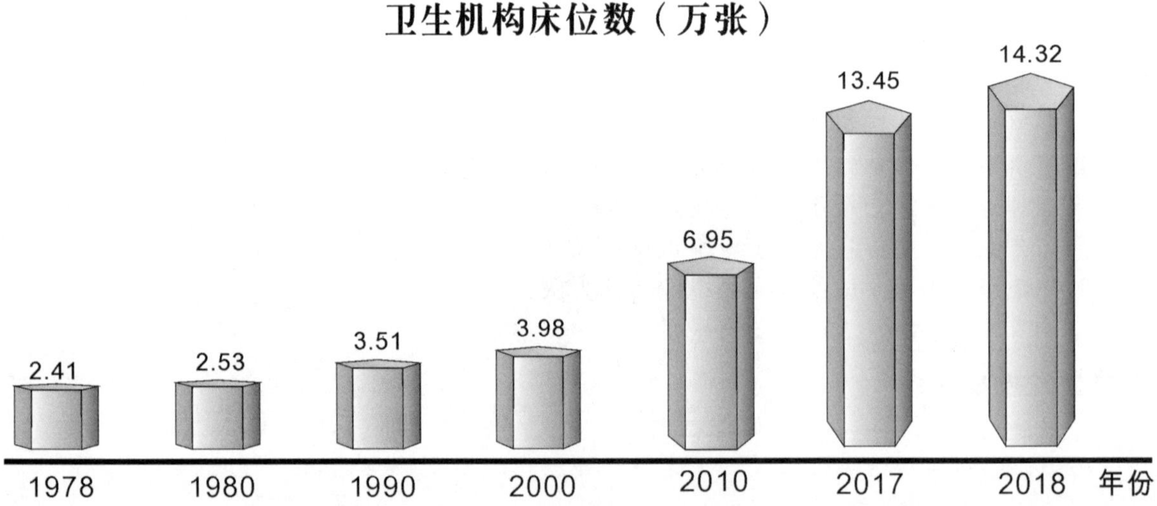
卫生机构床位数（万张）
2.41
2.53
3.51
3.98
6.95
13.45
14.32
1978
1980
1990
2000
2010
2017
2018
年份

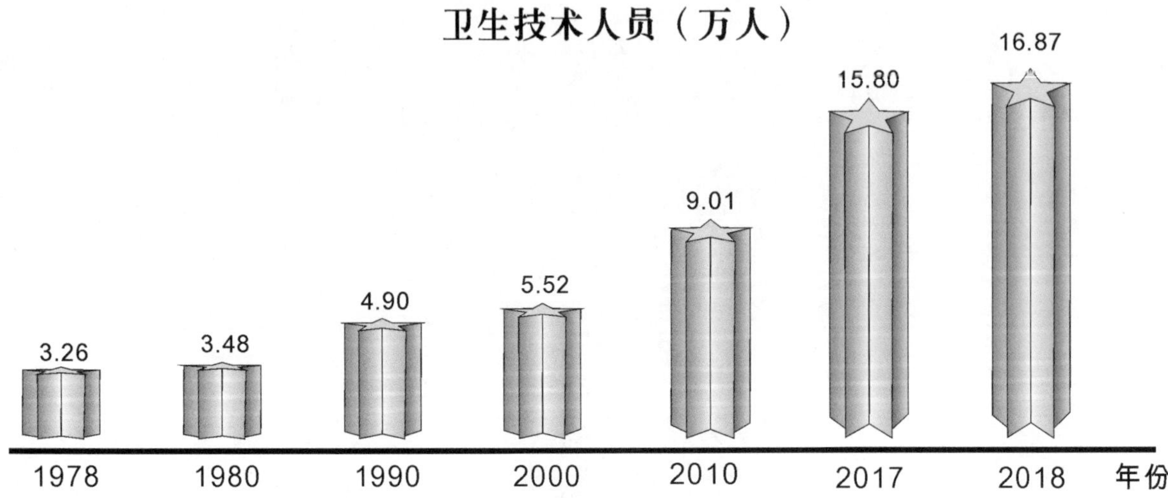
卫生技术人员（万人）
3.26
3.48
4.90
5.52
9.01
15.80
16.87
1978
1980
1990
2000
2010
2017
2018
年份

14-1 体育活动情况

Activities of Sports

	单 位	2015 年	2016 年	2017 年	2018 年
体育场地数	个	18988	19823	21038	31879
等级运动员发展人数	人	293	213	361	255
#二级运动员	人	293	213	361	255
等级裁判员发展人数	人	232	—	—	—
优秀运动队运动员	人	134	130	133	132
专职教练员	人	173	180	213	197
体育后备人才数	人	9263	7635	6403	5297
各部门举办全民健身活动次数	次	2747	2801	3000	3178
全民健身路径	条	6296	6413	7178	7598

14-2 医疗卫生事业基本情况

Basic Statistics of Health Care

	单　位	2015 年	2016 年	2017 年	2018 年
总　　计					
机 构 数	个	8481	9853	10183	10755
#医院、卫生院	个	768	866	888	892
床 位 数	万张	11.47	12.81	13.45	14.32
#医院	万张	9.45	10.54	11.05	11.82
#社区卫生服务中心(站)	万张	0.36	0.38	0.4	0.42
#乡镇卫生院	万张	1.34	1.60	1.7	1.77
工作人员	万人	17.32	19.02	20.07	21.59
#卫生技术人员	万人	13.51	14.84	15.80	16.87
#执业(助理)医师	万人	5.02	5.47	5.82	6.15
注册护士	万人	5.96	6.67	7.24	7.84
药剂人员	万人	0.71	0.79	0.81	0.84
总计中:政府办医院					
机 构 数	个	98	108	107	110
床 位 数	万张	5.3	6.04	6.25	6.71
工作人员数	万人	7.08	7.98	8.19	8.69
#卫生技术人员	万人	5.72	6.44	6.66	7.04
#执业(助理)医师	万人	1.95	2.21	2.30	2.39
平均每万人口拥有					
医院、卫生院床位数	张	73.60	76.26	79.43	83.22
卫生技术人员	人	92.20	93.23	98.48	103.30
#执业(助理)医师	人	34.30	34.40	36.25	37.69

注:本表中"总计中:政府办医院"的机构数 2000 年为政府及非政府部门举办的县及县以上医院,2014 年及以后各年度为由政府部门举办的所有医院。从 2011 年起将村卫生室纳入统计范围。2015 年起"平均每万人口拥有"数据按常住人口计算。

14-3 农村村级卫生组织情况(2018 年)

Health Organization at Village Level(2018)

	总　计	按设置/主办单位分					按行医方式分		
		村　办	乡卫生院设点	联合办	私人办	其他	西医为主	中医为主	中西医结　合
机构数(个)	3871	2300	242	163	1100	66	1846	220	1805
执业(助理)医师(人)	1172	649	137	35	324	27	582	65	525
注册护士数(人)	187	106	26	9	38	8	113	10	64
乡村医生和卫生员(人)	4066	2402	209	233	1167	55	1799	231	2036
乡村医生数	3943	2355	191	222	1126	49	1743	220	1980
卫 生 员	123	47	18	11	41	6	56	11	56

14-4 医院诊疗情况(2018 年)

Number of Hospital Patients(2018)

	诊疗人次(人次)	#门急诊	健康检查人数(人)	入院人数(人)	病床使用率(%)	出院者平均住院日(天)
医院总计	**72732216**	**71131310**	**4452104**	**3510089**	**87.80**	**10.14**
综合医院	46177196	45073051	3300499	2426612	88.49	9.33
中医医院	9692110	9451676	481493	432132	88.76	10.89
中西医结合医院	3159949	3146591	137804	117936	102.54	12.25
民族医医院	1494	1494		429	44.83	9.43
专科医院	13700415	13457612	532308	532730	83.18	12.77
口腔医院	1360217	1335757		6188	44.30	7.64
眼科医院	572768	570838	131240	39728	53.27	3.83
耳鼻喉医院	55174	54411		6477	51.72	6.57
肿瘤医院	524857	523576	18384	68137	106.83	11.73
心血管病医院	9619	3009		305	21.50	13.72
妇产(科)医院	1078054	1001128	5124	23701	45.66	5.52
儿童医院	413712	413712	1929	10863	76.23	8.35
精神病医院	662325	657140	29	41352	99.07	54.66
传染病医院	794336	794336	30913	23316	115.04	14.65
皮肤病医院	66392	65255		4906	47.12	9.10
职业病医院	174607	158686	54986	11544	112.69	12.33
骨科医院	433097	430120		46647	72.89	11.70
康复医院	134994	130308	230	21792	48.54	10.60
整形外科医院	2470	2284		186	58.46	2.80
美容医院	947548	903672		5820	24.98	2.95
其他专科医院	6470245	6413380	289473	221768	79.14	8.80
护理院	1052	886		250	45.00	21.56

注:2018 年医院总数新增民族医医院和护理院。

14-5 卫生部门综合医院有关经营情况(2018 年)

Operation of Hospitals Runs by The Health Department(2018)

	机构数(个)	医师人均担负年诊疗人次(人次)	医师人均担负年住院床日(人次)	平均每诊疗人次医疗费(元)				平均每一出院者住院医疗费(元)			
				合计	#药品费	#检查费	#治疗费	合计	#床位费	#药费	#治疗费
综合医院合计	**48**	**3234**	**905**	**343**	**141**	**87**	**38**	**12409**	**360**	**2871**	**1870**
部　　属	1	2446	613	779	348	209	64	22438	680	4346	2050
省　　属	7	4047	1137	462	208	115	53	17477	443	4582	2897
省辖市属	7	2846	867	248	98	63	35	13481	317	3178	2635
县辖市属	25	3495	965	200	66	49	24	7619	266	1803	1209
县　　属	8	3580	1049	179	64	41	27	5940	207	1450	1028

14-6 全市居民前十位死亡原因、死亡率(2018 年)

Cause of Death and Death Rate of 10 Major Diseases(2018)

序位及死因	死亡序位	死亡率(/10 万)	死亡构成(%)
十种死亡原因合计		**604.61**	**98.7**
肿　　瘤	1	181.47	29.62
循环系统疾病	2	178.17	29.08
呼吸系统疾病	3	149.15	24.35
损伤和中毒	4	32.95	5.38
消化系统疾病	5	20.94	3.42
内分泌、营养和代谢疾病	6	19.54	3.19
神经系统疾病	7	7.41	1.21
传染病和寄生虫病	8	6.78	1.11
泌尿生殖系统疾病	9	6.27	1.02
起源于围生期的情况	10	1.92	0.31

注:死亡率=住院死亡人数/出院人数。

14-7 社会福利机构情况

Basic Statistics on Social welfare Institutions

	单 位	2015 年	2016 年	2017 年	2018 年
社会福利院					
单 位 数	个	57	16	14	14
床 位 数	张	12489	4840	4520	5677
年末收养人数	人	7054	2419	2357	2795
儿童福利院					
单 位 数	个	3	2	2	2
床 位 数	张	814	779	779	760
年末收养人数	人	661	657	573	532
精神病人福利院					
单 位 数	个	1	1	1	1
床 位 数	张	800	800	800	800
年末收养人数	人	720	720	706	706
社区养老机构和设施					
单 位 数	个	763	1240	1687	2237
床 位 数	张	21580	23662	28827	51134
年末收养人数	人	9586	10484	12216	20256

14-8 优抚、救济情况

Persons Receiving Subsidies or Relief Funds

	2015 年	2016 年	2017 年	2018 年
优抚革命伤残人员(人)	8512	9386	9496	9745
抚恤人数(人)	1328	1453	1395	1341
#烈属抚恤	391	426	380	347
复退军人得到定期定量补助人数(人)	70434	82462	93442	95910

14-9 律师、公证、调解工作基本情况

Basic Statistics on Lawyers, Notarization and Mediation

	单 位	2015 年	2016 年	2017 年	2018 年
律师工作					
律师事务所	个	550	620	659	731
律师人员	人	9086	10214	11641	13081
#专职律师	人	8733	9848	11024	12434
民事诉讼代理	件	39932	44335	57042	60341
刑事诉讼辩护及代理	件	9130	10205	8372	9208
行政诉讼代理	件	1544	1725	4150	4176
非诉讼法律事务	件	22992	25816	22276	45595
解答法律咨询	件	110420	122120	141594	238496
代写法律事务文书	件	15660	17323		
公证工作					
公证机构	个	22	23	23	23
公 证 员	人	191	204	226	263
公证员助理	人	374	383	376	312
办理国内公证	件	399787	202585	455810	435501
办理涉外公证	件	46254	23278	49830	45078
办理涉港澳台公证	件	827	932	1027	443
公证费总收入	万元	14741	8300	17083	21278

注:按司法部的统一要求,从 2017 年开始,“解答法律咨询”和“代写法律事务文书”两项指标数据合并统计。

14-10 国内公证文书分类情况(2018 年)

Domestic Notarial Documents by Type(2018)

单位:件

类　　别	数　量	类　　别	数　量
受　理	**440121**	抵押登记	15
出　证	**435501**	提　　存	145
合同(协议)	25049	保　　管	12
继　　承	22937	现场监督	1106
委　　托	181877	保全证据	12181
声　　明	30294	收养关系、婚姻状况、亲属关系	4461
赠　　与	536	出生、死亡	4565
遗　　嘱	2830	签名(印鉴)	7800
身份、经历、学历、学位、职务、职称	9641	文本相符	7683
有无违法犯罪记录	5376	赋予执行效力	120316
公司章程	46	抵押登记	15
证书、执照	21269	其　　他	22074
执行证书	1578	**撤　　销**	**12**

14-11　基层法律服务情况

Law Service for Grassroots Units(2018)

	单　位	2017 年	2018 年		单　位	2017 年	2018 年
一、机构人员情况				代理诉讼事务	件	4963	5322
已建基层法律事务所	个	120	110	代理非诉讼事务	件	1667	1773
基层法律工作者	人	547	494	调解纠纷	件	1590	1885
二、全年工作情况				解答法律咨询	人次	16672	18977
担任法律顾问	家	457	679	办理法律援助事务	件	576	969

14-12　劳动仲裁受理及处理案件情况(2018 年)

Labor Disputes Accepted and Handled by labor dispute Arbitration committees

	单　位	合　计	#国有企业	#城镇集体企业	#外商及港澳台投资企业	#私营企业
上期末结案件数	**件**	973	205	0	16	505
案件受理情况						
案 件 数	件	20184	195	45	411	16758
劳动者申述案件数	件	19526	179	41	363	16341
劳动者当事人人数	件	24470	205	45	474	20588
案件处理情况						
结案案件数	件	20058	381	23	376	16434
处理方式						
仲裁调解	件	9677	157	3	59	8231
仲裁裁决	件	8726	186	17	249	7088
其他方式	件	1655	38	3	68	1115
处理结果						
用人单位胜诉	件	2453	71	6	53	2109
劳动者胜诉	件	5777	59	6	80	5134
双方部分胜诉	件	8764	75	8	122	7047
本期末结案数	**件**	**1099**	**19**	**22**	**51**	**829**

14-13 社会治安及交通、火灾情况

Basic Statistics of Law-and-order Situation, Traffic Accidents and Fires

	单 位	2014 年	2015 年	2016 年	2017 年	2018 年
治安案件						
受理数	起	70716	169058	212234	241469	203541
查处数	起	42805	138378	125480	158008	131279
交通事故						
交通事故发生数	起	2384	2132	1851	1752	1805
死伤人数	人	3008	2639	2213	2037	2001
#死亡人数	人	652	616	672	647	619
直接经济损失	万元	585.5	772.9	673.4	569.4	665.2
火灾事故						
火灾事故发生数	起	7721	8160	6629	6285	4200
死伤人数	人	24	28	41	14	25
#死亡人数	人	11	26	28	10	14
直接财产损失	万元	3873.8	3537.3	1814.2	3032.8	2026.2

主要统计指标解释

等级运动员人数 指经考核正式批准授予等级运动员称号的人数。运动员等级分为国际级运动健将、运动健将、一级运动员、二级运动员、三级运动员、少年级运动员。

等级裁判员人数 指经考核正式批准授予等级裁判员称号的人数。裁判员等级分为国际裁判、国家级裁判、一级裁判、二级裁判、三级裁判。

体育场 指有400米跑道(中心含足球场),有固定跑道6条以上,并有固定看台的室外田径场地。以看台容纳观众人数分:甲级25000人以上,乙级15000-25000人,丙级5000-15000人,丁级5000人以下。体育馆指有固定看台,可供篮球、排球、羽毛球、乒乓球、体操等项目训练比赛活动用的室内运动场地。以看台容纳观众人数分:甲级6000人以上,乙级4000-6000人,丙级2000-4000人,丁级2000人以下。

医院 指名称为医院,设有固定床位能收容病人住院并能为病人提供医疗、护理服务的医疗机构。包括县及县以上医院、农村乡卫生院、其他医院三部分。按所属性质分为卫生部门、工业及其他部门,集体经济单位三类。其中县及县以上医院按业务性质分为综合医院和专科医院。

卫生技术人员 指卫生事业机构支付工资的全部固定职工和合同制职工中现任职务为卫生技术工作的专业人员。包括中医师、西医师、中西医结合高级医师、护师、中药师、西药师、检验师、其他技师、中医士、西医士、护士、助产士、中药剂士、西药剂士、检验士、其他技士、其他中医、护理员、中药剂员、西药剂员、检验员,其他初级卫生技术人员。

社会福利事业单位 指集中收养社会孤老、残、幼的机构。包括由民政部门管理的社会福利院、儿童福利院、精神病人福利院和城镇集体办的福利院,以及农村集体举办的敬老院。

律师 指受聘参加法律顾问处工作,担任法律顾问、刑(民)事代理人、刑事辩护人,办理非诉讼事件、解答法律询问,代写法律事务文书等主要从事律师业务的专职法律工作者和兼职律师。

十五 区(市)县

简 要 说 明

主要内容

本部分资料反映成都市各区（市）县经济、社会发展的基本情况，主要包括：土地、人口、地区生产总值、农业、工业、交通运输邮电、固定资产投资、社会消费品零售总额、财政金融、税收情况等主要社会经济情况。

资料来源

全市资料来源于成都市统计局和市级有关主管部门。

区（市）县资料，主要来源于各区（市）县统计局，部分资料来源于市级相关主管部门。

其他需要说明的问题

本部分各项指标均按辖区口径计算。

财政指标按分级核算口径计算，金融指标按金融业务统计口径计算。

本部分分区县指标均未列成都高新区和成都天府新区直管区，且部分指标未列锦江、青羊、金牛、武侯、成华五区，故分项数据之和不等于全市数据合计。

15-1 区(市)县土地面积、户籍总户数和人口数(2018年)

Land Area, Registered Households and Population in Districts, Cities at County Level and Counties(End of 2018)

	土地面积(平方公里)	耕地面积(公顷)	年末户籍总户数(户)	年末户籍总人口(人)	平均每户人口(人)
全　市	**14335**	**523153**	**5632300**	**14760480**	**2.62**
#锦江区	61	855	232726	597071	2.57
青羊区	66	469	263257	707084	2.69
金牛区	108	752	309345	765798	2.48
武侯区	122	444	505504	1292548	2.56
成华区	108	1291	316774	776114	2.45
龙泉驿区	556	7886	277281	714406	2.58
青白江区	379	18884	190402	422003	2.22
新都区	496	25632	317037	799448	2.52
温江区	276	13165	200051	487709	2.44
双流区	1068	39806	464445	1316550	2.83
郫都区	437	20485	243761	632861	2.60
简阳市	2214	107361	500182	1506975	3.01
都江堰市	1208	26712	247387	622233	2.52
彭州市	1421	50703	297537	802446	2.70
邛崃市	1377	44310	229508	654661	2.85
崇州市	1089	39124	250636	662809	2.64
金堂县	1156	56500	342506	902657	2.64
新津县	329	15226	145397	318898	2.19
大邑县	1284	29638	179549	510016	2.84
蒲江县	580	23909	119015	268193	2.25

注:①本表中土地面积及耕地面积数据由成都市规划和自然资源局提供,数据来源于国家下发的2018年四川省农村土地利用现状二级分类面积汇总表,其中武侯区数据包含成都高新南区数据,双流区数据包含成都天府新区直管区、中和、西航港数据,郫都区数据包含高新西区数据,简阳市数据包含高新东区数据。②本表户籍人口数据中,武侯区含成都高新区数据,双流区含成都天府新区直管区数据。

15-2 历年区(市)县

Total Registered Population in Districts, Cities at County

年 份	全 市	锦江区	青羊区	金牛区	武侯区	成华区	龙泉驿区	青白江区	新都区
1949	50132						2102	1704	2920
1952	51196						2169	1801	3093
1957	59419						2047	2009	3415
1962	55134						2022	2158	3144
1965	60938						2268	2387	3495
1970	69521						2716	2850	4093
1975	78197						3186	3302	4597
1978	80606						3363	3449	4733
1979	81581						3369	3470	4753
1980	82254						3403	3488	4786
1981	83341						3455	3517	4850
1982	84325						3497	3545	4904
1983	84885						3508	3558	4934
1984	85400						3511	3563	4954
1985	86268						3535	3585	4988
1986	87473						3577	3627	5050
1987	88730						3625	3668	5125
1988	89857						3695	3665	5248
1989	90859						3697	3722	5290
1990	91950	3953	4438	4336	3486	4389	3729	3749	5323
1991	92773	3958	4474	4404	3563	4461	3779	3779	5388
1992	93686	3983	4498	4518	3664	4527	3837	3800	5460
1993	94730	4014	4561	4620	3786	4616	3915	3822	5541
1994	96039	4041	4608	4717	3917	4726	4291	3848	5642
1995	97160	4032	4665	4827	4057	4823	4505	3877	5716
1996	98074	3939	4581	5016	4689	4993	4586	3909	5782
1997	98919	3927	4578	5136	4893	5068	4655	3934	5829
1998	99700	3928	4595	5245	5028	5117	4731	3953	5874
1999	100356	3886	4593	5414	5156	5222	4792	3966	5893
2000	101335	3810	4568	5650	5338	5338	4848	4002	5959
2001	101990	3898	4587	5810	5483	5443	4920	4011	5976
2002	102848	3933	4669	6001	5742	5546	4996	4016	5989
2003	104431	3902	4650	6361	6217	5810	5108	4024	6048
2004	105969	3926	4780	6649	6540	5944	5251	4040	6130
2005	108203	3972	4996	6812	7330	6094	5380	3943	6387
2006	110340	3995	5124	6953	7955	6157	5646	4000	6501
2007	111228	3974	5231	6987	8147	6154	5724	4028	6587
2008	112496	4023	5374	6991	8358	6192	5805	4068	6671
2009	113963	4114	5540	7117	8622	6321	5880	4086	6755
2010	114907	4234	5679	7178	9435	6433	5923	4106	6829
2011	116328	4386	5860	7227	9594	6605	5988	4139	6905
2012	117335	4539	6011	7318	9831	6750	6038	4134	6965
2013	118799	4706	6188	7408	10086	6881	6149	4149	7023
2014	121074	4929	6405	7538	10502	7078	6320	4167	7186
2015	122805	5116	6561	7560	10860	7228	6434	4177	7336
2016	139893	5375	6722	7607	11252	7382	6598	4196	7483
2017	143533	5664	6907	7614	12181	7605	6848	4210	7715
2018	147605	5971	7071	7658	12925	7761	7144	4220	7994

注:本表中,武侯区含成都高新区数据,双流区含成都天府新区直管区数据。

年末户籍人口数

Level and Counties over the Years(Year-end)

单位:百人

温江区	双流区	郫都区	简阳市	都江堰市	彭州市	邛崃市	崇州市	金堂县	新津县	大邑县	蒲江县
1454	6727	2553		3044	4089	3795	4061	4431	1566	3008	1233
1550	5938	2642		3173	4378	4003	4220	4768	1703	3096	1316
1678	5716	2815		3509	4968	4528	4475	5212	1874	3467	1496
1485	4498	2461		3177	4664	3771	4032	4966	1618	2809	1346
1656	5043	2737		3650	5172	4089	4318	5412	1800	3163	1521
1990	5800	3245		4234	6024	4832	5055	6287	2111	3718	1848
2256	7308	3704		4666	6603	5592	5537	7163	2432	4289	2177
2331	7443	3803		4761	6753	5752	5634	7424	2488	4366	2238
2350	7552	3840		4798	6781	5764	5662	7470	2500	4375	2248
2370	7617	3869		4817	6817	5781	5705	7487	2524	4391	2259
2398	7751	3916		4868	6884	5827	5752	7540	2556	4437	2287
2441	7837	3943		4919	6950	5852	5796	7593	2576	4480	2308
2458	7863	3955		4949	6968	5879	5823	7609	2584	4494	2313
2467	7899	3959		4989	6977	5895	5847	7605	2591	4497	2323
2499	7952	3992		5044	7026	5914	5888	7652	2612	4515	2354
2498	8071	3995		5109	7120	5962	5942	7711	2639	4562	2389
2520	8190	4034		5191	7218	6019	6003	7790	2668	4616	2412
2555	8301	4070		5271	7271	6067	6067	7868	2691	4652	2430
2591	8451	4110		5326	7322	6110	6141	7951	2711	4694	2437
2650	8494	4212		5429	7381	6188	6221	8053	2728	4737	2454
2685	8554	4245		5492	7427	6223	6264	8108	2743	4762	2463
2755	8618	4271		5545	7469	6273	6294	8142	2766	4794	2472
2848	8693	4312		5602	7517	6298	6335	8173	2784	4813	2478
2897	8730	4355		5682	7559	6330	6381	8189	2797	4837	2492
2933	8790	4412		5728	7592	6362	6413	8226	2819	4861	2522
2977	8401	4475		5773	7607	6382	6448	8263	2838	4883	2533
3008	8457	4557		5804	7619	6402	6458	8295	2851	4910	2537
3039	8518	4627		5849	7652	6410	6468	8331	2865	4924	2545
3052	8543	4662		5874	7691	6409	6467	8373	2882	4931	2550
3056	8616	4709		5944	7740	6398	6462	8446	2895	4961	2563
3066	8667	4758		5946	7726	6386	6451	8438	2900	4961	2563
3087	8698	4804		5955	7722	6361	6444	8448	2907	4966	2564
3137	8846	4833		5971	7782	6354	6493	8448	2920	4968	2559
3194	9064	4883		5984	7774	6353	6508	8455	2938	4990	2566
3293	9269	4696		6025	7788	6447	6633	8536	2966	5061	2575
3384	9281	4843		6104	7837	6514	6687	8619	2993	5137	2610
3439	9389	4947		6090	7947	6506	6656	8650	3019	5149	2605
3535	9485	5017		6118	7996	6561	6702	8764	3048	5167	2620
3649	9661	5045		6096	8034	6600	6741	8833	3063	5175	2630
3699	9200	5086		6096	8002	6582	6692	8845	3078	5180	2630
3776	9421	5135		6118	8053	6605	6718	8890	3087	5186	2637
3833	9600	5187		6138	8035	6561	6658	8904	3080	5120	2635
3904	9781	5262		6157	8062	6568	6680	8918	3100	5127	2649
4039	10097	5425		6193	8085	6572	6699	8938	3117	5122	2664
4153	10388	5586		6205	8081	6587	6686	8920	3130	5118	2678
4299	10721	5752	14991	6228	8050	6566	6703	8998	3153	5137	2683
4551	11852	6009	14939	6226	8030	6550	6636	9030	3172	5115	2678
4877	13166	6329	15070	6222	8024	6547	6628	9027	3189	5100	2682

15-3 区(市)县户籍人口自然变动情况(2018年)

Statistics on Natural Changes of Registered Population in Districts, Cities at County Level and Counties(2018)

	出生人口(人)	死亡人口(人)	出生率(‰)	死亡率(‰)	自然增长率(‰)
全　市	**182757**	**136559**	**12.55**	**9.38**	**3.17**
#锦江区	7679	4713	13.20	8.10	5.10
青羊区	8422	7992	12.05	11.44	0.62
金牛区	7537	11671	9.87	15.28	-5.41
武侯区	18578	15357	14.80	12.23	2.57
成华区	9792	14573	12.74	18.97	-6.22
龙泉驿区	11248	6141	16.08	8.78	7.30
青白江区	4513	4841	10.71	11.49	-0.78
新都区	10478	5249	13.34	6.68	6.66
温江区	8004	3166	16.98	6.72	10.26
双流区	20921	9787	16.73	7.82	8.90
郫都区	9301	1984	8.75	1.87	6.88
简阳市	17783	8145	20.04	9.18	10.86
都江堰市	6293	7820	9.79	12.16	-2.38
彭州市	7501	5184	8.80	6.08	2.72
邛崃市	6482	5138	13.34	10.57	2.77
崇州市	6281	5730	10.70	9.76	0.94
金堂县	10570	9995	14.06	13.30	0.76
新津县	3407	1662	7.00	3.41	3.58
大邑县	5010	5588	8.85	9.87	-1.02
蒲江县	2957	1823	5.52	3.40	2.12

注:本表中,武侯区含成都高新区数据,双流区含成都天府新区直管区数据。

15-4 区(市)县户籍人口机械变动情况(2018年)

Moving Changes of Registered Population in Districts, Cities at County Level and Counties(2018)

	迁入人口(人)	迁出人口(人)	迁入率(‰)	迁出率(‰)	机械变动增长率(‰)
全　市	**485044**	**124027**	**33.32**	**8.52**	**24.80**
#锦江区	27591	6030	47.43	10.37	37.06
青羊区	27862	9875	39.87	14.13	25.74
金牛区	25010	7626	32.75	9.99	22.77
武侯区	85034	22582	67.74	17.99	49.75
成华区	31505	7072	41.01	9.20	31.80
龙泉驿区	31646	7155	45.23	10.23	35.01
青白江区	4136	2771	9.81	6.57	3.24
新都区	28116	5431	35.79	6.91	28.88
温江区	33225	5473	70.48	11.61	58.87
双流区	131961	11706	105.50	9.36	96.14
郫都区	31498	6861	29.62	6.45	23.17
简阳市	8508	5114	9.59	5.76	3.82
都江堰市	5487	4333	8.53	6.74	1.79
彭州市	2048	4933	2.40	5.78	-3.38
邛崃市	1421	3129	2.92	6.44	-3.52
崇州市	1810	3168	3.08	5.40	-2.31
金堂县	3532	4498	4.70	5.98	-1.28
新津县	1685	1686	3.46	3.46	0.00
大邑县	2045	2938	3.61	5.19	-1.58
蒲江县	924	1646	1.73	3.07	-1.35

注:本表中,武侯区含成都高新区数据,双流区含成都天府新区直管区数据。

15-5 区(市)县婚姻、计划生育情况(2018年)

Matrimony and Family Planning in Districts, Cities at County Level and Counties(2018)

	结婚登记人数(人)	离婚登记人数(人)	符合政策生育率(%)	综合避孕率(%)	一孩率(%)
全　市	**265782**	**159894**	**99.61**	**77.42**	**58.17**
#锦江区	10992	6900	99.92	80.51	61.68
青羊区	13092	8408	99.83	80.90	63.37
金牛区	12814	9092	99.72	83.43	63.92
武侯区	35282	18516	99.74	76.28	61.70
成华区	13974	10496	99.96	76.45	63.45
龙泉驿区	13852	7462	99.62	73.68	57.04
青白江区	7478	5626	99.39	82.18	56.35
新都区	12948	9418	99.62	77.58	56.57
温江区	9020	5442	99.85	84.84	56.30
双流区	32480	15872	99.91	73.86	55.48
郫都区	10622	7114	99.75	69.84	55.65
简阳市	18640	8840	98.92	78.53	57.21
都江堰市	9214	6418	99.50	84.20	55.44
彭州市	12238	7982	99.65	69.91	56.76
邛崃市	10922	6294	99.59	75.19	58.66
崇州市	10114	6430	99.53	78.59	56.37
金堂县	14514	8292	99.02	77.21	56.71
新津县	5054	3384	99.41	75.29	53.92
大邑县	8284	4964	99.70	83.60	57.65
蒲江县	4248	2344	99.73	77.60	55.04

注:本表中武侯区数据包含成都高新区数据,双流区数据包含成都天府新区直管区数据。

15-5 续表

	已婚育龄妇女人数(万人)	已婚育龄妇女按现有子女分布(%)		
		无孩	一孩	两孩
全 市	**269.60**	**10.18**	**69.66**	**19.45**
#锦江区	8.70	14.59	71.15	13.97
青羊区	11.24	11.20	75.16	13.38
金牛区	11.67	15.33	71.65	12.75
武侯区	26.96	13.49	65.59	20.13
成华区	10.63	14.50	72.23	13.03
龙泉驿区	14.30	7.92	71.31	20.15
青白江区	8.50	9.73	72.89	16.72
新都区	18.13	10.53	69.30	19.73
温江区	9.08	11.26	72.39	15.96
双流区	22.01	11.77	69.81	17.95
郫都区	11.69	7.96	74.96	16.70
简阳市	22.81	9.43	52.17	36.27
都江堰市	12.37	8.50	76.31	14.79
彭州市	15.39	6.74	74.69	18.02
邛崃市	13.18	10.61	72.31	16.53
崇州市	12.85	5.71	78.37	15.44
金堂县	17.64	8.23	59.09	31.14
新津县	6.38	9.30	73.97	16.23
大邑县	10.59	7.76	75.54	16.18
蒲江县	5.47	5.66	76.87	16.64

注:本表中武侯区数据包含成都高新区数据,双流区数据包含成都天府新区直管区数据。

15-6 区(市)县地区生产总值(2018年)

Gross Domestic Product in Districts, Cities at County Level and Counties(2018)

单位:万元

	地区生产总值	第一产业	第二产业	# 工　业	第三产业
全　市	**153427716**	**5225933**	**65161908**	**56637452**	**83039875**
#锦 江 区	10347727	6711	1135764	741729	9205252
青 羊 区	11900924	409	1959649	1108354	9940866
金 牛 区	11969366	824	2428949	1317981	9539593
武 侯 区	10913678	85	2121299	1517936	8792294
成 华 区	9489183	670	1717295	1492846	7771218
龙泉驿区	13027807	293467	9886573	9551940	2847767
青白江区	4750499	157721	3270198	3125196	1322580
新 都 区	7992025	298119	4628054	4352492	3065852
温 江 区	5449973	190543	2711920	2603693	2547510
双 流 区	8294410	157011	4721371	4508300	3416028
郫 都 区	5802179	243521	3324178	3083459	2234480
简 阳 市	4538346	646370	2456093	2269266	1435883
都江堰市	3847951	284509	1394531	894777	2168911
彭 州 市	4116316	539218	2189394	2119933	1387704
邛 崃 市	2986779	400875	1448899	1287883	1137005
崇 州 市	3399909	377993	1671114	1350002	1350802
金 堂 县	4240703	491411	1987276	1346384	1762016
新 津 县	3374149	182771	1999590	1889546	1191788
大 邑 县	2601247	374906	1143157	996962	1083184
蒲 江 县	1518510	198752	786030	709225	533728

15-7 区(市)县地区生产总值发展速度(2018年)

Development Rates of Gross Domestic Product in Districts, Cities at County Level and Counties(2018)

单位:%

	地区生产总值	第一产业	第二产业	#工业	第三产业
全　市	**108.0**	**103.6**	**107.0**	**107.6**	**109.0**
#锦江区	107.2	100.5	102.5	105.4	107.9
青羊区	107.2	98.6	104.0	104.4	107.9
金牛区	107.8	93.6	104.5	104.3	108.6
武侯区	107.6	117.1	105.4	105.3	108.1
成华区	108.5	70.9	107.2	110.7	108.8
龙泉驿区	106.8	103.0	105.8	106.0	110.6
青白江区	110.5	103.5	108.2	108.6	117.9
新都区	108.9	103.4	107.9	108.7	111.1
温江区	108.8	103.3	108.2	108.6	109.8
双流区	108.4	103.5	107.8	108.3	109.5
郫都区	107.8	103.2	107.5	108.2	108.8
简阳市	108.3	104.4	108.1	108.5	110.8
都江堰市	107.7	104.6	106.3	109.4	109.1
彭州市	98.2	103.8	91.2	91.3	109.6
邛崃市	110.8	103.9	113.5	115.2	109.9
崇州市	110.6	104.5	110.6	115.0	112.6
金堂县	110.5	104.3	110.4	113.3	112.5
新津县	110.3	104.1	110.6	111.2	110.8
大邑县	110.2	104.2	111.5	114.0	111.0
蒲江县	110.3	104.0	111.0	111.7	111.9

注:发展速度以上年度为基期,按可比价格计算。

15-8　区(市)县农林牧渔业总产值

Gross Output Value of Farming, Forestry, Animal Husbandry and Fishery in Districts, Cities at County Level and Counties

单位:万元

	1978 年	1980 年	1990 年	2000 年	2010 年	2017 年	2018 年
全　市	**157073**	**171518**	**601911**	**1977360**	**4701886**	**8788670**	**9093448**
#龙泉驿区	8551	8402	31264	156929	442929	539464	559633
青白江区	6540	7591	21574	67411	165317	268447	277673
新 都 区	11133	12687	44402	129089	287293	479140	495684
温 江 区	7369	7765	21371	74367	209485	304717	315643
双 流 区	17079	19464	54809	200855	528510	654797	651660
郫 都 区	11108	10958	36945	127977	286232	416513	430123
简 阳 市						1375909	1412257
都江堰市	10492	11948	40924	131933	252159	473346	497439
彭 州 市	14812	17203	61611	195610	463405	869419	897659
邛 崃 市	10485	13377	52290	171294	403475	684262	716177
崇 州 市	14852	16075	54908	158879	393963	622036	651583
金 堂 县	13567	14985	56926	179171	468581	812637	851682
新 津 县	4924	5745	19173	80910	203064	327871	332998
大 邑 县	7492	9645	35912	112632	329418	613107	641482
蒲 江 县	5380	6322	22200	74275	221831	332748	347567

15-9 区(市)县农林牧渔业总产值(2018年)

Gross Output Value of Farming, Forestry, Animal Husbandry and Fishery in Districts, Cities at County Level and Counties(2018)

单位:万元

	总计	其中:				
		农业	林业	牧业	渔业	农林牧渔专业及辅助性活动
全市	**9093448**	**5769912**	**205656**	**2541960**	**319970**	**255950**
#锦江区	11087	11087				
青羊区	579	579				
金牛区	1207	1207				
武侯区	123	123				
成华区	1192	1192				
龙泉驿区	559633	369569	87941	23279	33036	45808
青白江区	277673	202619	1730	49499	5750	18075
新都区	495684	292753	1653	169137	7097	25044
温江区	315643	300159	376	6135	3661	5312
双流区	651660	490977	4189	112167	29691	14636
郫都区	430123	407454	806	2953	1975	16935
简阳市	1412257	696068	40756	592698	60057	22678
都江堰市	497439	179904	43871	215709	28905	29050
彭州市	897659	595716	9434	277080	9099	6330
邛崃市	716177	297793	38605	349444	13158	17177
崇州市	651583	343570	11727	255784	16941	23561
金堂县	851682	552513	8655	228928	22576	39010
新津县	332998	132467	2691	170280	20346	7214
大邑县	641482	231211	14878	358531	23936	12926
蒲江县	347567	180527	605	150637	9671	6127

15-10 区(市)县农林牧渔业总产值构成(2018 年)

Gross Output Value of Farming, Forestry, Animal Husbandry and Fishery in Districts, Cities at County Level and Counties and Its Composition(2018)

单位:%

	总 计	其 中:				
		农 业	林 业	牧 业	渔 业	农林牧渔专业及辅助性活动
全 市	**100.0**	**63.4**	**2.3**	**28.0**	**3.5**	**2.8**
#锦 江 区	100.0	100.0				
青 羊 区	100.0	100.0				
金 牛 区	100.0	100.0				
武 侯 区	100.0	100.0				
成 华 区	100.0	100.0				
龙泉驿区	100.0	66.0	15.7	4.2	5.9	8.2
青白江区	100.0	73.0	0.6	17.8	2.1	6.5
新 都 区	100.0	59.1	0.3	34.1	1.4	5.1
温 江 区	100.0	95.1	0.1	1.9	1.2	1.7
双 流 区	100.0	75.3	0.6	17.2	4.6	2.3
郫 都 区	100.0	94.7	0.2	0.7	0.5	3.9
简 阳 市	100.0	49.3	2.9	42.0	4.2	1.6
都江堰市	100.0	36.2	8.8	43.4	5.8	5.8
彭 州 市	100.0	66.4	1.0	30.9	1.0	0.7
邛 崃 市	100.0	41.6	5.4	48.8	1.8	2.4
崇 州 市	100.0	52.7	1.8	39.3	2.6	3.6
金 堂 县	100.0	64.9	1.0	26.9	2.6	4.6
新 津 县	100.0	39.8	0.8	51.1	6.1	2.2
大 邑 县	100.0	36.1	2.3	55.9	3.7	2.0
蒲 江 县	100.0	51.9	0.2	43.3	2.8	1.8

15-11 区(市)县年末生猪存栏数

Number of Living Hogs in Districts, Cities at County Level and Counties

单位:头

	1978 年	1980 年	1990 年	2000 年	2010 年	2017 年	2018 年
全　市	**4590063**	**5421991**	**5329303**	**4331741**	**4836876**	**4023229**	**3676164**
#锦 江 区				26742	1043		
青 羊 区				32740	942		
金 牛 区	269677	283544	277319	61134	3994		
武 侯 区				20923	1169		
成 华 区				56027	15842		
龙泉驿区	227517	241606	268666	172649	98535	34720	5473
青白江区	235256	267619	248464	202242	127718	41200	49289
新 都 区	355193	400301	322210	234262	178196	44300	68932
温 江 区	167215	214417	249651	200312	96415	8507	6356
双 流 区	542336	593404	533261	323112	510513	155780	94415
郫 都 区	261455	344499	344841	261861	108292	19820	3980
简 阳 市						700500	645400
都江堰市	284847	379640	332703	253086	259750	160556	154062
彭 州 市	434814	518500	486550	373744	324339	285000	270300
邛 崃 市	354797	436806	493786	550662	926946	780900	715000
崇 州 市	372526	469021	485872	310862	574869	399300	370083
金 堂 县	502264	575928	552860	584138	497282	393200	380700
新 津 县	157642	181843	202910	172552	149624	178946	147274
大 邑 县	274919	323895	322571	313159	509657	398500	379000
蒲 江 县	149605	190968	207639	148680	431803	422000	385900

注:本表中 2010 年和 2017 年数据按农业普查调查结果进行了修订。

15-12 历年区(市)县

Total Grain Yield in Districts, Cities at

年份	全市	龙泉驿区	青白江区	新都区	温江区	双流区	郫都区	简阳市
1949	1273658	57550	59710	88810	60890	155510	96710	174031
1957	1870274	78905	71760	140335	76055	193463	143020	238217
1962	1372761	48095	60370	111510	59295	117443	113790	169162
1965	1917783	82975	77990	145530	86535	189340	145745	251624
1970	2339406	107370	100345	173055	98385	240780	169290	349233
1975	2539669	132180	113290	205800	112030	286099	180380	365123
1978	2948539	156920	126085	214775	125870	332503	208028	428200
1979	3104080	159605	131755	222950	126965	335998	216370	443400
1980	3051394	156495	130740	217670	130160	344047	212992	539300
1981	3010770	149550	117340	214290	133645	330815	217861	475900
1982	3526560	171495	144160	259995	143555	399362	250940	580500
1983	3712175	180210	153415	262570	147915	412318	258840	632500
1984	3593555	186975	151900	260585	151175	389172	237195	623545
1985	3447355	176890	151670	241675	138715	372821	233170	623197
1986	3577317	170335	149669	250441	150124	387088	254201	656974
1987	3538924	171232	142942	252429	150438	372897	250029	678819
1988	3295664	155911	137991	230236	143431	338568	234655	615223
1989	3567994	176466	148740	252453	151220	386346	243844	687085
1990	3817016	187058	153745	273361	158486	416971	269136	702326
1991	3922619	189782	161912	275714	164900	437011	279412	721701
1992	3990512	196678	165086	276635	166593	437509	274367	725221
1993	3975301	170404	161258	281046	166691	435888	285296	572417
1994	3972979	170500	160438	281676	167179	429424	294634	633400
1995	3989688	172587	163254	283686	168309	432569	292139	711947
1996	4006090	172782	166824	285593	169260	428096	292192	713219
1997	4020984	172240	160677	271665	168885	422736	296379	714018
1998	4038582	171150	162409	282547	164785	422402	296462	714581
1999	3970178	165061	163377	272092	161227	413132	280063	759912
2000	3637072	125018	155671	263925	137437	371383	242205	735233
2001	3107297	102928	132257	203563	108864	295681	190756	563767
2002	2990804	74601	137962	221015	94565	294670	179377	685844
2003	2651189	52482	132909	190036	64655	258602	153472	576724
2004	2760346	50572	146918	198342	67614	286070	152593	660116
2005	2599076	52520	145605	190395	63384	280497	150596	699915
2006	2651040	51623	139262	204927	58219	286652	158822	556924
2007	2257194	35500	120863	178529	110	231223	124440	635544
2008	2216977	32989	114229	178652	212	215215	112586	629685
2009	2119334	29200	104812	170357	317	197088	99946	599136
2010	2054792	26965	98038	167802	521	182527	87750	596816
2011	1987429	24696	91856	166218	725	169574	77095	602323
2012	1934251	22178	85184	163274	1232	158375	68934	582313
2013	1891559	20445	79727	158946	1940	149580	61011	586488
2014	1808768	18628	73619	152927	2951	136997	53753	562614
2015	1774435	17324	70398	150879	4763	128725	48601	554791
2016	2307327	16601	67687	146103	8145	122712	43807	562137
2017	2318536	15899	67695	144644	7696	121420	44205	566702
2018	2302793	15166	66981	142804	7626	120789	43299	561902

注:本表中 2007-2017 年数据按农业普查调查结果进行了修订。

粮食总产量

County Level and Counties over the Years

单位:吨

都江堰市	彭州市	邛崃市	崇州市	金堂县	新津县	大邑县	蒲江县
101460	124925	84518	123315	95544	33236	75875	45605
134295	196350	158475	175080	133102	65255	128010	67785
86890	157220	116005	141805	113043	50760	84485	38920
126710	195426	168310	184650	147963	69520	120985	70416
148285	247711	189582	217030	192538	80790	149085	91463
152380	264658	188039	216935	211019	90615	148625	88997
184225	285237	235438	257410	245199	106445	199850	111516
193885	310418	263125	274605	260504	109540	214815	122845
178835	301665	255510	253870	282109	110580	205680	118195
194610	300280	264850	265050	216615	110780	215440	118410
229930	346225	304285	307650	315752	119585	235555	129885
232225	361250	330420	332155	351130	127180	250610	138665
227700	340340	285205	350950	345765	120160	246620	121865
211835	305105	299070	339110	339120	121125	233360	118675
227581	328326	330838	350705	315512	126652	247259	127790
225417	309278	332162	345083	327089	127762	241526	132989
210891	292780	304775	318577	317010	108674	218718	133310
222647	324015	327406	332982	346236	123681	235544	139559
255716	349609	337250	357397	349793	129562	275918	143934
264161	364937	348013	367756	337694	138606	287890	146927
260557	387642	358200	369807	362942	142771	284728	151119
254986	397966	370004	369954	356033	147093	281348	151772
262847	406035	363781	379303	359200	147088	261279	152325
266579	408556	365198	379393	365046	147235	262324	154798
266596	412617	370222	379571	367342	148136	270120	156592
266650	417795	379689	385032	371452	151981	279322	159730
266630	420124	385655	385121	371929	151657	281596	160116
265568	420388	378772	383309	377661	147584	285908	155956
239895	404117	360011	369538	332631	139069	276013	138363
222914	363450	333414	339302	252783	122791	255617	124296
198826	326228	313898	333583	267163	118590	255130	125761
174009	267105	294200	296323	255478	115859	238507	121433
169614	279401	295008	302323	297327	120000	235869	127243
151166	263728	261480	293604	289811	114633	205720	113161
168494	285796	269937	314051	246687	119695	211730	118752
135653	245487	230628	266206	291785	104666	180848	104037
131701	252349	236853	265874	290883	103684	180994	95524
126169	253767	236194	258506	278206	98332	177318	85289
121372	257068	236989	252035	275208	92948	175085	77648
117561	255693	236193	245409	273852	86789	168794	70939
114404	256594	237426	241173	268405	82481	168708	64344
112049	258565	240730	235777	269416	77306	165149	59681
106968	251174	237398	226598	261817	71358	159124	54514
105123	253896	235590	222474	261519	67460	156081	50909
103084	255826	236108	216978	263447	63277	151556	48453
102975	256871	237397	219304	265085	62887	155800	49421
103162	255842	236603	217849	262409	62658	156876	48549

15-13 区(市)县农林牧渔业主要产品产量

Yield of Major Farm Crops in Districts, Cities at County Level and Counties

单位:吨

	稻谷产量		小麦产量		油菜籽产量	
	2017 年	2018 年	2017 年	2018 年	2017 年	2018 年
全　市	**1234768**	**1230592**	**165602**	**163297**	**325195**	**329455**
#锦 江 区						
青 羊 区	51	51			39	35
金 牛 区	51	64			75	51
武 侯 区						
成 华 区	158	163				
龙泉驿区	4264	3730			3712	2962
青白江区	35934	35510	3300	3240	12206	12284
新 都 区	115518	114178	20460	20284	17999	18079
温 江 区	7087	7009			631	467
双 流 区	82910	82546	3010	2898	25629	23536
郫 都 区	40034	39386	1550	1502	8833	9451
简 阳 市	131167	130115	11820	11377	85246	88896
都江堰市	87017	87298	2114	2037	24791	25605
彭 州 市	190641	190784	4214	4087	17218	17734
邛 崃 市	145236	145494	32657	32105	25951	26383
崇 州 市	169042	168004	32699	32273	26256	26689
金 堂 县	66164	66789	12090	11995	41162	43958
新 津 县	47967	47879	8400	8205	9987	9808
大 邑 县	93398	94440	33288	33294	10655	9290
蒲 江 县	18128	17152			14805	14227

注:本表中 2017 年数据按农业普查调查结果进行了修订。

15-13 续表 1

单位:吨

	蔬菜产量		水果产量		禽蛋产量	
	2017 年	2018 年	2017 年	2018 年	2017 年	2018 年
全　市	**5435841**	**5758541**	**1675837**	**1672740**	**181604**	**176409**
#锦 江 区	473	481	6	11		
青 羊 区	900	1316				
金 牛 区	3912	3697				
武 侯 区	359	397				
成 华 区	3561	1507	139	144		
龙泉驿区	181146	144031	221254	183920	1101	280
青白江区	191443	200929	34286	33188	6094	5825
新 都 区	288459	288747	28684	24525	11680	11208
温 江 区	53603	53014	149	359	1488	1557
双 流 区	340012	385748	230010	231855	3312	2977
郫 都 区	699079	779647	9672	9841	1114	208
简 阳 市	451532	511571	185819	218870	29600	28544
都江堰市	207261	224499	41434	42506	8748	8980
彭 州 市	1043838	1074584	26686	28909	12808	9775
邛 崃 市	277223	283454	105223	156222	11314	8972
崇 州 市	285699	308113	28520	30121	35261	36548
金 堂 县	869780	887799	270348	261074	23128	24250
新 津 县	185954	192360	46243	49257	11686	12068
大 邑 县	203346	214181	42417	44725	20955	21835
蒲 江 县	148261	202466	404947	357213	3315	3382

注:本表中 2017 年数据按农业普查调查结果进行了修订。

15-13 续表 2

	水产品(吨)		出栏生猪头数(头)		出栏羊只数(只)	
	2017 年	2018 年	2017 年	2018 年	2017 年	2018 年
全 市	**161200**	**142518**	**6085344**	**5858718**	**1044419**	**922363**
#锦 江 区						
青 羊 区						
金 牛 区	80	60				
武 侯 区						
成 华 区	280					
龙泉驿区	10450	9560	56100	5518	10957	1428
青白江区	4930	4966	64210	80125	7514	8562
新 都 区	2570	2483	69280	70900	701	827
温 江 区	1170	825	12259	9813		7
双 流 区	22460	19597	250420	182069	31069	21417
郫 都 区	1450	1013	31044	6617		17
简 阳 市	37190	31782	1055001	1021000	724451	633876
都江堰市	1510	1310	257111	288620	9092	8662
彭 州 市	4830	3828	443000	415100	14040	8129
邛 崃 市	16330	14330	1175000	1117000	31576	23862
崇 州 市	12620	10306	564999	584500	15882	15561
金 堂 县	14560	13521	602000	616000	165351	168552
新 津 县	12290	12000	259120	267556	4199	4047
大 邑 县	10780	9622	632800	618000	21314	21825
蒲 江 县	7700	7315	613000	575900	8273	5594

注:本表中 2017 年数据按农业普查调查结果进行了修订。

15-13　续表3

单位:吨

	肉类总产量		#猪肉		牛　奶	
	2017 年	2018 年	2017 年	2018 年	2017 年	2018 年
全　市	**620296**	**593648**	**441040**	**427289**	**86435**	**85550**
#锦 江 区						
青 羊 区						
金 牛 区						
武 侯 区						
成 华 区						
龙泉驿区	5181	729	4016	391	175	
青白江区	7424	8722	4718	5854	7079	8019
新 都 区	12303	12804	4996	5087	8430	8436
温 江 区	1361	1142	892	717	26	21
双 流 区	27362	17966	18508	13289	6577	5053
郫 都 区	3326	693	2250	478	4887	931
简 阳 市	105147	101336	75544	73461	6817	5563
都江堰市	32375	34350	18770	20963	1596	1703
彭 州 市	49009	43776	31952	30050	7714	7410
邛 崃 市	105134	97350	88004	84000	22538	27636
崇 州 市	56191	58506	40985	42481	6672	7000
金 堂 县	64066	65557	43364	44586	12010	11820
新 津 县	37385	38380	18050	18931	1545	1628
大 邑 县	61237	61188	45367	44422	365	324
蒲 江 县	52795	51150	43623	42579	5	6

注:本表中2017年数据按农业普查调查结果进行了修订。

15-14 历年区(市)县

Per Capita Disposable Income of Rural Residents in Districts,

年份	全市	龙泉驿区	青白江区	新都区	温江区	双流区	郫都区	简阳市
1949	32	30	23	24	45	40	42	
1957	54	62	35	56	80	72	77	
1962	44	43	47	53	66	58	62	
1965	67	71	57	87	103	65	101	
1970	82	80	74	124	125	72	120	
1975	90	93	80	132	132	80	135	
1978	140	155	129	156	176	130	168	
1979	175	179	142	202	204	141	188	
1980	223	221	187	259	262	192	238	
1981	276	194	133	303	304	227	281	
1982	310	260	195	374	323	265	325	
1983	334	298	213	375	373	305	359	
1984	366	308	280	459	392	343	405	
1985	413	359	357	492	433	378	457	
1986	458	470	420	549	490	435	493	
1987	526	528	467	625	553	507	552	
1988	632	570	526	684	624	596	584	
1989	693	790	598	746	702	650	667	
1990	773	692	649	876	791	690	707	
1991	832	831	755	987	880	745	821	
1992	903	944	820	1067	969	850	868	
1993	1029	1046	906	1167	1128	1029	1036	
1994	1303	1378	1160	1498	1560	1375	1415	
1995	1649	1703	1463	1769	1891	1771	1844	
1996	2051	2047	1815	2202	2318	2226	2190	
1997	2427	2499	2196	2417	2556	2578	2555	
1998	2631	2699	2418	2623	2763	2808	2771	
1999	2783	2881	2570	2793	2936	2979	2942	
2000	2926	3041	2713	2943	3092	3141	3098	
2001	3178	3268	2944	3114	3298	3308	3270	
2002	3377	3493	3141	3345	3527	3517	3480	
2003	3655	3755	3351	3661	3838	3831	3782	
2004	4072	4207	3787	4141	4345	4293	4210	
2005	4485	4679	4175	4605	4864	4767	4700	
2006	4905	5124	4552	5033	5351	5227	5156	
2007	5642	5934	5231	5803	6245	6079	5996	
2008	6481	7255	6236	7086	7611	7129	7320	
2009	7129	7901	6767	7699	8264	7718	7944	
2010	8205	9248	7871	8985	10007	9030	9271	
2011	9895	11079	9369	10800	12028	10818	11107	
2012	11501	12554	10612	12256	13628	12262	12595	
2013	12985	14098	12045	13800	15345	13758	14132	
2014	14478	15649	13551	15345	17125	15299	15701	
2015	17690	21640	17812	19349	21508	20610	20400	12323
2016	18605	23501	19380	21071	23401	22609	22134	13531
2017	20298	25593	21085	22926	25437	24772	24060	14884
2018	22135	27742	22856	24828	27523	26877	26081	16298

农村居民人均可支配收入

Cities at County Level and Counties over the Years

单位:元

都江堰市	彭州市	邛崃市	崇州市	金堂县	新津县	大邑县	蒲江县
33	37	29	32	21	23	38	22
67	70	52	52	34	48	66	32
45	48	36	41	35	39	63	36
66	65	60	64	50	54	80	59
73	83	68	75	63	68	110	79
75	85	60	67	61	70	111	83
121	131	122	131	138	151	136	135
172	181	135	154	144	206	187	195
197	229	208	224	151	225	198	202
262	271	237	272	156	291	247	257
278	309	253	321	197	327	340	341
315	350	264	354	236	329	377	351
347	366	345	422	278	346	384	359
399	404	429	438	310	435	442	417
456	466	477	500	343	470	464	459
503	543	522	609	390	553	501	505
622	671	644	688	443	595	611	559
666	696	684	719	502	630	711	626
692	742	711	819	552	635	754	651
777	831	754	846	609	773	803	788
835	915	832	884	660	865	891	859
1020	1026	941	1044	777	968	1066	950
1330	1347	1227	1326	1081	1330	1327	1220
1758	1763	1580	1682	1424	1710	1654	1544
2219	2195	1944	2100	1808	2087	2034	1909
2434	2487	2209	2447	2187	2420	2343	2188
2636	2710	2420	2652	2390	2635	2572	2443
2788	2841	2572	2803	2543	2787	2737	2596
2933	2984	2715	2946	2686	2933	2887	2739
3193	3062	2886	3075	2804	3072	3060	2898
3389	3257	3070	3269	2951	3248	3252	3093
3609	3485	3251	3502	3123	3558	3438	3300
4038	3847	3622	3899	3482	4013	3872	3708
4466	4262	4022	4266	3834	4462	4282	4130
4852	4635	4359	4616	4143	4862	4649	4472
5536	5275	4969	5222	4690	5523	5314	5094
5400	5228	5689	5970	5410	6417	6095	5856
5832	5602	6110	6412	5800	6962	6538	6298
7086	6672	7071	7464	6699	8020	7544	7330
9671	8647	8598	9084	8215	9669	9095	8855
10417	9793	9833	10406	9409	11064	10406	10135
11792	11066	11101	11780	10670	12524	11759	11453
13266	12438	12444	13241	12078	14102	13229	12839
16506	16319	15536	16269	14765	16856	16511	16547
18140	17935	17027	17896	16212	18492	18096	18119
19846	19549	18611	19543	17720	20194	19743	19768
21672	21386	20398	21438	19368	22112	21618	21626

15-15 区(市)县农村居民人均收支情况(2018年)

Per Capita Income and Annual Expenditure of Rural Residents in Districts, Cities at County Level and Counties(2018)

单位:元

	农村居民人均可支配收入		人均生活消费支出	
	绝对数	比上年±%	绝对数	比上年±%
全　市	**22135**	**9.0**	**15977**	**9.3**
#龙泉驿区	27742	8.4	20186	9.3
青白江区	22856	8.4	16273	8.2
新 都 区	24828	8.3	17195	8.5
温 江 区	27523	8.2	19902	8.9
双 流 区	26877	8.5	18655	9.3
郫 都 区	26081	8.4	18461	8.4
简 阳 市	16298	9.5	12474	9.8
都江堰市	21672	9.2	16546	10.7
彭 州 市	21386	9.4	15931	7.5
邛 崃 市	20398	9.6	15314	10.5
崇 州 市	21438	9.7	14054	9.4
金 堂 县	19368	9.3	13458	7.7
新 津 县	22112	9.5	16597	9.7
大 邑 县	21618	9.5	15897	8.6
蒲 江 县	21626	9.4	14334	8.8

15-16 成都产粮大县粮食产量情况(2018 年)

Annual Grain Output of the Main Grain-producing County in Chengdu(2018)

单位:万亩、万吨

区(市)县	全年粮食		其中:夏收粮食		#小麦		其中:秋收粮食		#水稻		#玉米	
	面积	产量	面积	产量	面积	产量	面积	产量	面积	产量	面积	产量
新都区	29.98	14.28	7.30	2.27	6.46	2.03	22.68	12.01	20.95	11.42	0.85	0.35
双流区	26.93	12.08	2.66	0.73	0.95	0.29	24.27	11.35	14.90	8.25	5.65	2.25
郫都区	8.43	4.33	0.63	0.19	0.48	0.15	7.80	4.14	7.24	3.94	0.40	0.16
简阳市	169.07	56.19	24.59	3.81	5.66	1.14	144.48	52.38	26.50	13.01	69.20	26.92
都江堰市	21.00	10.32	0.83	0.25	0.67	0.20	20.17	10.07	16.66	8.73	3.01	1.23
彭州市	55.59	25.58	6.89	1.93	1.34	0.41	48.71	23.66	35.20	19.08	7.30	3.05
邛崃市	56.28	23.66	12.01	3.51	10.92	3.21	44.27	20.15	27.40	14.55	11.50	4.51
崇州市	46.90	21.78	11.64	3.46	10.83	3.23	35.26	18.33	30.94	16.80	2.87	1.15
金堂县	73.40	26.24	13.47	3.51	3.82	1.20	59.93	22.74	12.30	6.68	27.02	10.84
大邑县	37.36	15.69	11.69	3.45	11.21	3.33	25.67	12.23	17.90	9.44	6.20	2.49

15-17 成都生猪大县生猪生产情况(2018 年)

Situation of the Main Pig-producing County in Chengdu(2018)

县 名	期末存栏(万头)		能繁母猪(万头)		全年出栏(万头)		猪肉产量(万吨)	
	2018 年	比上年±%	2018 年	比上年±%	2018 年	比上年±%	2018 年	比上年±%
简阳市	64.54	-7.9	6.39	-16.6	102.10	-3.2	7.35	-2.6
彭州市	27.03	-5.2	2.61	-5.1	41.51	-6.3	3.01	-5.9
邛崃市	71.50	-8.4	6.97	-14.5	111.70	-4.9	8.40	-4.5
崇州市	37.01	-7.3	3.69	-16.1	58.45	3.5	4.25	3.7
金堂县	38.07	-3.2	3.82	-11.2	61.60	2.3	4.46	2.8
大邑县	37.90	-4.9	3.84	-15.6	61.80	-2.3	4.44	-2.2
蒲江县	38.59	-8.6	3.94	-17.6	57.59	-6.1	4.26	-2.3

15-18 区(市)县规模以上工业企业主要经济指标(2018年)

Main Indicators of Industrial Enterprises above Designed Size in Districts, Cities at County Level and Counties(2018)

单位:万元

	企 业 数 (个)		# 亏 损 企 业	亏 损 面 (%)
	绝对数	占全市的比重(%)		
全　市	**3438**	**100**	**504**	**14.66**
#锦 江 区	9	0.26	1	11.11
青 羊 区	27	0.79	2	7.41
金 牛 区	48	1.4	4	8.33
武 侯 区	62	1.8	9	14.52
成 华 区	29	0.84	7	24.14
龙泉驿区	265	7.71	53	20
青白江区	278	8.09	21	7.55
新 都 区	287	8.35	35	12.2
温 江 区	209	6.08	20	9.57
双 流 区	281	8.17	48	17.08
郫 都 区	224	6.52	31	13.84
简 阳 市	167	4.86	7	4.19
都江堰市	105	3.05	16	15.24
彭 州 市	163	4.74	28	17.18
邛 崃 市	148	4.30	23	15.54
崇 州 市	175	5.09	25	14.29
金 堂 县	194	5.64	32	16.49
新 津 县	171	4.97	31	18.13
大 邑 县	136	3.96	27	19.85
蒲 江 县	104	3.03	16	15.38

注:规模以上工业企业指年主营业务收入在2000万元及以上的工业企业。

15-18 续表 1

单位:万元

	利税总额		利润总额		亏损企业亏损额	
	绝对数	占全市的比重(%)	绝对数	占全市的比重(%)	绝对数	占全市的比重(%)
全　市	**12924668**	**100**	**6719220**	**100**	**1052271**	**100**
#锦 江 区	46912	0. 36	37488	0. 56	95	0. 01
青 羊 区	279646	2. 16	229597	3. 42	79	0. 01
金 牛 区	203058	1. 57	115569	1. 72	17251	1. 64
武 侯 区	223515	1. 73	153585	2. 29	24795	2. 36
成 华 区	103518	0. 80	75404	1. 12	6298	0. 60
龙泉驿区	4911680	38. 00	1946204	28. 96	105347	10. 01
青白江区	23395	0. 18	-120755	-1. 80	349224	33. 19
新 都 区	482361	3. 73	233698	3. 48	46089	4. 38
温 江 区	447104	3. 46	290607	4. 33	30663	2. 91
双 流 区	580304	4. 49	390092	5. 81	46359	4. 41
郫 都 区	267170	2. 07	164564	2. 45	35447	3. 37
简 阳 市	415238	3. 21	270463	4. 03	2019	0. 19
都江堰市	277450	2. 15	157456	2. 34	7830	0. 74
彭 州 市	1309430	10. 13	386709	5. 76	75297	7. 16
邛 崃 市	236808	1. 83	146900	2. 19	16078	1. 53
崇 州 市	351987	2. 72	204827	3. 05	5055	0. 48
金 堂 县	112446	0. 87	62787	0. 93	33249	3. 16
新 津 县	240140	1. 86	157969	2. 35	48335	4. 59
大 邑 县	160644	1. 24	84219	1. 25	22575	2. 15
蒲 江 县	85215	0. 66	47808	0. 71	6977	0. 66

15-18 续表 2

	资产总计(万元)		营业收入(万元)		从业人员平均人数(人)	
	绝对数	占全市的比重(%)	绝对数	占全市的比重(%)	绝对数	占全市的比重(%)
全　市	**136796028**	**100**	**114728174**	**100**	**872991**	**100**
#锦 江 区	402933	0.29	169842	0.15	2003	0.23
青 羊 区	5754353	4.21	3489121	3.04	28651	3.28
金 牛 区	2022683	1.48	1014592	0.88	18643	2.14
武 侯 区	2571043	1.88	1494001	1.30	14642	1.68
成 华 区	1488674	1.09	1034845	0.90	6602	0.76
龙泉驿区	22010758	16.09	22666954	19.76	97392	11.16
青白江区	4920885	3.60	6243266	5.44	35997	4.12
新 都 区	7546374	5.52	4882971	4.26	64911	7.44
温 江 区	4334563	3.17	4035211	3.52	44409	5.09
双 流 区	17727147	12.96	9915581	8.64	71395	8.18
郫 都 区	2780656	2.03	2653537	2.31	35092	4.02
简 阳 市	2391970	1.75	4189576	3.65	30963	3.55
都江堰市	2408732	1.76	1627162	1.42	14743	1.69
彭 州 市	6500307	4.75	6813870	5.94	30089	3.45
邛 崃 市	2022402	1.48	2130587	1.86	23757	2.72
崇 州 市	3564190	2.61	3617264	3.15	70956	8.13
金 堂 县	2197795	1.61	1844864	1.61	20546	2.35
新 津 县	4098996	3.00	3520108	3.07	27101	3.10
大 邑 县	2284548	1.67	2329622	2.03	26595	3.05
蒲 江 县	847018	0.62	1152268	1.00	8792	1.01

15-18 续表3

单位:%

	产 品 销售率	总资产 贡献率	成本费用 利 润 率	资 产 负债率	流动资产 周转次数(次)
全 市	**99.09**	**9.92**	**6.38**	**55.91**	**1.45**
#锦 江 区	93.54	11.84	28.41	25.51	1.05
青 羊 区	96.71	5.25	7.02	64.10	0.94
金 牛 区	91.52	10.12	13.36	29.95	0.78
武 侯 区	99.64	8.84	11.3	44.04	0.98
成 华 区	98.15	7.54	7.74	73.67	0.84
龙泉驿区	100.62	22.47	10.36	58.92	1.55
青白江区	94.61	2.49	-1.98	66.81	2.43
新 都 区	99.87	7.57	5.03	57.48	1.14
温 江 区	99.22	11.17	7.76	38.84	1.77
双 流 区	98.45	3.43	4.07	51.08	1.67
郫 都 区	97.18	10.59	6.57	56.11	1.42
简 阳 市	97.69	18.15	6.91	44.14	3.35
都江堰市	96.48	12.53	10.72	50.04	1.38
彭 州 市	100.10	20.63	6.77	32.96	2.74
邛 崃 市	96.87	12.4	7.46	53.66	2.02
崇 州 市	97.36	10.8	6.05	61.23	1.57
金 堂 县	97.28	5.82	3.53	58.01	1.6
新 津 县	96.57	6.72	4.68	68.59	1.34
大 邑 县	96.71	7.64	3.82	57.74	1.61
蒲 江 县	97.04	11.33	4.38	52.89	2.59

15-19 区(市)县工业集中发展区主要经济指标(2018年)

Main Indicators of Centralized Industrial Development Zone(2018)

	企业数(户)		签约工业企业数(户)	开工建设工业企业数(户)	竣工投产工业企业数(户)
	绝对数	占集中区的比重(%)			
集中发展区合计	**2842**	**100**	**423**	**643**	**525**
#锦 江 区	3	0. 11		3	1
青 羊 区	24	0. 84			
金 牛 区	34	1. 20	59		
武 侯 区	33	1. 16		6	4
成 华 区	17	0. 60	15	12	15
龙泉驿区	221	7. 78	21	25	21
青白江区	228	8. 02		49	49
新 都 区	229	8. 06	26	39	36
温 江 区	193	6. 79	21	85	44
双 流 区	255	8. 97	18	18	38
郫 都 区	309	10. 87	81	207	159
简 阳 市	107	3. 76			
都江堰市	77	2. 71	40	36	30
彭 州 市	77	2. 71	38	13	9
邛 崃 市	106	3. 73	10	10	2
崇 州 市	109	3. 84	7	18	19
金 堂 县	181	6. 37	4	14	9
新 津 县	136	4. 79	26	28	20
大 邑 县	119	4. 19	10	41	41
蒲 江 县	60	2. 11	47	39	28

注:此表数据为快报数。

15-19 续表1

单位:亿元

	固定资产投资	# 基础设施投资	# 工业投资	工业技改投资	实际到位资金
集中发展区合计	**1756.8**	**462.8**	**1291.9**	**860.9**	**1344.7**
#锦 江 区					
青 羊 区					
金 牛 区	2.3	2.3			61.8
武 侯 区	8.4		8.4	6.8	
成 华 区	4.4				240.0
龙泉驿区	218.6	34.1	147.5	121.2	93.8
青白江区					
新 都 区	131.0	25.3	104.4	100.0	83.8
温 江 区	102.5	46.1	90.2	68.4	191.7
双 流 区	72.2	0.3	63.3	18.4	105.5
郫 都 区	92.8	0.2	90.8	57.1	21.2
简 阳 市	63.2	24.7	61.3	54.9	
都江堰市	0.6		0.3	0.3	12.3
彭 州 市	94.4	10.2	81.5	56.6	86.5
邛 崃 市	126.4	18.2	117.4	92.3	
崇 州 市	51.5	2.7	51.2	40.0	
金 堂 县	53.3		53.3	52.5	15.6
新 津 县	134.4	53.1	111.6	76.5	273.4
大 邑 县	115.0	1.8	113.2	86.3	85.3
蒲 江 县					73.7

注:此表数据为快报数。

15-19 续表2

	营业收入(亿元)		利税总额(亿元)	
	绝对数	比上年同期±%	绝对数	比上年同期±%
集中发展区合计	**10028.2**	**11.0**	**1092.1**	**-5.3**
#锦江区	3.0	11.1	0.4	持平
青羊区	67.2	8.0	9.1	3.4
金牛区	83.2	9.8	18.8	-14.9
武侯区	84.1	17.5	16.9	26.1
成华区	61.4	2.3	7.0	14.8
龙泉驿区	2136.7	1.1	458.9	-1.9
青白江区	572.0	13.7	0.2	-99.1
新都区	415.7	16.4	36.0	-10.2
温江区	386.9	8.0	42.6	10.6
双流区	887.3	14.5	28.9	-49.8
郫都区	247.7	10.7	21.5	-4.4
简阳市	317.8	12.4	30.1	14.9
都江堰市	127.9	29.6	22.3	70.2
彭州市	552.0	-2.2	108.8	-27.6
邛崃市	149.3	-5.8	15.7	40.2
崇州市	281.7	19.2	27.6	28.4
金堂县	170.3	12.3	9.4	49.2
新津县	323.0	14.5	19.7	2.6
大邑县	211.8	31.1	12.7	21.0
蒲江县	65.1	7.1	2.2	持平

注:此表数据为快报数。

15-20 区(市)县全社会固定资产投资发展速度(2018年)

Total Investment in Fixed Assets in Districts, Cities at County Level and Counties(2018)

单位:%

	固定资产投资	#技术改造投资	#房地产开发
全 市	**110.0**	**118.1**	**91.2**
#锦江区	104.1	145.5	70.9
青羊区	104.1	1102.7	52.1
金牛区	109.7	172.5	78.0
武侯区	103.0	158.0	111.4
成华区	105.0	86.8	89.3
龙泉驿区	100.0	76.0	88.0
青白江区	113.2	117.9	435.1
新都区	108.2	197.6	77.2
温江区	106.3	143.9	83.8
双流区	81.1	57.2	132.4
郫都区	107.7	80.1	94.1
简阳市	111.9	119.5	124.4
都江堰市	113.5	178.1	92.5
彭州市	110.4	112.6	262.2
邛崃市	109.2	128.0	80.6
崇州市	114.3	151.1	81.4
金堂县	113.3	185.7	80.5
新津县	111.4	94.3	226.3
大邑县	109.0	132.9	88.1
蒲江县	111.6	76.6	81.6

15-21 区(市)县教育情况(2018年)

Main Indicators on Education in Districts, Cities at County Level and Counties(2018)

	普通中学			普通小学			初中入学率(%)
	学校(所)	在校学生(人)	专任教师(人)	学校(所)	在校学生(人)	专任教师(人)	
全市	**590**	**600175**	**51776**	**609**	**991803**	**53673**	**100**
#锦江区	35	24956	2101	14	43321	2231	100
青羊区	32	21949	1778	15	53923	2973	100
金牛区	47	33166	2643	27	70291	3739	100
武侯区	41	29531	2554	32	66222	3549	135. 38
成华区	28	24682	1962	20	56038	2961	100
龙泉驿区	35	31805	2819	21	54606	3347	100
青白江区	11	16914	1435	14	22487	1214	100
新都区	33	39414	3165	40	78387	3996	100
温江区	16	20247	1713	17	39600	2287	100
双流区	21	34886	3224	31	58737	3251	100
郫都区	13	29704	2419	39	55374	2256	100
简阳市	26	48785	3536	85	63434	3236	83. 60
都江堰市	26	23882	2262	26	35213	2319	100
彭州市	22	23175	2468	33	39683	2180	99. 99
邛崃市	31	22270	1780	30	27287	1535	100
崇州市	31	20332	1980	18	31330	1827	100
金堂县	49	34341	2606	27	46433	2726	100
新津县	15	11402	1174	16	15967	890	100
大邑县	16	16599	1578	20	24590	1293	100
蒲江县	10	8075	865	13	11875	838	100

15-22 区(市)县卫生情况(2018 年)

Main Indicators on Health Care in Districts, Cities at County Level and Counties(2018)

	卫生机构(个)	#医院、卫生院	医疗机构床位数(张)	卫生技术人员(人)	#医　　生
全　　市	**10755**	**892**	**143248**	**168682**	**61548**
#锦 江 区	393	27	8152	9244	3503
青 羊 区	569	45	13010	18621	6264
金 牛 区	669	46	13009	14455	5297
武 侯 区	896	81	19007	30389	10609
成 华 区	603	46	6372	9950	3744
龙泉驿区	489	31	4474	6236	2501
青白江区	252	20	3268	3079	1092
新 都 区	659	36	5871	7818	2930
温 江 区	409	34	5807	6060	2219
双 流 区	809	63	7065	9760	4019
郫 都 区	445	31	4498	5473	2196
简 阳 市	992	59	6748	5942	2242
都江堰市	472	53	6843	6170	2061
彭 州 市	530	50	5928	5377	1960
邛 崃 市	410	43	4554	3786	1406
崇 州 市	394	59	6231	5049	1774
金 堂 县	522	45	6696	4574	1678
新 津 县	175	21	2529	2591	941
大 邑 县	428	42	4404	3992	1497
蒲 江 县	181	20	2008	1991	763

15-23 区(市)县社会消费品零售总额(2018年)

Total Retail Sale of Consumable Goods in Districts, Cities at County Level and Counties(2018)

单位:万元

	社会消费品零售总额	在总额中:		在总额中:	
		商品零售	餐饮收入	城镇的零售额	乡村的零售额
全　市	**68018100**	**59017614**	**9000486**	**65149344**	**2868756**
#锦 江 区	10433037	9479430	953607	10433037	
青 羊 区	9097396	8100519	996877	9097396	
金 牛 区	8635481	7762715	872766	8635481	
武 侯 区	9813093	8947164	865930	9813093	
成 华 区	5202756	4645137	557619	5202756	
龙泉驿区	1491180	1150391	340788	1101911	389269
青白江区	880772	641049	239722	651605	229167
新 都 区	1934885	1535528	399357	1713015	221870
温 江 区	1214196	923690	290506	996829	217366
双 流 区	2957919	2432181	525738	2485320	472599
郫 都 区	1228414	987283	241131	1094159	134255
简 阳 市	2336571	1710493	626078	2298406	38166
都江堰市	1269104	862556	406548	1119788	149317
彭 州 市	974165	736649	237516	778754	195411
邛 崃 市	910729	726488	184241	844572	66157
崇 州 市	974648	810081	164566	889138	85510
金 堂 县	884034	696793	187241	687585	196449
新 津 县	841577	663510	178067	694194	147383
大 邑 县	665633	533155	132478	443260	222373
蒲 江 县	351144	241800	109344	247679	103465

15-24 区(市)县一般公共预算收入(2018年)

General Public Budget Revenue in Districts, Cities at County Level and Counties(2018)

单位:万元

	一般公共预算收入	# 增值税	# 营业税	# 企业所得税	政府性基金收入
全　市	**14241550**	**3496782**	**16209**	**1517341**	**13996329**
#锦江区	901279	257082	1651	116768	53075
青羊区	925345	281163	1221	167393	11333
金牛区	871870	284589	1266	97819	65855
武侯区	1036327	374062	1638	190676	93075
成华区	825526	177239	773	72895	451695
龙泉驿区	858326	269982	657	114926	776574
青白江区	287748	59143	21	13707	666969
新都区	609901	159177	952	40153	634833
温江区	406236	104723	852	30877	408956
双流区	593075	112299	772	55944	990372
郫都区	460117	102671	787	37486	526066
简阳市	237438	55623	107	18967	290677
都江堰市	288029	69803	233	12149	565689
彭州市	355612	117976	173	28727	271873
邛崃市	214343	49572	976	11486	225658
崇州市	236731	64374	236	17530	354859
金堂县	343231	40666	316	10551	297908
新津县	245290	46442	118	13878	693191
大邑县	142623	42256	129	7856	168821
蒲江县	87533	17332	227	3967	219497

15-25 区(市)县一般公共预算支出(2018年)

General Public Budget Expenditures in Districts, Cities at County Level and Counties(2018)

单位:万元

	一般公共预算支出	# 一般公共服务	# 教育	# 社会保障和就业	政府性基金支出
全市	**18374238**	**2020784**	**2658194**	**1765819**	**15456582**
#锦江区	603555	75682	101669	66740	51785
青羊区	564338	78244	100533	76730	40766
金牛区	724294	61205	130349	68313	68215
武侯区	716692	142483	146504	103835	99761
成华区	794209	94102	117942	54837	294593
龙泉驿区	1074665	109425	174459	72965	788653
青白江区	529316	51250	71864	34273	758295
新都区	843938	88438	145575	67632	536908
温江区	891257	118553	167187	65722	508247
双流区	568198	73582	100765	39520	902629
郫都区	560560	86879	88285	57655	460385
简阳市	589478	68420	112067	97497	345200
都江堰市	440596	95100	82341	58667	542494
彭州市	467172	64957	94379	60989	246613
邛崃市	456154	57328	71991	48556	145644
崇州市	399831	50937	88305	48745	309525
金堂县	579672	72988	114585	74314	475728
新津县	324179	47894	45571	23192	642918
大邑县	298303	58001	60247	42759	166695
蒲江县	201683	29086	33431	23230	235215

15-26 区(市)县税收情况(2018年)

Main Indicators of Taxation in Districts, Cities at County Level and Counties(2018)

单位:万元

	合 计	内 资 企 业			
		小 计	#国有企业	#集体企业	#联营企业
全 市	**29557885**	**22860543**	**1357710**	**56665**	**13753**
#锦江区	1935614	1462483	129700	4227	50
青羊区	2422719	2205422	603210	8096	268
金牛区	1791535	1603086	96865	3216	31
武侯区	2540213	2279294	56699	3391	72
成华区	1415632	1191441	102436	3766	67
龙泉驿区	3594422	2414849	37292	6086	42
青白江区	402635	339158	9880	243	
新都区	996095	798207	42705	4270	20
温江区	698583	527728	12042	553	6
双流区	1105605	742948	38818	5882	305
郫都区	715391	591675	19719	5585	94
简阳市	358518	306282	16779	2298	
都江堰市	441875	383906	36557	793	68
彭州市	998453	882251	11412	364	
邛崃市	317988	289499	4200	241	405
崇州市	423345	358981	14210	182	501
金堂县	335888	288218	3923	314	
新津县	333192	277724	5066	208	2
大邑县	242938	214154	5769	412	12
蒲江县	133327	113295	3049	1750	

15-26 续表

单位:万元

	内资企业		港澳台及外商投资企业	个体经营
	#股份公司	#私营企业		
全　　市	**17376897**	**3172811**	**3092319**	**2261901**
#锦 江 区	1102126	179536	186405	82279
青 羊 区	1264454	224336	73419	76583
金 牛 区	1200863	222416	32544	106402
武 侯 区	1576090	509528	91322	85571
成 华 区	884355	141169	31381	89985
龙泉驿区	1941454	383582	1057359	92433
青白江区	275439	47398	21612	31311
新 都 区	567264	154679	81400	98666
温 江 区	443830	59868	40927	90608
双 流 区	497267	148805	183670	118851
郫 都 区	426169	126504	29250	80200
简 阳 市	235340	38810	1297	43747
都江堰市	310102	23872	1552	55595
彭 州 市	842574	23157	62697	25986
邛 崃 市	230250	41925	1867	24568
崇 州 市	265014	69124	31323	31151
金 堂 县	248550	10605	9659	28059
新 津 县	232714	29116	14359	24230
大 邑 县	168323	33326	6052	21852
蒲 江 县	81352	15323	4193	14750

15-27 区(市)县上划中央增值税和消费税情况

Value-added Tax and Consumption Tax Turned over to Central Government in Districts, Cities at County Level and Counties

单位:万元

	2014 年	2015 年	2016 年	2017 年	2018 年
全　市	**5315456**	**5525663**	**6317720**	**8350420**	**8972475**
#锦 江 区	192730	233148	270232	409959	453872
青 羊 区	253694	337219	471374	628245	684699
金 牛 区	187962	194060	261671	408175	483150
武 侯 区	212664	213432	287788	491421	592780
成 华 区	136846	151329	181457	272602	287616
龙泉驿区	1910853	1711544	1685302	1785648	1954642
青白江区	64007	62559	68274	92260	92000
新 都 区	142390	150785	198073	243795	259455
温 江 区	126448	117232	139641	168765	164315
双 流 区	139693	144549	234860	296984	180010
郫 都 区	81305	84599	107826	156366	162243
简 阳 市			52948	75761	87785
都江堰市	59484	68077	92668	118977	119124
彭 州 市	460067	753177	754753	811296	569237
邛 崃 市	43381	42320	45532	63579	84005
崇 州 市	58898	55033	63656	77066	105863
金 堂 县	32319	33054	36670	64494	63725
新 津 县	49693	41736	42634	61514	72442
大 邑 县	51269	49720	45996	61406	67881
蒲 江 县	10441	10612	16864	26124	38488

15-28 区(市)县金融存贷款指标(2018年)

Main Indicators on Banking in Districts(2018)

单位:万元

	年末金融机构人民币存款余额	# 住户存款	年末金融机构人民币贷款余额
全 市	**366561480**	**131414672**	**314229604**
#龙泉驿区	10024680	5993085	6649691
新都区	9313859	6641787	4452419
温江区	7109415	4405266	4671473
双流区	15896931	9187026	10257538
郫都区	7882925	5098135	5011131
简阳市	7437801	5078647	3403864
都江堰市	5318523	4293677	2856156
彭州市	6126414	4225952	2959555
邛崃市	4402405	2932815	2162709
崇州市	4947192	3756475	1782182
金堂县	4182737	2937896	2881195
新津县	3129762	2162375	2414996
大邑县	3218792	2540445	1679784
蒲江县	1803042	1269570	944845

注:本表中双流区数据包含成都天府新区直管区数据,简阳市数据包含高新东区12乡镇数据。

15-29 区(市)县城乡居民最低生活保障情况(2018年)

Basic Statistics on Lowest Living Ensure Persons in Districts, Cities at County Level and Counties(2018)

	城市居民最低生活保障年末人数(人)	农村居民最低生活保障年末人数(人)	城镇居民最低生活保障支出(万元)	农村居民最低生活保障支出(万元)
全　市	**24723**	**89227**	**18532**	**51831**
#锦江区	2590		2072	
青羊区	1879		1629	
金牛区	2101		1769	
武侯区	2497	2493	1950	1701
成华区	3880		3083	
龙泉驿区	866	1537	671	951
青白江区	648	3249	487	2100
新都区	862	3457	629	2186
温江区	464	1216	383	709
双流区	856	4789	633	3266
郫都区	441	905	302	629
简阳市	1513	14382	830	7277
都江堰市	865	5906	519	2675
彭州市	1403	9138	1055	6389
邛崃市	795	7598	536	4252
崇州市	560	6592	384	3961
金堂县	1316	19049	743	10160
新津县	247	1655	170	980
大邑县	653	5263	471	3348
蒲江县	287	1998	216	1249

注:本表中武侯区数据含成都高新区数据,双流区数据含成都天府新区直管区数据。

15-30 区(市)县联网直报调查单位数(2018年)

Network Direct Reporting Unit Number in Districts, Cities at County Level(2018)

单位:个

	合　计	规模以上工业	资质内建筑业	限额以上批发零售业	限额以上住宿餐饮业	房地产开发经营业	规模以上服务业
全　市	**11664**	**3413**	**1801**	**1621**	**785**	**1453**	**2591**
#锦江区	718	9	95	207	119	69	219
青羊区	883	25	218	134	105	87	314
金牛区	960	48	295	210	98	75	234
武侯区	1016	61	339	194	68	106	248
成华区	595	29	119	121	45	98	183
龙泉驿区	537	254	63	56	16	83	65
青白江区	513	278	29	70	14	47	75
新都区	617	282	47	96	18	77	97
温江区	423	209	30	33	22	49	80
双流区	861	298	104	74	69	192	124
郫都区	456	224	32	30	32	84	54
简阳市	332	167	47	28	16	40	34
都江堰市	356	105	39	36	49	84	43
彭州市	253	161	22	25	7	22	16
邛崃市	273	148	38	25	11	25	26
崇州市	288	175	48	12	8	34	11
金堂县	347	194	42	21	16	54	20
新津县	339	171	43	29	17	37	42
大邑县	249	136	36	16	10	33	18
蒲江县	169	104	20	20	2	13	10

注:①本表只含联网直报法人库单位,不含联网直报产业库单位;②本表双流区数据包括成都天府新区直管区数据。

附录 全国重点城市主要指标

简要说明

主要内容

本部分资料反映各重点城市经济、社会发展的基本情况。

资料来源

本部分数据资料来源于各重点城市对外公布的统计快报、统计公报等数据。

附录:全国重点城市主要指标

Appendix Main Indicators of Major Cities in China

	土地面积 (平方公里)	年末户籍总人口 (万人)	年末常住人口 (万人)	城镇化率 (%)
直辖市				
北　京	16411	1375. 8	2154. 2	86. 50
上　海	6341	1447. 6	2423. 8	
天　津	11917	1081. 6	1559. 6	83. 15
重　庆	82269		3101. 8	65. 50
副省级城市				
成　都	14335	1476. 1	1633. 0	73. 12
沈　阳	12860	746. 0	831. 6	
长　春	20571	751. 3		
哈尔滨	53068	951. 5	1085. 8	65. 30
青　岛	11282		939. 5	73. 67
武　汉	8494	883. 7	1108. 1	80. 29
西　安	10097	986. 9	1000. 4	74. 01
南　京	6587	696. 9	843. 6	82. 50
济　南	8177	655. 9	746. 0	72. 10
广　州	7434	927. 7	1490. 4	86. 38
厦　门	1573	242. 5	411. 0	89. 10
深　圳	1997	454. 7	1302. 7	
大　连	12574	595. 2		
杭　州	16596	774. 1	980. 6	77. 40
宁　波	9816	603. 0	820. 2	72. 90
其他主要城市				
昆　明	21013	571. 7	685. 0	
石家庄	15848		1095. 2	63. 16
太　原	6988		442. 2	84. 88
无　锡	4627	497. 2	657. 5	76. 28
苏　州	8488	703. 6	1072. 2	76. 05
合　肥	11445	758. 0	808. 7	74. 97
南　昌	7402		554. 6	74. 23
长　沙	11816		815. 5	79. 12
贵　阳	8043		488. 2	75. 43
珠　海	1736		189. 1	90. 08

注:本表数据中,“城镇化率”按常住人口计算。

续表 1

	地区生产总值(亿元)		第一产业增加值(亿元)		第二产业增加值(亿元)	
	2018 年	比 2017 年±%	2018 年	比 2017 年±%	2018 年	比 2017 年±%
直辖市						
北　京	30320.0	6.6	118.7	-2.3	5647.7	4.2
上　海	32679.9	6.6	104.4	-6.9	9732.5	1.8
天　津	18809.6	3.6	172.7	0.1	7609.8	1.0
重　庆	20363.2	6.0	1378.3	4.4	8328.8	3.0
副省级城市						
成　都	15342.8	8.0	522.6	3.6	6516.2	7.0
沈　阳	6292.4	5.4	260.1	3.2	2376.6	5.7
长　春	7175.7	7.2		1.7		7.3
哈尔滨	6300.5	5.1	525.5	-0.1	1689.3	2.7
青　岛	12001.5	7.4	386.9	3.5	4850.6	7.3
武　汉	14847.3	8.0	362.0	2.9	6377.8	5.7
西　安	8349.9	8.2	258.8	3.3	2925.6	8.5
南　京	12820.4	8.0	273.4	0.6	4721.6	6.5
济　南	7856.6	7.4	272.4	2.5	2829.3	7.8
广　州	22859.4	6.2	223.4	2.5	6234.1	5.4
厦　门	4791.4	7.7	24.4	2.6	1980.2	8.1
深　圳	24222.0	7.6	22.1	3.9	9962.0	9.3
大　连	7668.5	6.5	442.7	3.0	3241.6	11.9
杭　州	13509.0	6.7	306.0	1.8	4572.0	5.8
宁　波	10745.5	7.0	306.0	2.2	5507.5	6.2
其他主要城市						
昆　明	5206.9	8.4	222.2	6.3	2038.0	10.0
石家庄	6082.6	7.4	420.5	3.2	2285.5	4.8
太　原	3884.5	9.2	41.1	0.7	1439.1	10.3
无　锡	11438.6	7.4	125.1	-0.3	5464.0	8.0
苏　州	18597.5	6.8	214.0	-4.6	8933.3	5.6
合　肥	7822.9	8.5	277.6	2.2	3612.3	9.5
南　昌	5274.7	8.9	190.7	3.2	2660.9	8.5
长　沙	11003.4	8.5	318.7	3.3	4660.2	6.8
贵　阳	3798.5	9.9	153.1	6.6	1413.7	7.9
珠　海	2914.7	8.0	50.1	1.2	1433.8	12.6

续表 2

	第三产业增加值（亿元）		人均地区生产总值（元）	规模以上工业增加值（%）	固定资产投资额（%）	#房地产开发投资额（%）
	2018 年	比 2017 年±%	2018 年	比 2017 年±%	比 2017 年±%	比 2017 年±%
直辖市						
北　京	24553.6	7.3	140000	4.6	-9.9	3.4
上　海	22843.0	8.7	135000	2.0	5.2	4.6
天　津	11027.1	5.9		2.4	-5.6	8.6
重　庆	10656.1	9.1	65933	0.5	7.0	6.8
副省级城市						
成　都	8304.0	9.0	94782	8.5	10.0	-8.8
沈　阳	3655.7	5.4	75766	7.6	15.3	22.4
长　春		7.8	95663*	8.5	6.7	35.7
哈尔滨	4085.7	7.5	57837	5.8	-7.2	17.6
青　岛	6764.0	7.7	128459	6.8	7.9	11.6
武　汉	8107.5	10.1	135136	5.7	10.6	3.5
西　安	5165.4	8.3	85114	9.4	8.4	7.9
南　京	7825.4	9.1	152886	7.8	9.4	8.5
济　南	4754.8	7.5	106302	7.1	9.6	11.1
广　州	16401.8	6.6	155491	5.5	8.2	0.0
厦　门	2786.9	7.5	118015	8.8	10.1	0.5
深　圳	14237.9	6.4	189568	9.5	20.6	23.6
大　连	3984.2	2.9	109644	15.9	10.1	21.5
杭　州	8632.0	7.5	140180	6.3	10.8	12.2
宁　波	4932.0	8.1	132603	6.3	3.6	15.5
其他主要城市						
昆　明	2946.7	7.3	76387	14.0	5.5	9.3
石家庄	3376.7	10.2	55723	5.4	6.4	-16.8
太　原	2404.3	8.8	88272	10.8	26.2	11.2
无　锡	5849.5	7.1	174300	9.0	5.8	9.4
苏　州	9450.2	8.1		5.4	4.5	10.9
合　肥	3933.1	8.0	97470	11.3	7.1	-1.9
南　昌	2423.1	10.1		9.5	10.9	12.6
长　沙	6024.5	10.7		8.2	11.5	0.7
贵　阳	2231.7	11.3	78449	7.4	15.0	-3.9
珠　海	1430.8	3.5	159400	14.1	20.7	18.2

注：本表数据中，“人均地区生产总值”为当年价，按常住人口计算；带“ * ”号的数据为按户籍人口计算。

续表 3

	社会消费品零售总额(亿元)		一般公共预算收入(亿元)		一般公共预算支出(亿元)	
	2018 年	比 2017 年±%	2018 年	比 2017 年±%	2018 年	比 2017 年±%
直辖市						
北　京	25405.9	7.4	5785.9	6.5	7471.4	9.5
上　海	12668.7	7.9	7108.2	7.0	8351.5	10.7
天　津	5533.0	1.7	2106.2	-8.8	3104.5	-5.4
重　庆	7977.0	8.7	2265.5	0.6	4541.2	4.7
副省级城市						
成　都	6801.8	10.0	1424.2	9.4	1837.4	9.7
沈　阳	4051.2	9.2	720.6	10.0	964.9	12.9
长　春		6.2	478.0	6.2	894.3	2.1
哈尔滨	4125.1	4.2	384.4	4.4	962.2	0.4
青　岛	4842.5	10.0	1231.9	6.5	1561.2	11.3
武　汉	6843.9	10.5	1528.7	11.0	1929.5	12.3
西　安	4658.7	9.6	684.7	10.8	1151.6	10.2
南　京	5832.5	8.4	1470.0	15.6	1532.7	13.2
济　南	4404.5	10.0	752.8	11.2	1018.3	22.1
广　州	9256.2	7.6	1632.3	6.5	2505.8	14.6
厦　门	1542.4	6.6	754.5	8.3	892.5	12.0
深　圳	6168.9	7.6	3538.4	6.2	4282.5	-6.8
大　连	3880.1	7.8	704.0	7.0	1001.4	8.9
杭　州	5715.0	9.0	1825.1	12.5	1717.1	11.4
宁　波	4154.9	8.1	1379.7	10.8	1594.1	13.0
其他主要城市						
昆　明	2787.4	10.0	595.6	6.2	756.8	-2.5
石家庄	3274.4	9.1	519.7	12.8	994.7	23.7
太　原	1811.9	8.1	373.2	19.7	542.5	13.2
无　锡	3672.7	9.0	1012.3	8.8	1056.0	6.9
苏　州	5746.9	7.4	2120.0	11.1	1952.8	10.2
合　肥	2976.7	9.1	712.5	8.6	1004.9	4.1
南　昌	2131.6	11.1	461.8	10.7	752.1	15.2
长　沙	4765.0	9.9	879.7	9.9	1329.5	12.4
贵　阳	1299.5	8.0	411.3	8.9	627.5	7.7
珠　海	1160.6	7.4	331.5	5.4	574.6	16.4

续表 4

	进出口总额（亿元）		#出口总额（亿元）		私人汽车拥有量（万辆）	
	2018 年	比 2017 年 ±%	2018 年	比 2017 年 ±%	2018 年	比 2017 年 ±%
直辖市						
北　　京	27182.5	23.9	4878.5	23.0	307.1	12.3
上　　海	34009.9	5.5	13666.9	4.2	302.2	10.1
天　　津	8077.0	5.6	3207.2	8.6	250.1	3.1
重　　庆	5222.6	15.9	3395.3	17.7	363.2	13.2
副省级城市						
成　　都	4983.2	26.4	2746.9	33	420.3	5.5
沈　　阳	984.3	13.5	342.1	7.7	199.9	11.4
长　　春	1054.6	10.7	152.5	17.5	154.6	7.9
哈 尔 滨	209.7	-8.0	103.5	5.2	165.6	11.0
青　　岛	5321.2	5.7	3172.2	4.7	232.1	9.4
武　　汉	2146.0	10.9	1272.7	10.0		
西　　安	3303.9	29.6	1957.5	26.1	279.5	13.3
南　　京	4317.2	4.7	2500.7	7.9	207.3	2.8
济　　南	825.0	16.2	519.3	14.6		
广　　州	9810.2	1.0	5607.6	-3.2		
厦　　门	6002.1	3.2	3338.5	2.6		
深　　圳	29983.7	7.0	16274.7	-1.6	265.5	-3.7
大　　连	4701.4	13.9	1889.6	8.5	138.5	8.2
杭　　州	5245.3	3.1	3417.1	-1	207.8	4.0
宁　　波	8576.3	12.9	5550.6	11.4		
其他主要城市						
昆　　明	131.2*	67.6*	37.6*	27.9*	208.6	7.6
石 家 庄	915.5	6.1	571.6	7.6	235.8	10.3
太　　原	1086.3	18.7	663.3	15.9	138.8	7.2
无　　锡	6161.8	12.0	3743.7	11.6	161.6	8.5
苏　　州	23375.6	9.3	13656.9	7.8	328.0	9.2
合　　肥	2030.6	20.3	1203.5	22.0	115.2	12.8
南　　昌	787.6	18.2	451.7	6.2	60.0	10.5
长　　沙	1283.3	36.8	823.2	40.0		
贵　　阳	34.9*	15.2*	25.2*	9.0*	90.4	3.1
珠　　海	3246.3	8.5	1887.1	0.2	54.7	13.0

注：本表数据中，带“＊”号的数据计量单位为亿美元。

续表 5

	金融机构人民币存款余额(亿元)		#住户存款余额(亿元)		金融机构人民币贷款余额(亿元)	
	2018 年	比 2017 年±%	2018 年	比 2017 年±%	2018 年	比 2017 年±%
直辖市						
北　京	157092*	9.3*	34019*	12.0*	70484*	11.4*
上　海	112626				67568	
天　津	29911	0.6			32539	8.1
重　庆	35652	5.7	15907	10.7	31426	12.7
副省级城市						
成　都	36656	6.5	13141	9.8	31423	10.8
沈　阳	17554	12.8	7288	12.2	14727	13.7
长　春	11476	0.1	4993	9.3	11463	10.8
哈尔滨	11504	9.4	5394	9.2	10921	9.6
青　岛	15532	8.0	5914	9.6	15194	14.5
武　汉	25720	7.3			26839	19.0
西　安	20948	4.5	8360	11.5	19730	16.4
南　京	33741	12.7	6915	14.8	28402	15.5
济　南	16572	3.8	5008	12.1	14700	23.6
广　州	52647	6.7	16042	9.7	39764	19.3
厦　门	10447	4.3	2151	3.0	9760	10.0
深　圳	68698	6.3	13479	22.8	48282	17.6
大　连	13485	-0.6	6040	11.5	11346	1.1
杭　州	39811*	9.1*	10199*	17.6*	36598*	25.0*
宁　波	19150*	5.5*	6663*	11.1*	19936*	12.2*
其他主要城市						
昆　明	13584	0.9	4882	10.1	16225	9.7
石家庄	13225	13.0	6473	14.7	10172	12.7
太　原	12020	3.4	4767	8.7	12492	10.1
无　锡	15569	6.6	5512	9.0	11972	7.8
苏　州	28560	7.9	9168	12.2	26546	10.7
合　肥	15677*	10.1*	4049*	14.5*	14197*	5.9*
南　昌	10606	5.9			11950	17.1
长　沙	18634	8.7	5692	9.4	18361	14.5
贵　阳	11357	5.0	2836	7.1	12413	19.3
珠　海	7117	9.4	1743	15.1	5183	10.3

注:本表数据中,带“ * ”的数据口径为本外币口径。

续表 6

	国内旅游人数（万人次）		国内旅游总收入（亿元）		旅游外汇收入（亿美元）	
	2018 年	比 2017 年 ±%	2018 年	比 2017 年 ±%	2018 年	比 2017 年 ±%
直辖市						
北　京	30693	4. 6	5556	8. 5	55. 20	7. 5
上　海	33977	6. 7	4477	11. 2	73. 71	8. 2
天　津	22700	9. 1	3841	16. 7		
重　庆					21. 90	12. 4
副省级城市						
成　都	24000	15. 8	3713	22. 4	14. 50	10. 7
沈　阳	8176	14. 1	734	15. 1	4. 03	15. 1
长　春						
哈尔滨	8544	11. 1	1369	17. 2	1. 12	17. 2
青　岛	9849	13. 7	1651	13. 8		
武　汉	28513	10. 9	3038	12. 6	18. 83	11. 3
西　安	24739	36. 7	2555	56. 4		
南　京	13400	9. 3	2400	13. 2	8. 83	16. 2
济　南	7968	9. 9	1130	29. 1	2. 23	6. 2
广　州	5632	4. 8	4008	10. 9	64. 82	2. 7
厦　门	8470	13. 8	1141	20. 0	39. 40	22. 3
深　圳					51. 18	2. 6
大　连	9288	10. 4	1440	12. 5		
杭　州	18403	13. 0	3589	18. 0	38. 30	8. 1
宁　波	12000	13. 9	2006	19. 7		
其他主要城市						
昆　明	15911	20. 5	2135	35. 7	6. 84	28. 5
石家庄	11038	19. 8	1244	25. 9	9. 71	2. 6
太　原	8102	19. 9	996	21. 1	1. 07	7. 0
无　锡	9818	7. 0	1952	11. 9		
苏　州	12768	6. 0	2609	12. 0	24. 89	8. 2
合　肥	12800	15. 7	1722	17. 3		
南　昌	15102	25. 2	1520	26. 2		
长　沙	14843	8. 6	1767	3. 1	6. 20	-27. 1
贵　阳	18792	26. 7	2457	31. 2	2. 34	25. 8
珠　海	3798	9. 1	369	29. 0	14. 68	21. 3

续表 7

	城镇居民人均可支配收入(元)		农民人均可支配收入(元)		居民消费价格指数(%)
	2018 年	比 2017 年 ±%	2018 年	比 2017 年 ±%	2018 年
直辖市					
北　　京	67990	8.9	26490	9.3	102.5
上　　海	68034	8.7	30375	9.2	101.6
天　　津	42976	6.7	23065	6.0	102.0
重　　庆	34889	8.4	13781	9.0	102.0
副省级城市					
成　　都	42128	8.2	22135	9.0	101.4
沈　　阳	44054	6.5	16530	6.9	103.0
长　　春	35332	6.5	14237	6.0	102.0
哈 尔 滨	37828	6.4	16934	8.9	102.5
青　　岛	50817	7.7	20820	7.5	102.1
武　　汉	47359	9.1	22652	8.5	101.9
西　　安	38729	8.1	13286	9.0	101.9
南　　京	59308	8.7	25263	9.2	102.4
济　　南	50146	7.5	17924	8.0	102.6
广　　州	59982	8.3	26020	10.8	102.4
厦　　门	54401	8.8	18842	7.1	101.8
深　　圳	57543	8.7			102.8
大　　连	43550	7.3	18103	7.3	103.0
杭　　州	61172	8.7	33193	9.2	102.3
宁　　波	60134	8.0	33633	8.9	102.2
其他主要城市					
昆　　明	42988	8.0	14895	8.7	101.7
石 家 庄	35563	8.0	14518	8.8	102.3
太　　原	33672	7.0	16860	8.1	101.8
无　　锡	56989	8.2	30787	8.6	102.3
苏　　州	63481	8.0	32420	8.1	102.6
合　　肥	41484	9.3	20389	9.7	102.0
南　　昌	40844	8.4	17866	9.2	102.3
长　　沙	50792	8.2	29714	8.6	102.0
贵　　阳	35115	9.1	15648	9.7	101.7
珠　　海	50713	8.3	26198	11.5	102.3

中国统计出版社有限公司最新图书简目

（仅供参考,以实际出版为准）

统计资料

中国统计年鉴　中国统计摘要　中国第三产业统计年鉴
中国第三次全国农业普查综合资料　国际统计年鉴　金砖国家联合统计手册
中国-东盟国家统计手册　中国农村统计年鉴　中国县域统计年鉴
中国农产品价格调查年鉴　中国城市统计年鉴　中国价格统计年鉴
中国贸易外经统计年鉴　中国零售和餐饮连锁企业统计年鉴　中国商品交易市场统计年鉴
大中型批发零售和住宿餐饮企业统计年鉴　中国住户调查年鉴　中国工业统计年鉴
中国环境统计年鉴　中国能源统计年鉴　中国建筑业统计年鉴
中国房地产统计年鉴　投资领域统计年鉴　中国对外直接投资统计公报
中国人口和就业统计年鉴　中国劳动统计年鉴　中国社会统计年鉴
中国科技统计年鉴　中国高技术产业统计年鉴　全国企业创新调查年鉴
中国文化及相关产业统计年鉴　2018年时间利用调查资料　中国妇女儿童状况统计资料
中国基本单位统计年鉴　中国教育统计年鉴　中国教育经费统计年鉴
中国民族统计年鉴　中国残疾人事业统计年鉴　长江经济带发展统计年鉴

省级综合统计年鉴系列

北京 天津 河北 山西 内蒙古 辽宁 吉林 黑龙江 上海 江苏 浙江 安徽 福建 江西 山东 河南 湖北 湖南 广东 广西 海南 重庆 四川 贵州 云南 西藏 陕西 甘肃 青海 宁夏 新疆 新疆生产建设兵团

市(县)级综合统计年鉴系列

滨海新区 石家庄 唐山 邯郸 保定 沧州 邢台 廊坊 承德 衡水 秦皇岛 张家口 太原 大同 阳泉 长治 晋城 朔州 晋中 运城 忻州 临汾 吕梁 呼和浩特 鄂尔多斯 包头 沈阳 大连 长春 延吉 四平 白山 通化 哈尔滨 齐齐哈尔 黑龙江垦区 上海浦东新区 南京 无锡 徐州 常州 苏州 南通 连云港 淮安 盐城 扬州 镇江 泰州 宿迁 江阴 丹阳 海门 张家港 杭州 宁波 温州 嘉兴 湖州 绍兴 金华 衢州 舟山 台州 丽水 合肥 安庆 福州 厦门 宁德 漳州 龙岩 莆田 泉州 三明 南平 南昌 九江 上饶 新余 抚州 赣州 景德镇 济南 青岛 枣庄 潍坊 聊城 郑州 洛阳 平顶山 三门峡 南阳 商丘 信阳 济源 汝州 武汉 十堰 荆州 宜昌 荆门 咸宁 黄冈 长沙 鹰潭 广州 深圳 惠州 东莞 汕尾 湛江 肇庆 南宁 柳州 桂林 贵港 梧州 来宾 河池 防城港 海口 三亚 儋州 成都 内江 贵阳 黔南 毕节 昆明 文山 德宏 西安 延安 安康 铜川 汉中 商洛 银川 兰州 庆阳 乌鲁木齐 昌吉 阿勒泰 兵团一师、二师、三师、四师、六师、七师、八师、十师、十三师、十四师

调查年鉴系列

天津 内蒙古 上海 河南 湖北 湖南 广东 广西 重庆 四川 云南 甘肃 宁夏 南宁 贵港 昆明

统计方法应用/实用手册

Python数据分析基础（第二版）　医用多元统计分析（第三版）　中华生物统计用表
中国国民经济核算体系（2016）基础知识　国民经济核算初级教程　医学统计学手册
全国统计专业技术资格考试系列考试用书：统计业务知识（第四版修订版）　统计业务知识学习指导与习题
全国统计专业技术资格考试系列考试用书：统计相关知识（第四版）　统计相关知识学习指导与习题

统计通俗读物/统计科普图书

领导干部统计知识问答　《防范和惩治统计造假、弄虚作假督察工作规定》辅导读本
统计新媒体运营指南　统计公文知识问答　理解国民账户　中国古代统计史简编

重点图书

辉煌70年　第三次全国农业普查农作物面积遥感测量图集　中国第四次经济普查年鉴
新编英汉汉英统计大词典　中国国民经济核算体系2016　国民经济行业分类注释
挑大学选专业2019—考研择校指南　挑大学选专业2019—高考志愿填报指南　中华医学统计百科全书

发行部电话：（010）63376907　63376908　63376909　同楫行书店电话：（010）68783171　68783172
地址：北京市丰台区西三环南路甲6号　邮政编码：100073　网址：http://www.zgtjcbs.com